Xpert.press

Springer-Verlag Berlin Heidelberg GmbH

Die Reihe Xpert.press des Springer-Verlags vermittelt Professionals in den Bereichen Betriebs- und Informationssysteme, Software Engineering und Programmiersprachen aktuell und kompetent relevantes Fachwissen über Technologien und Produkte zur Entwicklung und Anwendung moderner Informationstechnologien.

Günter Müller Martin Reichenbach (Hrsg.)

Sicherheitskonzepte für das Internet

5. Berliner Kolloquium der
Gottlieb Daimler- und Karl Benz-Stiftung

Mit 28 Abbildungen

Springer

Prof. Dr. Günter Müller
Dr. Martin Reichenbach

Albert-Ludwigs-Universität Freiburg
IIG Telematik
Friedrichstraße 50
79098 Freiburg

ISSN 1439-5428
ISBN 978-3-642-62587-9

Die Deutsche Bibliothek – CIP-Einheitsaufnahme
Sicherheitskonzepte für das Internet / 5. Berliner Kolloquium der Gottlieb Daimler- und Karl Benz-Stiftung. Mit Beitr. zahlr. Fachwissenschaftler. Hrsg.: Günter Müller; Martin Reichenbach. –Berlin; Heidelberg; New York; Barcelona; Hongkong; London; Mailand; Paris; Singapur; Tokio: Springer, 2001
(Xpert.press)

ISBN 978-3-642-62587-9 ISBN 978-3-642-56684-4 (eBook)
DOI 10.1007/978-3-642-56684-4

Dieses Werk ist urheberrechtlich geschützt. Die dadurch begründeten Rechte, insbesondere die der Übersetzung, des Nachdrucks, des Vortrags, der Entnahme von Abbildungen und Tabellen, der Funksendung, der Mikroverfilmung oder der Vervielfältigung auf anderen Wegen und der Speicherung in Datenverarbeitungsanlagen, bleiben, auch bei nur auszugsweiser Verwertung, vorbehalten. Eine Vervielfältigung dieses Werkes oder von Teilen dieses Werkes ist auch im Einzelfall nur in den Grenzen der gesetzlichen Bestimmungen des Urheberrechtsgesetzes der Bundesrepublik Deutschland vom 9. September 1965 in der jeweils geltenden Fassung zulässig. Sie ist grundsätzlich vergütungspflichtig. Zuwiderhandlungen unterliegen den Strafbestimmungen des Urheberrechtsgesetzes.

http://www.springer.de

© Springer-Verlag Berlin Heidelberg 2001
Ursprünglich erschienen bei Springer-Verlag Berlin Heidelberg 2001
Softcover reprint of the hardcover 1st edition 2001
Die Wiedergabe von Gebrauchsnamen, Handelsnamen, Warenbezeichnungen usw. in diesem Werk berechtigt auch ohne besondere Kennzeichnung nicht zu der Annahme, dass solche Namen im Sinne der Warenzeichen- und Markenschutz-Gesetzgebung als frei zu betrachten wären und daher von jedermann benutzt werden dürften.

Umschlaggestaltung: KünkelLopka, Heidelberg
Satz: Datenkonvertierung durch perform, Heidelberg
Gedruckt auf säurefreiem Papier – SPIN: 10797497 33/3142 GF 5 4 3 2 1 0

Geleitwort

Verlässliche und sichere Geschäftsbeziehungen sind wesentliche Voraussetzungen für die zukünftige Entwicklung des elektronischen Handels im Internet. Während Authentizität von Vereinbarungen, die Sicherstellung von Zahlungen und die Vertraulichkeit der Kommunikation den Alltag der herkömmlichen Wirtschaft charakterisieren, sucht die *new economy* noch nach Methoden, Geschäfte im Internet auf eine vergleichbar sichere Grundlage zu stellen. Dies ist nicht der einzige, aber ein ausschlaggebender Grund dafür, warum der virtuelle Markt in der Aufbruchsstimmung zu verharren scheint. Spektakuläre Flops, Misstrauen der Kunden in die Zahlungsmethoden oder einfach zu bewerkstelligende Produktpiraterie bremsen die Bereitschaft der Beteiligten, alle Möglichkeiten des Internets auszunutzen.

Soft- und Hardware, die eine sichere Kommunikation im Internet versprechen, sind vorhanden und werden ständig verbessert. Ihr Einsatz ist jedoch häufig umständlich oder mit vergleichsweise hohen Kosten verbunden. Das Motto der Extrem-Sportler „No risk – no fun“ wird so zum Leitmotiv des risikofreudigen Konsumenten und Geschäftsmannes. Wer auf Sicherheit setzt, ist dann eben nicht „dabei“.

Die Beiträge zu diesem Buch setzen sich mit der Frage der Machbarkeit von Sicherheit im Internet auseinander. Sie stellen sich damit auch der Frage, wieviel Privatheit sich unsere Gesellschaft zukünftig leisten will bzw. kann.

Die Autoren werden ihre Beiträge am 9. Mai 2001 auf dem 5. Berliner Kolloquium der Gottlieb Daimler- und Karl Benz-Stiftung zur Diskussion stellen. Seit 1997 erörtern die Berliner Kolloquien aktuelle wissenschaftliche Fragen. Eingeladen hierzu sind Wissenschaftler und Experten aus Politik, Wirtschaft oder Verwaltung. Gemeinsamer Bezugspunkt dieser Themen sind die „Wechselbeziehungen zwischen Mensch, Umwelt und Technik“. Die Stiftung hat das Ziel, durch die Förderung von Wissenschaft und Forschung zur Klärung dieser Wechselbeziehungen beizutragen.

Die „Sicherheit in der Kommunikationstechnik“ war bereits das Thema eines Ladenburger Kollegs – einer interdisziplinären Forschungsgruppe, die die Stiftung zwischen 1993 und 1999 gefördert hat. Leiter dieses Kollegs war Professor Günter Müller von der Universität Freiburg, der auch die Ausrichtung des 5. Berliner Kolloquiums übernommen hat. Das Kolleg hat Grundlagen für die aktuelle Diskussion zu diesem Thema gelegt und in der Folge zu zahlreichen weiteren Aktivitäten geführt: Teilnehmer des Kollegs konnten Erkenntnisse aus ihren Forschungen in die Beratungen zum Entwurf des Gesetzes zur „Digitalen Signatur“ einbringen. Das Schwerpunktprogramm der Deutschen Forschungsgemeinschaft zu dem Thema „Sicherheit in der Informations- und Kommunikationstechnik“ baut auf dem Konzept der „mehrseitigen Sicherheit“ auf, das in dem Ladenburger Kolleg entwickelt wurde. Seit kurzem bietet die Technische Universität Dresden ein Programm an, das anonymes Surfen im Internet erlaubt und auf Forschungen in dem Ladenburger Kolleg zurückgeht.

Mit dem Berliner Kolloquium setzt die Stiftung die Diskussion der aktuellen Fragen auf diesem Gebiet seit Abschluss des Kollegs fort. Wir danken Professor Müller für die wissenschaftliche Leitung der Diskussion und Martin Reichenbach für die organisatorische Vorbereitung des Kolloquiums. Mit der gemeinsamen Herausgabe dieses Buches haben beide eine Basis für die weitere Diskussion über die Sicherheit in den Kommunikationsnetzen über das Kolloquium hinaus geschaffen. Ein Dank gilt auch dem Springer-Verlag und Hermann Engesser für die Aufnahme des Bandes in die Reihe Xpert.press.

Ladenburg, im April 2001

Prof. Dr. Gisbert Frhr. zu Putlitz
Dr. Diethard Schade
Vorstand der Gottlieb Daimler- und Karl Benz-Stiftung

Inhalt

Einleitung der Herausgeber

Trend zur Dezentralisierung und Miniaturisierung

Die offene Kultur im Internet beginnt sich zu wandeln. Mit der wirtschaftlichen Bedeutung wächst der Wunsch nach Sicherheit. Während in den 80er Jahren noch die Großrechner und die zentral vermittelten Kommunikationsnetze öffentlicher Anbieter dominierten, begann in den 90er Jahren mit der Verbreitung der PCs und dem Internet eine unvergleichliche technische und in Folge davon auch eine wirtschaftliche Dezentralisierung, die im gesellschaftlichen Bereich mit einer stetig wachsenden Individualisierung ihr Gegenstück fand. Das Internet wird damit zur aktuell dynamischsten wirtschaftlichen und gesellschaftlichen Infrastruktur.

Allgegenwärtigkeit der Computersysteme

Die zunehmende Miniaturisierung und Leistungssteigerung, sowohl bei der Speicher-, der Prozessor- als auch bei der Kommunikationstechnologie, entwirft schon jetzt die Bausteine für die nächste, wohl wieder technisch eingeleitete Veränderung. Die Allgegenwärtigkeit des Rechners (Ubiquitous Computing) ist in den Laboren schon längst keine Utopie mehr, sondern alltäglicher Forschungsgegenstand.

Auswirkung auf Sicherheit und Privatheit der Nutzer

Mattern und Langheinrich gehen auf diese Fragestellung ein und zeigen anhand von Beispielszenarien, wie sich Ubiquitous Computing auf die Sicherheit und Privatheit der Nutzer auswirken wird. Die zunehmende Vernetzung auch alltäglicher Gegenstände erfordere allein schon deshalb intensive Anstrengungen, um die neue Welt voller „smarter" und kommunikationsfreudiger Dinge nicht in einen orwellschen Überwachungsstaat münden zu lassen.

Entwicklung von Vertrauenszielen

Electronic Commerce und Sicherheit passen nicht notwendigerweise zusammen. Empirische Umfragen zeigen, dass Unternehmen zwar auf Sicherheit nicht verzichten wollen – die Realität sieht jedoch anders aus. Sicherheit wird als zu teuer, zu unbequem und zu komplex empfunden. Die Sicherheitstechnologie ist gerade bei denen nicht populär, denen sie helfen soll. Von den Sicherheitsparadigmen und den Schutzzielen der Mehrseitigen Sicherheit ausgehend zeigen Eggs und Müller in ihrem Beitrag, dass Sicherheit als technisches Konzept in der Tat nicht die Nachfrage trifft, sondern dass sie durch „Vertrauen“ komplettiert werden muss.

Manipulationsmöglichkeiten im Cyberspace

Der existierende Cyberspace kann nach dem amerikanischen Ökonomen Krugmann sehr „hässlich“ werden, wenn man den Trend zur Einheitlichkeit und Monopolbildung und die damit verbundenen Manipulationsmöglichkeiten durch die zunehmende Informationssammlung über Individuen betrachtet. Der enorme Aufwand bei der Etablierung der computerisierten Infrastruktur muss zudem zwangsläufig für die Technologienanbieter den Wunsch nach Schutz dieser Investitionen mit sich bringen. Es könnte sich für sie folglich lohnen, die Technologien so zu etablieren, dass gegen die ökonomischen Vorteile individualisierter Marketinginstrumente vor allem die Privatheit der Nachfrager als Preis eingetauscht wird.

Verortung der Sicherheit

„Sicherheit“ ist bis heute eine aufgesetzte und nicht in die Systeme und den Systementwurf integrierte Technologie. Die Komplexität der Kommunikationsprozesse und die Konstruktionsprinzipien aktueller Informations- und Kommunikationstechnologie erwecken weiterhin den Eindruck, dass der Wunsch nach Sicherheit von Anfang an „utopisch“ sei. Dabei ist die Zugriffsrichtung auf die Sicherheitsobjekte von unten nach oben zu sehen: Die Hardware eines Rechners kann immer auf die Informationen des Betriebssystems zugreifen, wie auch dieses immer die Datenlage der Anwendungen kennt. Eine der wesentlichen Grundlagen zur Verteidigung des Privatbereiches dieser Kommunikationsteilnehmer ist die Sicherheitstechnologie, die jedoch nicht einseitig als „Verschlüsselungstechnologie“ verstanden werden darf. Sicherheit wäre in diesem Sinne erst erreicht, wenn in technischer Sprache „Ende zu Ende“-Sicherheit garantiert werden könnte, d.h. dass jeder an der Kommunikation Beteiligte einen vollständigen Nachweis über die Verwendung und den Verbleib der Daten erhalten kann. Es geht also darum, dass auf allen Abstraktionsebenen der Informations- und Kommunikationstechnik die dazu notwendigen Einrichtungen etabliert werden können.

Ist Sicherheit machbar?

Im Berliner Kolloquium 2001 wird deshalb die Frage gestellt, ob Sicherheit dieser Art im Internet überhaupt machbar ist, und ob man ohne die Forderung nach Sicherheit nicht vielleicht viel besser gestellt wäre. Die Informatik stellt genügend Methoden und Sicherheitstechnologie zur Verfügung. Der Beitrag von Buchmann beleuchtet den gegenwärtigen Leistungsstand gebräuchlicher Sicherheitsmechanismen und zeigt, dass die aktuelle Sicherheit eher gefährdet ist, wenn der Mathematik der bereits öfters angekündigte Beweis gelingt, dass asymmetrische Kryptografie generell „knackbar“ ist. Der gesamten heutigen Sicherheitstechnologie wäre damit die Grundlage entzogen mit der Folge von Milliardenverlusten bereits in bestehende Systeme, etwa in Zertifizierungsinfrastrukturen, getätigter Investitionen.

Vertrauen schaffende Institutionen

Es gilt daher, gesellschaftliche „Institutionen" zu schaffen, die Vertrauen aufzubauen in der Lage sind. Vertrauen bedeutet hier nicht nur, dass die Informationserzeugung und die Kommunikationskanäle geschützt werden können, sondern dass mit der Identität und damit dem vom Teilnehmer als wesentlich empfundenen Abbild seiner selbst im Cyberspace nach transparenten und vom Nutzer mitzubestimmenden Regeln umgegangen wird.

Kooperationsmodelle

Grimm nimmt das Vertrauensproblem auf und zeichnet ein Szenario des Electronic Commerce aus informatischer Sicht. Zum einen werden die damit zwangsläufig verbundenen Sicherheitsprobleme verdeutlicht. Zum anderen wird analysiert, ob die identifizierten Sicherheitslücken überhaupt relevant sind oder ob sie vielleicht in Kauf zu nehmen sind. Anhand eines Kooperationsmodells wird gezeigt, wie die Teilnehmer am Electronic Commerce ihre Ziele und Ansprüche definieren und damit die Risiken und Handlungsfolgen bei der Durchführung von Transaktionen kalkulierbar machen können.

Vertrauen in Agenten

Wie die Durchführung von Transaktionen in der schon aktuellen Zukunft des Internet aussieht, wird von Siekmann et al. gezeigt. Die Autoren stellen Anwendungen zur Entwicklung zuverlässiger Lösungen für den elektronischen Zahlungsverkehr vor, in denen Transaktionen bereits ohne Menschen durch (Software-)Agenten bestritten werden.

Individuelle Risikohandhabung

Einen anderen Weg zur Lösung des Vertrauensproblems schlägt Reichenbach vor, indem für elektronische Zahlungssysteme durch eine nutzerorientierte individuelle Risikohandhabung Möglichkeiten zum Umgang mit Sicherheitslücken und negativen Handlungsfolgen gegeben werden sollen. Ohne den Einsatz zusätzlicher Sicherheitsverfahren ließe sich damit ad hoc ein höheres Maß an individueller Sicherheit bei der Durchführung von Zahlungen im Internet erreichen.

Authentifizierung durch Sicherheitsmechanismen

Mit Sicherheitsverfahren lässt sich primär die Authentifizierung der Objekte und Akteure feststellen und nur über „Vermutungen" einer handelnden Person oder einem intelligenten Objekt zurechnen. Vertrauen hingegen ist die Kalkulierbarkeit der Handlungsfolgen. Dazu sind über die „harten" Mechanismen der Sicherheit hinausgehende Informationen über das Umfeld notwendig, die dazu geeignet sind, komplementär zu den Sicherheitsmechanismen Vertrauen in die Handlung und in die Folgen der Handlung zu erreichen. Vertrauen existiert zu vertrauenswürdigen Identitäten. Im Falle von Personen müssen diese durch Individualisierungstechniken geschaffen werden und erfahrungsbasierte „Reputation" besitzen.

Identität im Electronic Commerce

Die Bedeutung der Identität für die gegenwärtige Entwicklung des Electronic Commerce wird von Markotten, Jendricke und Müller analysiert und auf die Frage reduziert, ob die Forderung nach technischer Sicherheit die wirklich entscheidende Fragestellung für den Nutzer ist. Mit einem Identitätsmanager als universellem Sicherheitswerkzeug soll der Endbenutzer dabei unterstützt werden, seine individuellen Sicherheitsinteressen im Internet wirkungsvoll durchzusetzen.

Entpersonalisierte Identität – Virtuelle Identitäten

In vielen Diskussionen zum Thema Electronic Commerce findet man Bemerkungen der Art, dass es erforderlich sei, die Identität seines Geschäfts- oder Kommunikationspartners genau überprüfen zu können. Gollmann vertritt die These, dass die Technikentwicklung und die Annahmen dazu nicht auf felsenfesten Wahrheiten beruhen, sondern auf den Erkenntnissen der Vergangenheit basieren. Dadurch, dass er die Aussagen mit den heutigen Entwicklungen des Internet in Verbindung bringt, wird es möglich, aus der Theorie auch praktische Relevanz zu ziehen. Seine Ausführungen gipfeln in der Frage, wer wirklich mit kryptographischen Methoden authentifiziert werden kann. Muss man im Electronic Commerce seinen Nächsten überhaupt noch kennen oder kann nicht eine neue Art von entpersonalisierter Identität, eine „virtuelle Identität", den Menschen ersetzen?

Sichere juristische Rahmenbedingungen

Ein sicheres Umfeld zur Kontrolle der Privatheit und der (virtuellen) Identität im Internet schafft Vertrauen. Eine der wesentlichen Voraussetzungen dafür, dass der Electronic Commerce tatsächlich die Hoffnungen erfüllt, die in ihn gesetzt werden, wird deshalb in der Schaffung sicherer juristischer Rahmenbedingungen bestehen. Spindler legt dar, dass alle Arten von Geschäften sichere Rahmenbedingungen erfordern, sei es durch abstrakte Rechtsregeln oder durch soziale Normen. Die so erlangte Sicherheit ist dann nicht nur mit dem technischen Aufwand zu bewerten. Sie ist vielmehr auch ein Mittel und Maß für die Freiheit in der Informationsgesellschaft.

Sicherheit als Grundpfeiler der Netzgemeinschaft

Kataoka führt diesen Gedanken weiter, indem er die Informationsgesellschaft im Internet als „Netzgemeinschaft" identifiziert und Sicherheit als eine Grundbedingung für ihr Bestehen und Überleben erkennt. In seinem Beitrag skizziert er ein dreidimensionales Sicherheitskonzept für die Konstituierung dieser Netzgemeinschaften.

Informationelles und kommunikatives Selbstbestimmungsrecht

Die zur Verwirklichung des informationellen und kommunikativen Selbstbestimmungsrechts in der Informationsgesellschaft erforderliche Sicherheitsinfrastruktur wird nach Tauss, Kollbeck und Fazlic durch Förderung und Anreizbildung für den Selbstschutz, den Systemdatenschutz und eine datenschutzfreundliche Technikgestaltung, flankiert durch angemessene rechtliche und politische Rahmenbedingungen, erreicht. Die Autoren stellen die These, dass sich mit der Transparenz und Effektivität des „neuen, komplexen Datenschutzes“ die Akzeptanz der und das Vertrauen in die neuen IuK-Technologien erhöhen lassen.

Sicherheit im Electronic Commerce wird weiterhin kontrovers diskutiert werden. Einerseits wird man sagen, „Sicherheit ist ja doch nicht vollkommen“ und sie reduziere zudem die Wettbewerbsfähigkeit. Andererseits ist ein ökonomischer Austausch von virtuellen Waren nicht denkbar, wenn diese Güter nicht geschützt werden können. Im gesellschaftlichen Bereich haben alle geschichtlichen Erfahrungen gezeigt, dass nur die richtige Mischung aus Schutz und Öffentlichkeit zu Fortschritt und Wohlstand führt. Dieser Band beendet demnach nicht die Diskussion; die Herausgeber wären vielmehr schon zufrieden, wenn der „Vierklang“ Sicherheit, Vertrauen, Identität und Privatheit zu technischen Herausforderungen für die Informatik, zu gesellschaftlichen Anstrengungen für die Wirtschaft, die Politik und die Gesetzgebung werden könnte.

Freiburg im Mai 2001

Prof. Dr. Günter Müller
Dr. Martin Reichenbach

1 Allgegenwärtigkeit des Computers – Datenschutz in einer Welt intelligenter Alltagsdinge

Friedemann Mattern
Marc Langheinrich

Mit der weiter zunehmenden Miniaturisierung der Computertechnologie werden in absehbarer Zukunft Prozessoren und kleinste Sensoren mehr und mehr in Alltagsgegenstände integriert, wobei die traditionellen Ein- und Ausgabemedien von PCs, wie etwa Tastatur, Maus und Bildschirm, verschwinden und wir stattdessen „direkt" mit unseren Kleidern, Armbanduhren, Schreibstiften, Regenschirmen oder Möbeln kommunizieren (und diese wiederum untereinander und mit den Gegenständen anderer Personen).

Solch eine Entwicklung hat nicht nur weit reichende Konsequenzen in traditionellen Gebieten der praktischen Informatik, welche z.B. Effizienz, Nutzbarkeit und Skalierbarkeit solcher massiv verteilten Systeme zu verbessern versucht, sondern erfordert auch intensive Anstrengungen auf den Gebieten Sicherheit und Datenschutz, um diese schöne neue Welt voller „smarter" und kommunikationsfreudiger Dinge nicht in einen orwellschen Überwachungsstaat zu verwandeln [Bri].

1.1 Der unsichtbare Computer

XEROX-Forscher Mark Weiser prägte 1988 den Begriff *„Ubiquitous Computing"*

Der Begriff des allgegenwärtigen Computers, *Ubiquitous Computing*, wurde bereits 1988 von dem 1999 früh verstorbenen Mark Weiser, seinerzeit leitender Wissenschaftler am Xerox Palo Alto Research Center (PARC), geprägt. Nach Weisers Auffassung sollte der Computer reines Mittel zum Zweck sein, eine bestimmte Aufgabe durch Konzentration auf das eigentliche Problem zu lösen – der universelle PC mit Tastatur und Maus steht dabei eher im Wege, da er durch seine Komplexität die Aufmerksamkeit des Benutzers über Gebühr strapaziert [Wei].

Die „Post-PC-Ära": Internet und Mobilkommunikation wachsen zusammen

WAP-fähige Handys, mit dem Internet verbundene Spielkonsolen und drahtlos kommunizierende PDAs sind erste Vorboten dieser von Weiser beschworenen „Post-PC-Ära", welche sich für den Benutzer vor allem dadurch manifestiert, dass das Internet mit Mobilkommunikationssystemen (wie z.B. UMTS) zusammenwächst und dass mehr und mehr PC-Anwendungen in kleine, spezialisierte „information appliances" abwandern, was den Gebrauch der Funktionalität für den Nutzer drastisch vereinfachen sollte [Nor].

1.1.1 Technische Grundlagen

Moores Gesetz: Chip-Leistung verdoppelt sich alle 18 Monate

Grundlage der visionären Ansichten vieler Technologieexperten ist die Tatsache, dass der Fortschritt in der Informationstechnik auch weiterhin ungebrochen dem mooreschen Gesetz zu folgen scheint, welches bereits seit mehreren Jahrzehnten recht präzise voraussagt, dass sich die Leistungsfähigkeit von Prozessoren alle 18 Monate verdoppelt. Speichermedien und Kommunikationsbandbreite weisen derzeit sogar eine noch höhere Steigerungsrate auf. Experten gehen davon aus, dass dies auch noch eine ganze Reihe von Jahren so weitergehen wird. Dies und Fortschritte in den Materialwissenschaften (z.B. Miniatursensoren, „elektronische Tinte" oder „leuchtendes Plastik") lassen die Annahme zu, dass unsere nahe Zukunft voll sein wird von kleinsten, spontan miteinander kommunizierenden Rechnern, welche aufgrund ihrer geringen Größe und ihres vernachlässigbaren Preises leicht in Alltagsgegenstände integriert und dadurch kaum mehr als Computer im heutigen Sinne wahrgenommen werden [Han, Mat].

Internet überall

Bereits jetzt genießen tragbare und drahtlos mit dem Internet verbundene Geräte eine große Aufmerksamkeit der Computerindustrie. Bald dürfte jedwedes technische Gerät – vom Laptop über den PDA hin zum elektronischen Buch, vom Auto bis zum Telefon – ganz selbstverständlich das Internet mit seinen vielfältigen Ressourcen für die Durchführung seiner Aufgaben mit einbeziehen, auch wenn sich die Nutzer selbst dieses Umstands oft gar nicht bewusst sind.

Eine „smarte" Umwelt aus Sensoren und unsichtbaren Computern

Immer kleiner werdende Sensoren, vom einfachen Temperaturfühler und Lichtsensor hin zum Druck- oder Beschleunigungsmesser, zusammen mit immer leistungsstärkeren Prozessoren und Batterien ermöglichen eine immer umfassendere Erfassung und automatische Wahrnehmung der Umwelt. Sei es durch stationäre Installation an Fassaden, Türen oder Einrichtungsgegenständen, sei es durch Integration in verschiedenste Alltagsgegenstände wie Möbel, Armaturen, Kleidung oder Accessoires – die uns umgebende Umwelt wird „smart“ werden und über ihre ursprüngliche Funktionalität hinaus eine breite Palette zusätzlicher wünschenswerter (oder auch überflüssiger) „Services“ anbieten können: Die Kaffeemaschine, die zusammen mit Tasse und Zuckerdose unsere tägliche Zufuhr an Koffein und Zucker überwacht und uns bei zu starkem Konsum zu entkoffeiniertem Kaffee mit Süßstoff rät. Oder die Sonnenbrille, die uns beim zufälligen Treffen eines alten Bekannten durch das Einblenden dessen Vornamens auf die Sprünge hilft. Oder das Gebäude, welches uns auf der Suche nach dem richtigen Büro im richtigen Stockwerk den Fahrstuhl anhält.

Gegenstände der Zukunft kooperieren und kommunizieren miteinander

Prinzipiell jedenfalls werden die Gegenstände der Zukunft mittels spontaner Vernetzung und intelligenter Kooperation Zugriff auf jegliche in Datenbanken oder im Internet gespeicherte Information besitzen bzw. jeden passenden Internet-basierten Service nutzen können. Die Grenzen liegen weniger in der technischen Natur, sondern sind allenfalls ökonomischer (was darf der Zugriff auf eine bestimmte Information kosten?) oder rechtlicher Art (was darf der Gegenstand wem verraten?).

Neue Materialien verändern das Bild des Computers

Weitere Fortschritte in den Materialwissenschaften beginnen, auch das äußere Erscheinungsbild des Computers drastisch zu verändern: Statt Schreibmaschinentastatur und Röhrenstrahl-Monitor stehen heute schon an vielen Arbeitsplätzen Mikrofon und Flachbildschirm. Neuartige Werkstoffe und Techniken werden in Form faltbarer Bildschirme aus dünnem Plastik und Laser-Projektionen aus der Brille direkt auf die Netzhaut des Auges traditionelle Ausgabemedien weiter verdrängen. Flach in die Tapete integriert, zusammengefaltet in der Tasche oder in die Umgebung projiziert – Informationen können überall und jederzeit zugänglich gemacht werden, idealerweise ohne unsere momentane Tätigkeit zu beeinträchtigen. So wird beispielsweise intensiv an „elektronischer Tinte“ geforscht, welche Papier und Stift zum vollwertigen, hoch mobilen Ein- und Ausgabemedium mit einer uns gut vertrauten Nutzungsschnittstelle erhebt. Der Computer als Gerät ist dann verschwunden – er ist eine Symbiose mit den Dingen der Umwelt eingegangen und wird höchstens noch als eine unsichtbare Hintergrundassistenz wahrgenommen.

1.1.2 Herausforderungen

Neue Herausforderungen an die Informatik

In der praktischen und angewandten Informatikforschung ergibt sich durch die erwartete Allgegenwärtigkeit des Computers eine Vielzahl von Herausforderungen – sowohl in den Einzeldisziplinen als auch im komplexen Zusammenspiel der verschiedenen Aspekte. Kommunikationsprotokolle, Routingverfahren und Quality of Service müssen plötzlich in Dimensionen betrachtet werden, gegen die das heutige Internet mit seinen Millionen von Rechnern geradezu überschaubar wirkt. Der darüber hinaus stark zunehmende Grad an Mobilität, Dynamik und Heterogenität erfordert weitere Maßnahmen. Auch beim Software-Engineering und allgemein beim Systementwurf muss umgedacht werden: Schon aus Kosten- und Platzgründen werden Systemressourcen oft sehr begrenzt und elektrische Energie ein knappes Gut sein. Und da es keinen Systemverwalter geben kann, der alle unsere „smarten" Gegenstände ständig wartet, erzwingt dies geradezu neue Lösungen für „plug & play", automatische Synchronisation und Fehlertoleranz.

Doch neben den oben genannten, weitgehend technischen Aspekten wirft das Ubiquitous Computing auch neue, grundlegende Fragen auf, die weit über das klassische Gebiet der praktischen Informatik hinaus gehen: Wie lassen sich die Unmengen durch smarte Dinge und Sensoren generierten Daten strukturieren, damit Anwendungen, die man in einer offenen Welt nicht alle kennen kann, davon profitieren können? Oder: Wie interagiert man eigentlich mit einem unsichtbaren Computer? Oder etwa: Wie lässt sich das Datenschutzproblem angehen, wenn unsere persönlichen Dinge personenbezogene Daten erzeugen und diese kommunizieren – und zwar ohne dass dazu jeder gleich zum Sicherheitsexperten werden muss?

Privatsphäre trotz ubiquitärer Überwachungsinfrastruktur?

Letzteres ist sicherlich eines der schwerwiegendsten Probleme: Schlechte Benutzerschnittstellen sind allenfalls störend und werden schlimmstenfalls eine kommerzielle „Karriere" solcher Geräte und „intelligenter" Gegenstände behindern. Strukturierte, interoperable Datenmodelle vermeiden zwar Insellösungen einzelner Hersteller, doch haben wir bereits seit dutzenden von Jahren gelernt, mit Inkompatibilitäten zu leben. Aber ohne effektive Maßnahmen zum Datenschutz erschaffen wir mit Ubiquitous Computing in kürzester Zeit eine Überwachungsinfrastruktur, welche viele bestehenden Gesetze und Mechanismen zum Schutze der Privatsphäre des Einzelnen ad absurdum führen oder ineffektiv und nutzlos machen könnte.

„Forget privacy"?

Es mag in diesem Zusammenhang etwas zynisch klingen, ist aber wohl ernst gemeint, wenn die Gartner-Unternehmensberatung in einer neuen Analyse unter dem Begriff „Insight for the Connected World" (bei der es um „Emerging High-Impact Trends" geht) u.a. schreibt: „By 2010, driven by the improving capabilities of data analysis... privacy will become a meaningless concept in Western societies." Ist es da tröstlich, wenn die Analytiker diesem in einer Bewertung „nur" eine Wahrscheinlichkeit von 60% zuordnen? Manche Forscher jedenfalls scheinen vor den technischen Aussichten eher zu kapitulieren: Bei einer Podiumsdiskussion, die im Herbst 2000 zum Thema „Security and Privacy in Ubiquitous Computing Environments" im Rahmen der Fachtagung „Handheld and Ubiquitous Computing" stattfand [HUC], sagte einer der Teilnehmer wörtlich „forget privacy"! Diese „These" wurde von ihm dann mit Vehemenz während der ganzen Podiumsdiskussion vertreten. Müssen wir also wirklich kapitulieren? Oder gibt es zumindest Ansätze für eine Lösung?

1.2 Datenschutz in Ubiquitären Systemen?

„Privacy is an illusion; we haven't had any for twenty years. All that's left is in your head – maybe that's enough." (Aus dem Film "Enemy of the State")

Mit dem Aufkommen und rapiden Wachstum des Internets und seines populärsten Dienstes, dem World-Wide-Web (WWW), hat sich die Datenschutz-Landschaft in den letzten Jahren stark verändert. Wo vorher meist staatliche Stellen mit ihrem Hang zur detaillierten Kontrolle über den Bürger umfangreiche Dossiers in zentralen Datenbanken erstellten (z.B. durch Sozialämter zur Kontrolle der Beihilfezahlung, oder durch die Polizei für eine verbesserte Strafverfolgung), droht inzwischen Gefahr durch viele fragmentierte, kommerzielle Datensammlungen, welche der Einzelne im täglichen Umgang mit hoch technisierten Dienstleistungen kontinuierlich füllt: Verbindungsnachweise beim Telefonieren mit ISDN, Einkaufsgewohnheiten beim Online-Shopping oder dem Einkauf mit der Prämienkarte des Supermarktes, Bewegungsmuster bei Verwendung von Kreditkarte oder Mobiltelefon, oder sogar detaillierte Korrespondenz bei Teilnahme an Online-Foren und News-Gruppen.

Datenschutzproblematik im WWW

Dass vom „harmlosen" Surfen im Web Gefahr für die Privatsphäre droht, ist langjährigen Benutzern des Internets längst bekannt, vielen Neulingen jedoch nicht immer bewusst. Jeder Abruf einer Web-Seite wird von ihren Anbietern protokolliert, archiviert und oftmals zwecks Angebotsoptimierung analysiert. Kleine Identifikationsmarker, *Cookies* genannt, können dem Besucher einer Web-Site unbemerkt zugewiesen werden – beim nächsten Besuch identifiziert sich der Web-Browser des Benutzers dann automatisch mit diesem Marker beim Anbieter. Hinterlässt der Besucher bei einem dieser Besuche seinen Namen oder sonstige personenbezogene Informationen (z.B. beim Ausfüllen von Antragsformularen, der Aufgabe von Bestellungen, oder auch nur bei der Auswahl des persönlichen Horoskops), können diese leicht mit dem *Cookie* des Web-Browsers verknüpft werden und identifizieren so den Benutzer bei allen folgenden (und vorausgegangenen) Besuchen.

Online-Historie erlaubt Einblick in das Alltagsleben

Auf diese Weise akkumuliert sich schnell eine umfassende Online-Historie, sehr oft ohne dass Benutzer sich darüber im Klaren sind. Dabei bedeutet „Online" nicht unbedingt, dass diese Daten keinen Bezug zum „Offline", zur realen Welt des Benutzers, hätten: Online-Daten wie beispielsweise Diskussionsbeiträge in News-Gruppen oder Suchbegriffe in Web-Verzeichnissen erlauben sehr oft einen detaillierten Blick in das Alltagsleben des Benutzers.

Obwohl die Aufteilung dieser Daten auf eine Vielzahl von Anbietern im ersten Moment im Sinne des Datenschutzes vorteilhaft erscheint, ist dies nicht wirklich als Fortschritt gegenüber den staatlichen, zentralistischen Strukturen der 70er-Jahre anzusehen. Während zentrale Datensammlungen zwar das Missbrauchspotential erhöhen (ein Unberechtigter kann sich weitaus schneller weitaus mehr Informationen verschaffen), verstärken sie doch gleichzeitig auch die Sicherheit (Zugangskontrollen lassen sich leichter implementieren) und erleichtern die Korrektur oder Löschung fehlerhafter Daten. Eine anfängliche Fragmentierung ist jedenfalls kein Garant dafür, dass verteilte Daten nicht zu einem späteren Zeitpunkt wieder zusammengeführt werden: Dafür sorgen allein schon die konsequente elektronische Verfügbarkeit sowie weltweit verbreitete Datenbank-Standards wie SQL oder universelle Datenbeschreibungsformate wie XML. Viele Online-Firmen, die in Folge der Kurskorrekturen an der Börse im Verlauf des Jahres 2000 Konkurs anmelden mussten, haben bereits ihre Kundenkartei als wertvolle Handelsware erkannt [Gar].

Die reale Welt geht online

Die Vision des allgegenwärtigen Computers erweitert die Datensammlung nun zur umfassenden Offline-Historie: Während sich in den meisten Fällen die Web-Überwachung für den Benutzer klar abgrenzbar auf die Benutzung von PCs beschränkt, wird es in einer Welt voll „smarter" Alltagsgegenstände oft gar keine Unterscheidung zwischen „Online" und „Offline" mehr geben. „Smarte" Möbel und Kleidungsstücke werden fast immer aktiv sein und selbst in den eigenen vier Wänden genau wahrnehmen können, was man gerade tut. Intelligente Bürogebäude, die Besucher automatisch zum richtigen Büro führen und den Aufenthaltsort des Firmenausweises (und damit in der Regel auch den Aufenthaltsort des Inhabers) kennen, verfügen über detaillierte Bewegungs- und Interaktionsmuster, sowohl für Angestellte als auch für vorübergehende Besucher. Informations- und Navigationseinrichtungen auf öffentlichen Plätzen weisen Touristen auf Sehenswürdigkeiten und Einheimische auf die Abfahrtszeiten im öffentlichen Nahverkehr hin, und wissen so oft implizit, was Besucher sehen wollten und wer wie wohin fuhr.

Datenspuren in der realen Welt

Durch diese Aufhebung der strikten Trennung zwischen Online und Offline gewinnen die allgegenwärtig erhobenen Daten zwangsweise an Qualität: Wo vorher nur ein relativ kleiner Teil meiner Person durch Stöbern in den Datenspuren erfassbar schien (nämlich die Zeit, die ich bei der Verfolgung meiner beruflichen und privaten Interessen online verbrachte), offenbart sich in der ubiquitären Vision ein weitaus detaillierteres Bild über meine Neigungen, Hobbys, meine allgemeine Verfassung und vor allem auch über meine Schwächen.

Personalisierung verdrängt Anonymität

Besonders kritisch erscheint, dass die Grenze zwischen „personenbezogenen" und „anonymen" Daten bei einer derart stark zunehmenden Datenmenge verschwimmt, da immer leistungsfähigere Rechner und Verfahren die nachträgliche Korrelation solcher Informationen erleichtern. Die zunehmende Personalisierung, vor allem auch bei der Angebots- und Preisgestaltung, verstärkt diesen Effekt noch, da anonyme Spuren immer individueller werden. So könnte etwa aus einer Vielzahl anonymer Tankquittungen, die jedoch einen speziellen Angebotspreis für Vielfahrer aus dem Vorstadt-Gebiet mit einer Vorliebe für eine bestimmte Zigarettenmarke aufweisen, leicht ein detailliertes Bewegungsmuster für eine ganz bestimmte Person destilliert werden. Je individueller und personalisierter unsere Welt wird, desto persönlicher werden auch an sich anonyme Informationen werden. Ubiquitous Computing mit seiner Allgegenwärtigkeit des Computers erleichtert nun aber Individualisierung und Personalisierung, hat sie sogar oft zum Zweck und verschärft daher die damit einhergehende Datenschutzproblematik wesentlich.

1.2.1 Grundlagen für die Wahrung der Privatsphäre

Auf welche Aspekte müssen wir unser Augenmerk richten, wenn wir in einer Welt voller kommunizierender Alltagsgegenstände nicht unweigerlich zum „gläsernen Menschen" werden wollen? Was sind die Zutaten, die einen effektiven Datenschutz in einer solchen Zukunft möglich machen? Sicherlich können wir von den Erfahrungen, die seit dem Aufkommen der elektronischen Datenverarbeitung gemacht wurden, profitieren, auch wenn viele Schwerpunkte in

Zukunft anders gesetzt werden müssen. Vor allem die jüngsten Entwicklungen im Web erlauben in begrenztem Maße eine Extrapolation auf die Aspekte, die mit dem Ubiquitous Computing relevant werden, und können uns so als Denkanstoß, wenn nicht sogar als Blaupause für kommende Datenschutzbestrebungen dienen.

E-Privacy

Leicht lassen sich im aufkommenden Online-Handel vier Hauptaspekte identifizieren, welche für eine die Privatsphäre des Einzelnen respektierende E-Commerce-Umgebung unabdingbar sind und so die Grundbausteine einer „E-Privacy" [Bäu] darstellen:

- *Anonymität*: Wie kann ich meinen Namen und andere personenbezogene Daten über mich verbergen bzw. nur selektiv preisgeben?
- *Vertraulichkeit*: Wie kann ich sicherstellen, dass unbefugte Dritte keinen Zugriff auf meine Daten haben – sowohl während der Übertragung als auch danach?
- *Transparenz:* Wie kann ich mir darüber im Klaren sein, welcher Aspekt meiner Person (Bewegungsmuster, Diskussionsbeiträge, etc.) zu irgendeinem Zeitpunkt überwacht wird, und unter welchen Umständen (d.h. Grund der Überwachung, Dauer der Datenspeicherung, Empfänger der Daten, etc.) dies geschieht?
- *Vertrauen und Absicherung:* Wem kann ich vertrauen, dass Abmachungen (d.h. über Grund und Umfang der Datensammlung und deren Empfänger) eingehalten werden, und wer kann mir im Konfliktfall helfen?

Es ist sehr wahrscheinlich, dass diese Aspekte auch bei Lösungen für „M-Privacy" (also in einer M-Commerce-Umgebung) bis hin zur „U-Privacy" (Ubiquitous Privacy – Datenschutz in ubiquitären Umgebungen) eine wichtige Rolle spielen werden, auch wenn die Qualität der Daten in den einzelnen Szenarien stark unterschiedlich ist. Im Einzelnen gilt es zu überlegen, welche Lösungsansätze bereits für jeden dieser vier Bereiche im Web existieren, und inwiefern sie sich auf zukünftige ubiquitäre Szenarien übertragen lassen. Dies wird in den nachfolgenden Kapiteln diskutiert.

1.2.2 Anonymität und Vertraulichkeit

Eine Vielzahl von Werkzeugen steht derzeit dem technisch versierten Web-Surfer zur Verfügung, um seine Datenspuren im Internet zu verwischen: Anonymisierungs-Dienste wie Anonymizer.com oder die „Freedom"-Software der kanadischen Firma Zero-Knowledge ermöglichen dank ausgeklügelter Technik, dass beim Abruf einer

Web-Seite die eigene Internet-Adresse geheim gehalten wird. Verschlüsselungsprogramme und -protokolle wie PGP, SSH und SSL erlauben das Sichern von Information bei der Übermittlung zwischen zwei Computern, so dass Lauscher keine Abhörmöglichkeit haben.

Mobile Vertraulichkeit

Während im Web Anonymisierung und sichere Verbindungen immer mehr genutzt werden, ist in mobilen Umgebungen, also beim M-Commerce, beides nur schwerer zu erreichen. Dies liegt zum einen in den begrenzten Ressourcen (z. B. bezüglich Bandbreite und Rechenleistung) der mobilen Geräte, zum anderen an der in vielen Ländern vom Gesetzgeber geforderten polizei- und geheimdienstlichen Abhörbarkeit für mobile Gespräche, welche z. B. im Falle des GSM-Standards die Verschlüsselungsalgorithmen so weit verwässerten, dass sie heutzutage nach Expertenmeinung bereits mit einem handelsüblichen PC in Echtzeit entschlüsselt werden können. Nicht zuletzt deshalb wird im WAP-Standard mit WTLS ein zusätzliches Sicherheitsprotokoll definiert, welches aber ebenfalls einige Schwachstellen besitzt: Zum einen ist der Einsatz von WTLS optional und kann vom Benutzer nicht leicht überprüft werden, zum anderen muss aufgrund der unterschiedlichen Standards in Fest- und Mobilnetz in so genannten *Gateway*-Rechnern zwischen WTLS und SSL übersetzt werden, wodurch die Nachricht, wenn auch nur kurzzeitig, im Klartext offen gelegt wird.

Vertraulichkeit in drahtlosen Kommunikationsprotokollen

Drahtlose Kommunikationsprotokolle für lokale Netze wie WLAN und Bluetooth bieten kaum nennenswerte Verbesserungen. Zwar definiert der IEEE 802.11 Standard mit WEP („Wired Equivalent Privacy") eine sichere Verbindung auf Link-Ebene, doch ist diese nur mit relativ schwachen 40-Bit Schlüsseln auf Hop-by-Hop-Basis (statt End-to-End, d.h. auf der gesamten Verbindung zwischen Endgerät und Anbieter) gesichert. Im Bluetooth-Standard muss sich jedes Gerät mit seiner *Unique Device Address* identifizieren, welches Anonymität unmöglich macht. Eine per Voreinstellung lediglich auf einer 4-stelligen PIN basierende Verschlüsselung ist ferner für vertrauliche Daten höchst ungeeignet. Verlässliche Verschlüsselung muss also sowohl im 802.11 Standard als auch bei Bluetooth auf höher gelegenen Ebenen (z.B. auf Network-, Transport- oder Anwendungsebene) geschehen. Im zukünftigen IPv6 Standard beispielsweise, der bald den heutigen IPv4 Standard ablösen soll, wird das Konzept des „Encapsulated Security Payload" definiert, welches sowohl komplette Datagramme (im „Tunnel-Mode") als auch nur den Paketinhalt (Payload-Verschlüsselung im „Transport-Mode") direkt auf dem Network-Layer verschlüsselt. Dies ermöglicht End-to-End-Sicherheit, welche durch Integration auf niedrigerer Ebene potentiell mächtiger als eine Verschlüsselung auf Transport-Ebene (wie z.B. SSL) sein kann.

Low-Power gleich Low-Security?

Ubiquitären Anwendungen, die Anonymität und Vertraulichkeit bereits frühzeitig in der Design-Phase integrieren wollen, mangelt es sicher nicht an dem nötigen kryptographischen Handwerkszeug. Viele der oben beschriebenen Basistechnologien bieten bereits eine ganze Reihe von Sicherheitsaspekten, welche durch geschickte Kombination einen effektiven Schutz versprechen können. Weitaus problematischer werden sich aber womöglich die physikalischen Nebenbedingungen auswirken, welche einen Einsatz von komplexen Sicherheitsverfahren und -protokollen in Low-Power-Umgebungen erschweren [Tim].

Vertraulichkeit braucht Authentizität

Vertraulichkeit bedeutet aber auch Authentizität: Nur wenn ich sicher sein kann, dass der Absender auch wirklich der ist, für den er sich ausgibt, kann ich meine Daten mit gutem Gewissen herausgeben. Public-Key-Verfahren erlauben dies heute schon in begrenztem Maße auf dem Web, wo Firmen wie Thawte oder Verisign digitale Schlüssel zertifizieren, mit denen dynamische Web-Inhalte und Programme signiert werden können. Viele Systeme und Protokolle weisen aber noch Unzulänglichkeiten auf: Beim WEP-Protokoll („Wired Equivalent Privacy") des IEEE 802.11 LAN-Standards können lediglich ganze Gruppen von Geräten authentisiert werden, was eine Unterscheidung zwischen Geräten einer Gruppe, z.B. für einen differenzierteren Zugang, unmöglich macht. IPv6 bietet zwar „Authentication Headers" zur verbesserten Authentisierung von Nachrichten an, deren Schwerpunkt jedoch eher auf der Unverfälschbarkeit der Daten, als auf deren Nichtabstreitbarkeit und Authentizität liegt. Letzteres muss auch in IPv6 auf höher gelegenen Ebenen geschehen. Zwar können hierfür die vom Web bekannten Zertifizierungssysteme verwendet werden, doch bleibt fraglich, wie sich diese Strukturen in ubiquitären Umgebungen skalieren lassen.

Während im M-Commerce die Authentisierung noch zentral vom Netzbetreiber durchgeführt wird, müssen zukünftige Lösungen Zertifizierung auch lokal für Privatpersonen zugänglich machen – schließlich möchte man nicht jede Kaffeetasse vor Gebrauch erst bei einer zentralen Stelle anmelden müssen. Das für E-Mail gebräuchliche Verschlüsselungsprogramm PGP geht hier mit gutem Beispiel voran: Anwender zertifizieren sich gegenseitig, d.h. ohne zentrale Verwaltung, und machen die Vertrauenswürdigkeit eines Zertifikates von dessen Empfehlungen abhängig. Problematisch ist dabei allerdings die Granularität: Nur wenn sich genügend Anwender an der gegenseitigen Zertifizierung beteiligen, besteht eine reelle Möglichkeit, unbekannte Zertifikate entlang solcher Empfehlungsketten auf vertrauenswürdige Empfehlungen von Freunden und Kollegen zurückverfolgen zu können. Die besondere Anforderung von ubiquitären Systemen nach komfortablen Administrationsschnittstellen wird sich dabei ebenfalls erschwerend bemerkbar machen: bei mehreren Dutzend persönlicher „smarter" Artefakte wie Kaffeetassen, Armbanduhren und Regenschirme wird es unmöglich sein, jedem Gerät einzeln die aktuellen vertrauenswürdigen Zertifikate beizubringen.

1.2.3 Transparenz

Anonymität ist nicht immer sinnvoll

Wenn Anonymität im Web bereits machbar ist – warum werden entsprechende Werkzeuge nicht einfach flächendeckend eingesetzt? Offenbar macht anonymes Surfen nicht immer Sinn: Beim Online-Einkauf beispielsweise ist die Eingabe der Lieferanschrift unumgänglich und „enttarnt" so selbst die anonymsten Besucher. Um in solchen Situationen wirkungsvoll Datenschutz gewährleisten zu können, bedarf es mehr als anonymer Kommunikationsprotokolle und sicherer (d.h. nicht abhörbarer) Datenübertragung: Es muss Benutzern möglich sein, sich bei der Herausgabe persönlicher Daten den Zweck der Erhebung, die Empfänger der Daten, die Dauer der Speicherung sowie Möglichkeiten der nachträglichen Korrektur oder Löschung klar zu machen.

P3P: ein Datenschutz-Standard für das Web

Ein erster Schritt auf dem Wege zu einer solchen Transparenz und Benutzerkontrolle im Web ist das „Platform for Privacy Preferences Project" (P3P), eine „Empfehlung" (Candidate Recommendation) des World Wide Web Konsortiums (W3C), welche nach mehr als dreijähriger Entwicklungszeit im Dezember 2000 veröffentlicht wurde [Lan].

Persönliche Präferenzen unterscheiden „akzeptable" von „inakzeptablen" Websites

Die Idee von P3P ist recht einfach: Ein Anbieter im Web übersetzt seine Datenschutzpraktiken – d.h. eine Aufzählung der Daten, die er vom Besucher erhebt, sowie deren Empfänger, Verwendungszweck, etc. – in ein standardisiertes und maschinenlesbares XML-Format und veröffentlicht dieses auf seiner Website. Benutzer, die diese Website mittels eines P3P-fähigen Browsers besuchen, können sich die Praktiken dann komfortabel in übersichtlichen Dialogen ansehen und selbst entscheiden, ob sie unter diesen Bedingungen gewillt sind, ihre persönlichen Daten auszugeben. Haben sie einmal ihre diesbezüglichen Präferenzen in ihrem Browser eingestellt, kann dieser ihnen diese Entscheidung weiter vereinfachen, indem er automatisch Websites in „akzeptabel" und „inakzeptabel" einteilt. Fallen die Praktiken der Website außerhalb der Präferenzen des Benutzers, können zusätzliche Informationen und Warnungen eingeblendet werden, um eine unerwünschte Preisgabe der persönlichen Daten zu verhindern.

Detaillierte Datenschutz-Buchführung

Ob akzeptabel oder nicht – mit einem P3P-unterstützenden Browser hat der Benutzer jederzeit die Möglichkeit, die momentan gültigen Praktiken einer Website in einem relativ übersichtlichen, standardisierten Format zu inspizieren. So könnte beispielsweise beim Ausfüllen von Web-Formularen individuell der Verwendungszweck jedes einzelnen Feldes mittels eines Maus-Klicks abgefragt werden. Ebenso möglich ist eine Journal-Funktion, welche für den Benutzer über alle von ihm (bewusst oder unbewusst) ausgegebenen Daten detailliert Buch führt: Wann wurde welche Information an wen zu welchen Konditionen ausgegeben, und wie kann ich meine Daten beim Service-Anbieter später ändern oder löschen?

P3P als Grundlage für Datenschutzassistenten

Auch wenn P3P in seiner ersten Version hinter den ursprünglichen Erwartungen zurück bleibt (keine digitalen Signaturen und keine abgestuften Datenschutzpraktiken für unterschiedlich personalisierte Angebote), so stellt es sicherlich einen wichtigen ersten Schritt auf dem Wege zu einem leistungsstarken Datenschutz-Assistenten dar. Es könnten hieraus auch andere Werkzeuge zur Kontrolle persönlicher Daten, auch außerhalb eines solchen Standards, hervorgehen. Sehr attraktiv ist beispielsweise die Idee eines Einzelnutzungsnachweises [Köh]: Nachdem sich Benutzer und Anbieter auf Datenschutzpraktiken verbindlich geeinigt haben, werden die erhobenen Daten bei der Speicherung direkt mit den ausgehandelten Bedingungen verknüpft. Gleich einem Einzelverbindungsnachweis beim Telefon würde anschließend jede Nutzung der Benutzerdaten vom Anbieter protokolliert und dem Eigentümer dieser Daten bei Bedarf zur Verfügung gestellt werden.

Funktioniert P3P ohne den Bildschirm?

Ob P3P als Lösung für transparente Datenschutzkontrolle im E-Commerce letztlich Fuß fassen wird, bleibt abzuwarten. Ubiquitäre Szenarien werden in jedem Fall zusätzliche Herausforderungen an derartige Mechanismen stellen: So verschwinden etwa mit der Miniaturisierung der Computer auch die im E-Commerce bisher üblichen größeren Bildschirme, auf denen eine Vielzahl von Informationen übersichtlich dargestellt werden kann. Kleinste Displays in Mobiltelefonen und Armbanduhren machen es immer schwerer, dem Benutzer solche komplexen Informationen zu vermitteln. Auch taktile Schnittstellen (z.B. Vibrations-Modus bei Handys) und Audio-Feedback eignen sich hierfür naturgemäß weniger gut.

Signalisierung des Privatsphärenzustands

Dennoch ist aber gerade in einer so umfassend überwachbaren Zukunft die einfache, verlässliche, unaufdringliche, aber doch allgegenwärtige Information über den momentanen Privatsphärenstatus unabdingbar. Während Daten, die sich nicht unterdrücken lassen (z.B. die gegenwärtige Funkzelle des Handys), rechtlich abgesichert sein müssen (d.h. keine unerlaubte Nutzung, wenn nicht durch den Benutzer oder dessen Agenten autorisiert), sollten sich alle optionalen Daten leicht durch den Benutzer bei Bedarf herausgeben lassen, ohne dass ihn eine Reizüberflutung zur unkontrollierten Ausgabe verführt (wie derzeit z.B. Cookie-Dialogboxen im Netscape Browser, die lediglich dazu führen, dass die Information vom Benutzer wieder schnellstmöglich dauerhaft ausgeblendet wird).

Delegation an Agenten

Die Delegation dieser Aufgabe an einen *Software-Agenten* ist dabei eine Möglichkeit zur komfortablen, automatischen (oder semiautomatischen) Interaktion mit Diensten in Echtzeit, die das Schnittstellenproblem mindert. Solch ein Agent würde vorher entsprechend konfiguriert und an die persönlichen Präferenzen des Benutzers angepasst, um dann in Echtzeit, ggf. abhängig vom gegenwärtigen Ort und Kontext, das Aushandeln von Datenschutzbedingungen und die eventuelle Herausgabe von persönlichen Daten zu übernehmen.

Aufklärung tut Not

Wie auch immer die technischen Lösungen in diesem Bereich ausfallen werden – eine verstärkte generelle Sensibilisierung der Benutzer ist auf jeden Fall unabdingbar. Bereits heute ist den wenigsten Internet-Nutzern bewusst, dass sie oftmals sehr persönliche Daten im Cyberspace zurücklassen. Mit dem zunehmenden „Verschwinden“ der Computer und der immer stärker werdenden „Informatisierung“ des Alltags besteht schnell die Gefahr, dass technisch unerfahrene Nutzer aus Unwissen große Teile ihrer Privatsphäre dauerhaft verlieren. Eine erhöhte Aufklärung über die Risiken dieser Technologien, z.B. in der Schule, muss sicherlich ein wichtiger Bestandteil jeder Lösung sein.

1.2.4 Vertrauen und Absicherung

EU-Datenschutz als Vorbild?

Auch wenn Gerichtsentscheide in Frankreich und Deutschland kürzlich Schlagzeilen damit machten, im bisher vielfach als rechtsfreien Raum aufgefassten Internet nationales Recht anwenden zu wollen – die Erfahrungen bisher zeigen, dass Datenschutzgesetze als nationale Insellösungen kaum Erfolg versprechen. Immerhin genießen aber EU-Bürger (und dies nicht nur beim Web-Surfen) seit In-Kraft-Treten der Direktive 95/46/EC innerhalb der Mitgliedstaaten und allen „sicheren Drittländern“ einen umfassenden Schutz vor Datenschutzverletzungen, der sich stark an den OECD-Richtlinien orientiert bzw. diese sinnvoll erweitert.

Safe Harbor – die amerikanische Antwort

Vor allem Artikel 25 der Direktive (Transfer personenbezogener Daten in Drittländer) hat an der momentan stattfindenden weltweiten Neuordnung nationaler Datenschutzgesetze und ihrer formellen und inhaltlichen Angleichung einen gewichtigen Anteil. Nicht zuletzt die in den USA Mitte 2000 beschlossene *Safe Harbor* Regelung birgt die Hoffnung, dass sie auf Dauer zu einer Angleichung der traditionell auf Selbstregulierung setzenden amerikanischen Praxis an europäische Standards führen wird, auch wenn die Teilnahme von US-Firmen an dem Programm noch sehr zu wünschen übrig lässt: Lediglich ein Dutzend Firmen hat sich bis Januar 2001 selbst als „sicheren Hafen“ für europäische personenbezogene Daten zertifiziert [Saf].

Besonders der mangelnde Vollzug (d.h. die Überwachung und Umsetzung der Richtlinien) ist bei den Safe Harbor Prinzipien unter Kritik: Erst wenn eine Firma wiederholt durch Übertretung der Prinzipien aufgefallen ist, droht gerade einmal eine Verbannung von der Safe Harbor Liste (obwohl natürlich im US-Recht individuelle Klagen durchaus Aussicht auf Erfolg haben könnten). Während in vielen Industrienationen mehr oder weniger unabhängige Datenschutzkommissare die Einhaltung von Datenschutzgesetzen überwachen, fällt in den USA kommerziellen Gütesiegelprogrammen wie BBBOnline oder TrustE diese Aufgabe zu. Dabei verpflichten sich Firmen vertraglich, ihre Datenschutzpraktiken für den Benutzer offen zu legen und die darin gemachten Aussagen auch einzuhalten. Materielle Vorgaben zum Datenschutz, wie beispielsweise Anforderungen an die Zweckbindung oder der Vorsatz der Datensparsamkeit (d.h. nur diejenigen Informationen, die unbedingt nötig sind, werden gesammelt), sind oftmals nicht Bestandteil solcher Gütesiegel – es geht vielmehr nur darum, den Nutzer rechtzeitig zu informieren und ihm die Wahlmöglichkeit zu geben, das Angebot zu verlassen. Entsprechend erhalten auch diejenigen Anbieter ein Gütesiegel, welche offen berichten, dass sie fleißig Daten sammeln und sie an Dritte weitergeben: „Good notices of bad practices“ [Roß].

Privacy Broker als Beruf?

Obwohl primär ein Konzept eines selbstregulierten Marktes, können Gütesiegelprogramme jedoch auch in Ländern mit Datenschutzkommissionen ihren Sinn darin haben, Datenschutzkommissare in ihrer Arbeit zu unterstützen und eine produktive Konkurrenz zu schaffen. Vielleicht ergibt sich sogar in Zukunft ein völlig neues Berufsbild wie etwa das des *Privacy Brokers*. Ähnlich eines Börsen-Agenten managt der Privacy Broker das Portfolio an persönlichen Benutzerdaten und setzt sich – gegen eine monatliche Grundgebühr – für die Sicherheit und Integrität der ausgegebenen Daten ein. Vorboten solch einer Entwicklung sind die bereits in den US aufkommenden *Infomediaries*, welche aber heute eher noch im Zeichen einer Kommerzialisierung persönlicher Daten stehen: Erst durch den Weiterverkauf (meist in aggregierter Form) von Benutzerdaten entsteht Profit. Umgekehrt könnte aber auch das *Privacy Management* durch vertrauenswürdige Personen oder Institutionen ein Geschäftsfeld werden – auch wenn die Vorstellung, dass umfassender Datenschutz ein Luxusgut werden könnte, das man sich erst einmal leisten können muss, etwas unbehaglich klingt.

Opt-In statt Opt-Out

In welcher Form auch immer eine rechtliche Absicherung existiert – ob staatlich reguliert oder als marktorientierte Selbstregulierung – sie muss auch ohne den expliziten individuellen Einsatz jederzeit ein Maximum an Datenschutz gewährleisten, vor allem für technisch nicht versierte Benutzer (insbesondere Kinder und Senioren). Dazu gehört beispielsweise das bewusste Entscheiden für einen Service („Opt-In") statt das durch Voreinstellung leicht übersehbare „Opt-Out".

Fest steht, dass in einer von allgegenwärtigen Sensoren bevölkerten ubiquitären Zukunft sowohl Opt-In als auch Opt-Out die Designer von Benutzerschnittstellen auf eine harte Probe stellen werden. Bei Opt-In-Situationen müssen für den Benutzer die Folgen klar offen gelegt werden, was besonders angesichts der oben erwähnten stark begrenzten Anzeigemöglichkeiten kreative Lösungen erfordern wird. Sollte es sich um „gepushte" Information handeln (d.h. die Informationsübermittlung erfolgt nicht aus Eigeninitiative des Benutzers, der z.B. selbst einen Service anfordert, sondern wird unaufgefordert angeboten), muss dem Benutzer die Möglichkeit gegeben werden, zwischen interessanten und uninteressanten Angeboten automatisch unterscheiden zu können, um so Teile seiner Datenschutz-Präferenzen flexibel anzupassen.

Datenschutz-Schutzengel?

Andererseits wird es im Gegensatz zum Web in einer ubiquitären Landschaft auch eine Vielzahl von Situationen geben, in denen unweigerlich persönliche Daten durch Sensoren oder Kameras aufgenommen werden, ohne dass es eine technische Möglichkeit gibt, dieses zu unterbinden. Abgesehen von der eher unpraktikablen Vermeidung solcher Situationen (z.B. indem bestimmte Gebäude nicht betreten oder öffentliche Plätze nicht überquert werden) sollte der so überwachten Person mindestens die Tatsache der Aufzeichnung und ihr Verwendungszweck offen gelegt werden (dies könnte etwa durch ein P3P-ähnliches Protokoll geschehen), so dass sowohl in Echtzeit als auch nachträglich festgestellt werden kann, welche persönlichen Daten zu welchem Zeitpunkt wo aufgezeichnet wurden. Auch in diesem Zusammenhang würde der Einsatz eines Software-Agenten, der die Datenschutzpraktiken ubiquitärer Sensoren aushandeln bzw. offen legen kann, für die praktische Umsetzung geeigneter Gesetzgebungen von Bedeutung sein.

Dürfen sich Dinge an Personen erinnern?

Sicherlich wird eine praktikable gesetzliche Regelung nicht ohne substantielle technische Unterstützung auskommen, welche in geeigneten Kontexten beispielsweise Nichtabstreitbarkeit, Vertraulichkeit oder Transparenz ermöglicht. Auf der anderen Seite bleibt aber eine große Anzahl von Forderungen, welche sich nicht einfach durch technische Lösungen erfüllen lassen: Beispielsweise kann Datensparsamkeit zwar durch Technik unterstützt, nicht aber in jedem Fall erzwungen werden. Andererseits würde die Forderung nach unbedingter Zweckgebundenheit aller erhobenen Daten in einer Zukunft voll „smarter“ Kaffeetassen und mitdenkender Tische das „Gedächtnis“ solche Gegenstände geradezu verbieten – die Idee eines Gedächtnisses ist ja gerade die Speicherung von Information für zukünftige a priori unbekannte Zwecke. Da mit einer strikten Auslegung von Datenschutzgesetzen, die in einem vor-ubiquitären Zeitalter entstanden sind, viele „hübsche“ neue Anwendungen, die beispielsweise die nachträgliche Rekonstruktion des Ortsbezugs oder ein episodisches Gegenstandsgedächtnis voraussetzen, verunmöglicht würden, darf man gespannt sein, wie sich die gesellschaftliche und gesetzgeberische Diskussion hier weiterentwickelt.

1.3 Ausblick

Ronald Rivest, einer der Erfinder des RSA-Verschlüsselungsverfahrens, hat als Ursache für viele rechtliche Probleme, die wir rund um das Internet haben, einmal die „Umkehrung der Defaults“ identifiziert. Beispiele dafür sind „what was once hard to copy is now trivial to duplicate“ oder „what was once forgotten is now stored forever”, vor allem aber „what was once private is now public”. Letzteres unter anderem deswegen, weil mit dem Internet die „natürliche“ Schwierigkeit, an Information heranzukommen, wegfällt. Tatsächlich musste man früher beträchtliche Energie aufwenden, um Information zu verbreiten – heute ist es eher umgekehrt: Man muss oft einigen Aufwand treiben, um Informationen lokal oder geheim zu halten! Wenn im Zeitalter des Ubiquitous Computing das Internet bis in die Alltagsdinge hineinverlängert wird, dann wird alleine dadurch schon klar, dass hinsichtlich des Datenschutzes gewaltige Probleme auf uns zukommen könnten.

Orwells Horrorvision?

Die Vielzahl von Herausforderungen, die sich für Datenschützer und Techniker in einer Zukunft von allgegenwärtigen Computern stellen, lässt schnell die Frage aufkommen, ob es nicht unweigerlich zu den vielbeschworenen Horrorszenarien im Stile Orwells kommen wird. Für manche erscheint da die Flucht nach vorne, verbunden mit totaler Resignation, als einzige sinnvolle Alternative: „You have zero privacy anyway, get over it“, wie Sun's Chairman und CEO

Scott McNealy es anlässlich einer Reporterfrage auf den Punkt brachte.

Gerade die Tatsache, dass sich selbst Experten auf diesem Gebiet noch gar nicht darüber im Klaren sind, welche der vielen oft absurd klingenden Ideen – angefangen von kommunizierenden Regenschirmen, die vor einem heranziehenden Regenschauer warnen, bis hin zur „smarten" Unterwäsche, die kritische, vom individuellen Normalfall abweichende Pulsfrequenz und Atemtätigkeit dem Hausarzt weitermeldet – letztendlich eine Rolle in dieser so vagen Zukunft spielen wird, machen Voraussagen auf diesem Gebiet äußerst schwierig. Dennoch ist es sicherlich sinnvoll, die unmittelbare Zukunft – heute also vor allem die Entwicklungen im rasch wachsenden Mobilfunk-Bereich – verstärkt im Auge zu behalten, um aus dort gemachten Erfahrungen geeignete Handlungsindikatoren oder auch nur einschlägige Fragestellungen für unsere heute noch eher futuristisch anmutenden ubiquitären Landschaften zu gewinnen.

[Bäu] beschreibt angesichts der rasanten Entwicklungen in den Bereichen Internet und Mobilkommunikation vier notwendige Zutaten für „E-Privacy", einem modernen Datenschutz, der sich auch im Zeitalter von HTTP und WAP noch praktisch umsetzen lässt:

Datenschutzprinzipien für E-Privacy

- *Rechtliche Absicherung:* Ohne den Druck durch den Gesetzgeber wird es keinen wirklich wirkungsvollen Schutz geben – erst Gesetze ermöglichen eine klare Orientierung für Bürger und Wirtschaft über ihre Rechte und Pflichten.
- *Technische Unterstützung:* Ohne technische Verankerung ist Datenschutz in einer hoch technisierten Welt nicht durchführbar – Datenschützer verkommen zu Papiertigern, die undurchführbare oder unkontrollierbare Gesetze schaffen.
- Selbstschutz: Der Staat wird sich zwar nicht aus der Mitverantwortung stehlen können, doch wird dies in Zukunft verstärkt auch in Form von Service und Beratung für seine Bürgerinnen und Bürger geschehen müssen, damit diese informierte Entscheidungen über die Herausgabe und Verwendung ihrer Daten fällen können.
- Marktprinzipien: Die Datenschutzpraxis muss verstärkt darauf hinarbeiten, dass eine erhöhte Nachfrage nach Datenschutz die Produktpalette von Unternehmen ganz selbstverständlich um Angebote zum Schutz der Privatsphäre ergänzt.

Auch wenn eine „U-Privacy" auf einer Infrastruktur und einem zukünftigen Wirtschaftsgefüge aufzubauen hat, die heute kaum vorherzusagen sind, so können sicherlich einige Konsequenzen aus obigen vier Punkten abgeleitet werden:

- Die Gesetzgebung wird sich ständig an neue Realitäten anpassen müssen. Selbst weitreichend verfasste Grundsätze können kaum die technische Entwicklung der nächsten 20 Jahre berücksichtigen.
- Keine noch so umfassende technische Lösung wird Missbrauch je vollständig ausschließen können. Vielmehr ist es wichtiger, verantwortungsbewussten Datensammlern die nötigen Werkzeuge zur Verfügung zu stellen, damit der beabsichtigte Datenschutz auch umgesetzt werden kann.
- Der Einzelne muss Zugriff auf die nötigen Ressourcen haben, damit er wirkungsvollen Selbstschutz durchführen bzw. seine im Datenschutz verankerten Rechte voll wahrnehmen kann. Dass dazu auch ein gesteigertes Bewusstsein für Datenschutz notwendig ist, sollte dennoch den Uninteressierten nicht um den Mindestschutz bringen.

Handlungsspielräume?

Angesichts des rasanten technischen Fortschritts stellt sich mit Blick auf die zu erwartende Allgegenwärtigkeit des Computers und den daraus resultierenden möglichen sozialen und gesellschaftlichen Auswirkungen die Frage nach den Handlungsspielräumen. Dies ist gleichermaßen eine technische wie eine politisch-juristische Fragestellung.

In technischer Hinsicht ergeben sich oft Alternativen beim Systementwurf, oder es lassen sich von vornherein gewisse Vorgaben mit einplanen. Ein Beispiel ist die Ortslokalisierung: Im GPS-System kann ein Gerät in passiver Weise seinen Standort erfahren, ohne dass die Umgebung dies mitbekommt. Mobile Telefone dagegen sind aufgrund ihrer aktiven Kontaktaufnahme mit der nächstliegenden Funkzelle von außen innerhalb gewisser Grenzen lokalisierbar.

Wunsch und Realität

Nicht immer lassen sich jedoch an sich wünschenswerte Eigenschaften in der Praxis verwirklichen. Zum einen mögen zu hohe Kosten gegen manche Realisierungsmöglichkeiten sprechen (wenn beispielsweise jedes Kopieren und Übermitteln eines personenbezogenen Datums in nichtabstreitbarer Weise am Datum selbst vermerkt werden soll), zum anderen lassen sich manche Aspekte aus technischen oder physikalischen Gründen kaum verwirklichen. Ein Beispiel für den zuletzt genannten Punkt wären etwa autarke Funksensoren, welche die nötige Energie zur Übermittlung des Sensorwertes über eine Distanz von einigen Metern aus dem Messvorgang selbst (etwa mittels piezoelektrischer Materialien) beziehen. Für eine sichere Verschlüsselung der Werte oder gar eine auf einem kryptographischen Challenge-Response-Protokoll basierende Authentifizierung reicht die Energie dazu im Allgemeinen nicht aus. Der an sich wünschenswerten Forderung, in einer ubiquitären Welt alle Daten stets nur in gesicherter Form zu übermitteln, ließe sich also damit gar nicht nachkommen.

Was kann, was darf?

Während die Technik höchstens die Frage beantworten kann, was die Zukunft bringen *kann*, muss die Frage, was die Zukunft bringen *darf*, durch einen gesellschaftlichen Prozess beantwortet werden. Bei festzulegenden Normen und Gesetzen geht es dann darum, das Wünschenswerte mit dem Machbaren zusammenzubringen. Dies war natürlich noch nie eine einfache Angelegenheit, insbesondere wenn unterschiedliche Interessen und Wertevorstellungen mit hineinspielen, und wenn von vornherein nicht klar ist, was genau eigentlich wünschenswert ist und wo im Einzelnen die Grenzen (und Kosten) des Machbaren liegen.

Neue Spielregeln!

Wenn nun aber tatsächlich Alltagsdinge zunehmend „smart" und vernetzt werden und sich dem Menschen gegenüber angepasst verhalten, dann führt dies letztlich zu einer anderen Welt als wir sie gewohnt sind, einer Welt in der neue Spielregeln gelten. Wie wir diese Spielregeln fassen wollen, darüber lohnt es sich jetzt schon nachzudenken.

Literatur

[Bäu] H. Bäumler (Hrsg.): E-Privacy, Vieweg Verlag, 2000.

[Bri] D. Brin: The Transparent Society – Will Technology Force Us to Choose Between Privacy and Freedom? Perseus Press, 1999.

[Gar] Simson Garfinkel: Database Nation, O'Reilly, 2000.

[Han] U. Hansmann, et al: Pervasive Computing Handbook, Springer, 2001.

[HUC] P. Thomas, H.W. Gellersen (Ed.): Proc. 2nd Int. Symp. Handheld and Ubiquitous Computing, Springer-Verlag, 2000.

[Köh] M. Köhntopp, A. Pfitzmann: Datenschutz Next Generation, in [Bäu].

[Lan] M. Langheinrich: P3P – Ein neuer Standard für Datenschutz im Internet, digma, Zeitschrift für Datenrecht und Informationssicherheit, 2001.

[Mat] F. Mattern: Das aktuelle Schlagwort – Pervasive Computing / Ubiquitous Computing, Informatik Spektrum 24/3, 2001.

[Nor] D.A. Norman: The Invisible Computer, MIT Press, 1998.

[Roß] A. Roßnagel: Regulierung und Selbstregulierung im Datenschutz, in: Kubicek et al. (Hrsg.): Global @home, Jahrbuch Telekommunikation und Gesellschaft, Hüthig-Verlag, 2000, pp. 385-391.

[Saf] US Dept. of Commerce: Safe Harbor http://www.export.gov/safeharbor/.

[Tim] D. Timmermann: Smart Environments – Technologietrends und mögliche Konsequenzen für die informationelle Selbstbestimmung, Vortrag beim Ladenburger Diskurs „Living in a Smart Environment – Implications of Ubiquitous Computing", Jan. 2001.

[Wei] M. Weiser: The Computer for the 21st Century, Scientific American, September 1991, pp. 66-75.

2 Sicherheit und Vertrauen: Mehrwert im E-Commerce

Holger Eggs
Günter Müller

Dimensionen von Sicherheit und Vertrauen im E-Commerce

Electronic Commerce ist zur Zeit die bevorzugte Vision für zukünftige Infrastrukturen, um Kunden mit einer preiswerteren und breiteren Auswahl an Wissen, Informationen und Waren kostengünstig und schnell zu versorgen. Beim Betrachten der nachfolgenden Szenarien werden verschiedene Dimensionen von Sicherheit und Vertrauen offensichtlich:

- Verkäufer bieten ihre Waren an und Käufer bestellen diese Waren zu jeder Zeit, an jedem Ort. Hier ist es notwendig, dass sich in der Mehrheit der Fälle die Marktteilnehmer authentifizieren. Dies ist jedoch nur teilweise erwünscht, da auch heute schon Kunden z.B. auf Marktplätzen sich oftmals nicht identifizieren.
- Verkäufer liefern in der realen Welt häufig Zug um Zug ihre Waren und Käufer leisten unmittelbar Zahlungen. Dies ist mit der zeitlichen Verzögerung und räumlichen Verteilung im E-Commerce vielfach nicht möglich. Daher ist weniger die technische Sicherheit als vielmehr das Vertrauen in die Handlungen des Partners von Bedeutung.
- Private, personenbezogene Daten sind eine notwendige Grundlage, um wesentliche ökonomische Potenziale des Electronic Commerce, wie bspw. one-to-one marketing oder mass customizing, nutzen zu können. Gleichzeitig legen die Nutzer immer stärkeren Wert auf ihre ausschließliche Verfügungshoheit über ihre persönlichen Daten. Gelingt es technisch und organisatorisch nicht, hier transparente Verhandlungslösungen zu ermöglichen, werden Potenziale ungenutzt bleiben oder der Cyberspace wird „hässlich“ werden.[1]
- In allen bisherigen Marktformen hat es Methoden gegeben, Unsicherheit und Unzufriedenheit vor oder nach Transaktionen zu

[1] Krugmann (1998).

behandeln. Ein garantierter Schutz, der die Unausgeglichenheit zwischen Macht und Wissen zwischen den Transaktionspartnern deckt, ist Bestandteil aller bisherigen Marktsysteme. Beim E- Commerce ist er bisher nicht vorhanden oder erst in Ansätzen sichtbar.

Neben der „Sicherheitstechnologie" im Sinne einer „Ende zu Ende" Sicherheit internetbasierter Kommunikation und einer zuverlässigen Authentifizierung der Beteiligten ergeben sich daher mit zunehmender Werthaltigkeit des E-Commerce in immer stärkerem Umfang Herausforderungen der Schaffung von Vertrauen, insbesondere, aber keineswegs ausschließlich, in bezug auf effiziente und transparente Lösungen der Privatheitsproblematik im Internet.

2.1 Sicherheit ist „Technikfolger"

Sicherheit folgt technischer Entwicklung

Sicherheit ist ein Schlüsselfaktor für die soziale Akzeptanz jeder Technologie.[2] Sicherheit ist keine stabile, sondern eine reaktive Technologie und folgt immer dem technischen Fortschritt. Sie ist teuer und behindert vielleicht sogar den technischen Fortschritt. Sicherheit hat einen technischen sowie einen sozialen Bestandteil. Beide Aspekte entscheiden bestenfalls auf gleicher Basis über die Implementierung von Sicherheit in zukünftige Infrastrukturen, die eher sozialen als technischen Infrastrukturen ähneln. Während die technische Entwicklungsrichtung vorhersehbar ist, ist die soziale und wirtschaftliche Akzeptanzentwicklung weniger deutlich.

Wir können die drei im folgenden dargestellten Technikparadigmen ausmachen, die jeweils unterschiedliche Sicherheiten bedingen bzw. erfordern.

2.1.1 Das Mittelalter-Paradigma der Vergangenheit

Zentralität von Datenhaltung ...

Die Verarbeitung großer Datenmengen fand zentralisiert in einem Großrechner statt. Bezogen auf die Sicherheit, verstanden als der Schutz vertrauenswürdiger Daten, gilt das „Ortsprinzip". Wer Zugang zum Rechenzentrum hatte, hatte auch Zugang zu den Daten. Der Datenschutz wurde so für die einen zum Symbol von Freiheit und Demokratie und für die anderen zum Zeichen von Technikfeindlichkeit und unnötiger Kostenbelastung. Traditionell ist Sicherheit der Schutz des eigenen Rechners in einer feindlichen Umwelt.

---

[2] Eggs, Englert (2000).

Das Vorbild für die Sicherheitstechnologie im Bereich der Kommunikationstechnik war die Stadtmauer des Mittelalters, die wir jetzt Firewall oder Brandmauer nennen.

... Datenzugriff und Kommunikation

Neben der Datenhaltung ist in diesem Paradigma auch der Zugang zu den Daten und Kommunikationskanälen zentralisiert organisiert. Es existieren vergleichsweise wenig Rechenzentren, da diese mit hohen Einrichtungs- und Betreibungskosten verbunden sind. Entsprechend umfangreich und sorgfältig sind die Zugangsberechtigungen auf einen vergleichsweise geringen Kreis von Nutzern beschränkt, die sich in einem hierarchischen System als zugangsberechtigt ausweisen müssen. Alle Akteure sind in diesem Paradigma hinreichend überprüft und bekannt und bei Fehlverhalten kann direkt auf sie zurückgegriffen werden. Die Vertrauensproblematik kann demnach in diesem Paradigma vernachlässigt werden, allerdings unter Verzicht auf Anonymität der Akteure und durch hohe, wettbewerbseinschränkende Zugangsregulierungen.

2.1.2 Das Internet-Paradigma der Gegenwart

Dezentralität von Datenhaltung und Kommunikation ...

Das Netzwerk, das sich heute am schnellsten entwickelt – das Internet – hat einen ganz anderen Charakter als die vergangene zentrale Datenhaltung des Mittelalter-Paradigmas. Es steht dezentral allen Benutzern und Diensten zur Verfügung, einfach und komplex zugleich, übermittelt eine leicht verständliche Schnittstelle, besteht jedoch aus vielen selbständigen Netzwerken mit einer Menge unterschiedlicher Transmissionssysteme. Sicherheitsprobleme, die sich aus der Dezentralität der Datenhaltung und Kommunikation ergeben, werden durch dezentrale Verfügungs- und Zugangsrechte zu den an den Kommunikationsvorgängen beteiligten Transmissionssystemen verschärft.

... sowie Heterogenität der Akteure

Die technische Dezentralität des Internet findet ihre Entsprechung in der Heterogenität der Akteure im Electronic Commerce. Massiv sinkende Zugangskosten, sowohl monetärer Natur als auch Know-how bedingt, lassen die Anbieter- und Nachfragerzahlen exponentiell steigen. Die Fluktuation der Akteure nimmt ebenfalls zu, da auch bei raschem Wiederaustritt aus der digitalen Wirtschaft kaum noch versunkene Kosten zu verschmerzen sind. Aus diesen Entwicklungen sowie aus den Möglichkeiten, anonym und unverkettbar im Internet aufzutreten, resultieren besondere Herausforderungen des Aufbaus und Erhalts von Vertrauen im dezentralen und heterogenen Electronic Commerce.

Sicherheit bedeutet in diesem Szenario die Etablierung sicherer Kommunikationskanäle sowie die eindeutige und unabstreitbare Authentifizierung von Akteuren. Mit Hilfe von Institutionen müssen den elektronisch repräsentierten Akteuren darüber hinaus Eigenschaften zugeschrieben werden. Eigenschaften, welche die realen Akteure abbilden, und die deren zukünftiges Verhalten für potentielle Transaktionspartner besser einschätzbar machen.

2.1.3 Das Allgegenwärtigkeits-Paradigma der Zukunft

Spontane Vernetzung und Kommunikation von Dingen

Miniaturisierung der Basistechnologien, Mobilität der Endgeräte sowie vor allem neue Materialien und sehr hohe Bandbreiten bei der Kommunikation erlauben in Zukunft die Spontaneität der Vernetzung nicht mehr nur zwischen Menschen, sondern auch zwischen Dingen (Smart Objects). Der Rechner wird allgegenwärtig und handelt auch von selbst. Die Dezentralität des Internet-Paradigmas wird durch Mobilität sowie durch die Fähigkeit zur Kommunikation und zur spontanen Vernetzung von Dingen erweitert. Nach Weiser (1993) sollen Rechner nicht mehr sichtbar sein, sie sollen „ruhig" werden. Sein Argument lautet, dass jede sichtbare Technologie verschwunden sei und zu etwas Alltäglichem werde.

Rechner gewinnen dadurch ein Konzept des Kontextes, in dem Anwendungen stattfinden sollen. Eine kontextbewusste Umwelt und Anwendungen werden versuchen zu erfahren, „wer", „was", „wo", „wann" und sogar „warum" gemacht werden soll. Dies wird mit dem Ziel begründet, die Aktivitäten und Fähigkeiten ihrer Benutzer zu erhöhen und ihre kognitiven Ressourcen zu schonen, um kreative Potentiale stärker freizusetzen.

Spontane Vernetzung und das Konzept der kontextbewussten Umwelt und Anwendung, lässt die Frage nach der Zukunft der Sicherheit und Privatheit dann als ungewiss erscheinen, wenn damit Gegenstände verbunden sind, die miteinander kommunizieren. Neben den Problemen der beiden ersten Paradigmen – sichere Kommunikationskanäle und Vertrauen in a priori unbekannte Transaktionspartner – ergeben sich in diesem Paradigma Herausforderungen, in Zusammenhang mit der Etablierung und Durchsetzung von Verfügungsrechten an privaten, personenbezogenen Daten.

2.2 Sicherheitsmechanismen ändern sich – Schutzziele bleiben

Mehrseitige Sicherheit zum Schutze aller Kommunikationsbeteiligter

Im Gegensatz zu den Sicherheitsmechanismen, die mit fortschreitender Technik ständig angepasst und neu entwickelt werden, sind die Schutzziele der Sicherheit auf einem abstrakten Niveau dauerhaft zu sehen. Es verbleibt jedoch die Frage, ob es technisch und ökonomisch immer möglich sein wird, die Schutzziele adäquat mit Mechanismen durchsetzen zu können.

Die Verbreitung IT-gestützter Kommunikationssysteme hat dazu beigetragen, dass nicht nur Systembetreiber und –hersteller, sondern auch Nutzer Sicherheit fordern. Mehrseitige Sicherheit schlägt Schutzziele und Sicherheitsfunktionen vor, die den Benutzern ermöglichen, ihre Sicherheitsbedürfnisse selbst zu bestimmen.

Nachstehend folgt eine Klassifikation von Schutzzielen, die Benutzern helfen sollen, ihre erwünschte Sicherheit auszudrücken:[3]

Vertraulichkeit

- Inhalte von Nachrichten sollen vor allen Instanzen außer dem Kommunikationspartner geschützt werden können.
- Absender und Empfänger sollen, wenn sie damit einverstanden sind, anonym bleiben und nicht beobachtet werden.
- Absender und Empfänger sollen vor verkettenden Kommunikationsakten von Dritten geschützt werden können, ihr Standort und ihre Identität (Pseudonym) sollen unbekannt bleiben, und sie sollen sich darauf verlassen können, dass unbefugter Gebrauch über Systeme verhindert wird (sichere Hardware).

Integrität

- Fälschungen von Inhalten werden erkannt.

Verfügbarkeit

- Jeder soll das System nach festgelegten Regeln benutzen können.
- Wenn im Voraus angegeben, kann der Zugang zu Nachfragediensten nicht abgelehnt werden.

Zurechenbarkeit

- Der Empfänger kann die Nachricht, inkl. Absenderauthentifizierung, als Beweis für Dritte verwenden.

---

3 Rannenberg (1998).

- Er soll beweisen können, dass er eine Nachricht und Inhalte geschickt hat.

2.3 Vertrauen: Mehrwert für den Electronic Commerce

Sicherheitsziele müssen durch Vertrauensziele ergänzt werden

Die beschriebenen Schutzziele sind Qualitätskriterien für Kommunikationskanäle sowie für die Zuordnung von Kommunikationspartnern zu Kommunikationsvorgängen (Authentifizierung). Die Qualität der Kommunikations- und Transaktionspartner sowie möglicher Transaktionen bleibt von ihnen unberührt. Da im Electronic Commerce nicht nur Unsicherheiten über internetbasierte Kommunikationsbeziehungen, sondern auch über unbekannte Akteure und Transaktionen vorherrschen, sind neben den mehrseitigen Schutzzielen auch Vertrauensziele zu verfolgen. Das Vertrauen spielt eine neue und von der Sicherheitstechnik primär unabhängige Rolle.

2.3.1 Komplementarität zwischen mehrseitiger Sicherheit und Vertrauen im Electronic Commerce

Sicherheit nur notwendige, nicht aber hinreichende Bedingung für werthaltigen E-Commerce

Durch Sicherheitsmechanismen lässt sich lediglich sicherstellen, dass Akteure authentifiziert sind, d.h. dass Handlungen auch im virtuellen Electronic Commerce realen Akteuren zurechenbar sind. Dies ist eine notwendige Voraussetzung, um Vertrauen im Electronic Commerce aufbauen zu können. Eine hinreichende Bedingung ist es nicht, da sich durch das Erreichen der mehrseitigen Schutzziele nicht sicherstellen lässt, dass sich die Akteure auch in einer von ihren Transaktionspartnern gewünschten und vorhersehbaren Weise verhalten.[4]

Vertrauen komplementär zur Sicherheit

Vertrauen steht somit nicht in einer substitutiven, konkurrierenden Beziehung zur technischen Sicherheit, sondern in einer komplementären, ergänzenden. Während die Sicherheitsmechanismen u.a. gewährleisten sollen, dass Aktionen eindeutig Akteuren zurechenbar sind, dienen vertrauensbildende Verfahren dazu, Entitäten Eigenschaften zuzuschreiben, sie damit zu Identitäten zu erweitern, um ihr Verhalten bzw. ihre Qualitäten vorhersagbarer zu machen.

---

[4] Vgl. zum folgenden Eggs (2001).

Das Sicherheitsziel der Authentizität in der internetbasierten Kommunikation erweitert sich damit zum Vertrauensziel der Identität im internetbasierten Electronic Commerce.

Sicherheitsziel der Authentizität wird erweitert zum Vertrauensziel der Identität

Aufgrund dieser Verhaltensunsicherheiten müssen die Akteure ihren Transaktionspartnern vertrauen, so dass die Sicherheitsmechanismen ergänzende, vertrauensbildende Mechanismen und Verfahren benötigt werden.

2.3.2 Vertrauensgegenstände im Electronic Commerce

Vertrauen bezieht sich in diesen Überlegungen weniger auf die Komplexität kommunikationstechnologischer Systeme, sondern vielmehr auf speziell „jene Komplexität, die durch die Freiheit des anderen Menschen in die Welt kommt“[5]. Die durch Vertrauen zu reduzierende Komplexität ergibt sich daraus, dass die Erfolge von Akteuren jeweils wechselseitig vom unsicheren Verhalten ihrer Transaktionspartner abhängen.[6]

Dieser Auffassung folgend setzt sich Vertrauen aus einer Vertrauenshandlung und einer Vertrauenserwartung zusammen.

Tabelle 1 Definition von Vertrauen, Ripperger (1998, S. 45)

Vertrauen ist	
Vertrauenshandlung	... die freiwillige Erbringung einer riskanten Vorleistung unter Verzicht auf explizite rechtliche Sicherungs- und Kontrollmaßnahmen gegen opportunistisches Verhalten ...
Vertrauenserwartung	... in der Erwartung, dass der Vertrauensnehmer freiwillig auf opportunistisches Verhalten verzichtet.

Um die Vertrauensgegenstände im Electronic Commerce zu klassifizieren, bietet sich eine Differenzierung der Transaktionen in eher kurzfristige Austauschprozesse („exchange“) und eher langfristige Leistungsversprechen („contract“) an (vgl. Tabelle 1).[7] Internetbasierter Handel im Business-to-Consumer (B-to-C) und Consumer-to-Consumer (C-to-C) Bereich konzentriert sich eher auf „exchange“ Prozesse. Im Business-to-Business (B-to-B) Sektor finden neben den

5 Luhmann (1989, S. 32).

6 Luhmann (1971, S. 62 f.) spricht von „doppelter Kontingenz“.

7 Alchian u. Woodward (1988, S. 66).

„exchange“ Prozessen, bspw. auf B-to-B elektronischen Marktplätzen auch „contract“ Prozesse statt. Internetbasierte Kooperationen, im Extremfall virtuelle Unternehmen, sind Beispiele solcher längerfristigen und un-genau spezifizierten „contract“ Beziehungen.

Tabelle 2
Vertrauensobjekte im Electronic Commerce, Eggs (2001)

<table>
<tr><th colspan="10">Vertrauensgegenstände im Electronic Commerce</th></tr>
<tr><th colspan="8">Internetbasierter Handel
„exchange transactions“</th><th colspan="2">Interntbasierte Kooperationen
„contract transactions“</th></tr>
<tr><td colspan="6">Asymmetrische Information</td><td rowspan="3">Rechtsgrundlagen</td><td rowspan="3">Privatheit</td><td colspan="2">Asymmetrische Information</td></tr>
<tr><td colspan="3">Güterqualität[8]</td><td colspan="3">Transaktionsqualität</td><td rowspan="2">Leistungsfähigkeit</td><td rowspan="2">Leistungsbereitschaft</td></tr>
<tr><td>Suchgüter</td><td>Erfahrungsgüter</td><td>Vertrauensgüter</td><td>Lieferbedingungen</td><td>Zahlungsbedingungen</td><td>u.s.w.</td></tr>
</table>

Bei „exchange“ Transaktionen bestehen asymmetrische Informationen bezüglich der Produkt- und Transaktionsqualität. Die einzelnen Transaktionspartner verfügen über unterschiedlichen Zugang zu transaktionsrelevanten Informationen sowie zur späteren Einhaltung von Vereinbarungen.[9]

Bei längerfristigen, wenig spezifizierten „contract“ Transaktionen bilden die Leistungsfähigkeit, verstanden als Kompetenz im Sinne kurzfristig nicht willentlich zu ändernder Merkmale, wie Qualifikation, Talent, Fähigkeit, Kenntnisse, sowie der Leistungswillen, verstanden als Integrität im Sinne kurzfristig, willentlich zu

[8] Die Klassifikation der Such- und Erfahrungsgüter wurde von Nelson (1970) eingeführt. Als Suchgüter werden solche Güter bezeichnet, deren Qualitätsmerkmale der Käufer vor der Transaktion durch Inspektionen aufdecken kann. Erfahrungsgüter sind Güter, deren Qualität sich erst durch den Konsum erschließt. Vertrauensgüter wurden erstmals von Darby u. Karni (1973) beschrieben. Bei ihnen kann der Käufer auch nach dem Konsum die Qualität nicht zweifelsfrei beurteilen.

[9] Die Bedeutung von Informationsunterschieden zwischen Wirtschaftssubjekten ist bereits von Hayek (1945) betont worden. Einen Überblick liefern Hirshleifer u. Riley (1979).

ändernder Merkmale wie Anstrengung, Sorgfalt, Fleiß und Loyalität des Transaktionspartners die Vertrauensgegenstände.[10]

2.3.3 Vertrauensobjekte im Electronic Commerce

Vertrauen lässt sich nur gegenüber dauerhaft identifizierbaren Akteuren aufbauen. Anonymen Akteuren können keine Eigenschaften zugeordnet werden. Sie scheiden somit für Reputationsprozesse, einer wesentlichen Komponente der Vertrauensgenese, aus.[11]

Objektklassen definieren reputationsrelevante Eigenschaften

Aus einer Perspektive der objektorientierten Programmierung betrachtet, werden Akteurstypen im E-Commerce durch Objektklassen repräsentiert. So können beispielsweise für Unternehmen und Privatpersonen unterschiedliche Objektklassen definiert werden. Darüber hinaus bieten sich unterschiedliche Objektklassen für den B-to-B, den B-to-C und den C-to-C Bereich des Electronic Commerce an. Die Objektklassen definieren jeweils Eigenschaften der Objekte – die Dimensionen des Vertrauensvektors in Abbildung 1 – sowie zugelassene Methoden. Konkrete Akteure werden durch einzelne Instanzen wiedergegeben.

Die sichere, eindeutige und nachvollziehbare Zuordnung der Instanzen zu realen Akteuren erfolgt mit Hilfe der mehrseitigen Sicherheit, bspw. durch digitale Signaturen.

---

10 In der angelsächsischen Literatur wird Vertrauen entsprechend differenziert zwischen „confidence“, das sich überwiegend auf die Fähigkeiten bezieht und „trust“, das sich auf die Motivation und Verhaltensdisposition von Akteuren bezieht. Vgl. Dasgupta (1988, S. 52) sowie Dunbar u. de Monthoux (1977).

11 Reputation sei hierbei verstanden als eine Menge von Eigenschaften, die einer Person (oder einem System) aufgrund ihrer Historie zugeschrieben wird, und die als indikativ für ihr künftiges Verhalten betrachtet wird, Wilson (1985, 27 f.)

Abbildung 1
Komplementarität zwischen Sicherheit und Vertrauen im Electronic Commerce, Eggs (2001)

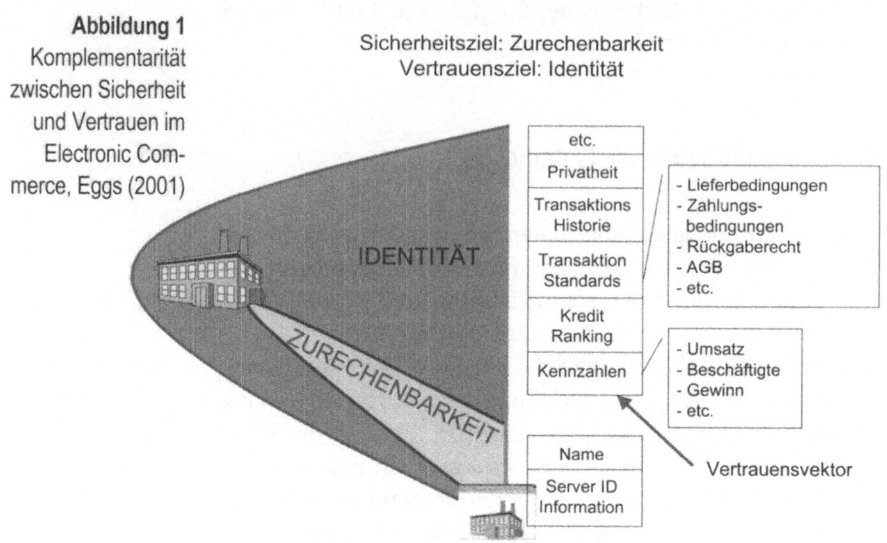

2.3.4 Transaktionen und vertrauensgenerierende Aktionen

Vertrauensgenerierende Aktionen während aller Transaktionsphasen möglich und notwendig

Wie in Abbildung 2 dargestellt, erfolgt die Initialisierung und Aktualisierung der Instanzen durch transaktionsphasenabhängige Aktionen. Fraglich ist, welche Merkmale und Charakteristika für den Vertrauensaufbau in ökonomischen Situationen besonders geeignet sind und kostengünstig evaluiert sowie kommuniziert werden können und somit in die Definition der Objekteigenschaften der jeweiligen Objektklasse aufgenommen werden sollten.

In der Anbahnungsphase gilt es, potentielle Transaktionspartner zu finden und zu bewerten, um geeignete auszuwählen. Beispiele für vertrauensrelevante Objekteigenschaften sind Aussagen über das bisherige Verkaufs- und Finanzverhalten sowie die Art und Weise der bisherigen Kundeninformationen und des Beschwerdemanagements. Hier sind Methoden zu entwickeln, welche eine geeignete Initialisierung sowie Aktualisierung der Reputationseigenschaften von Objekten gewährleisten.

Verhandlungen zielen auf die Festlegung zukünftigen Transaktionsverhaltens und können durch eine frühzeitige (Selbst-)einschränkung der Transaktionspartner erleichtert werden.

Zu den entsprechenden Objekteigenschaften gehören in der Regel Aussagen über:[12]

- faire Geschäfts-, Werbe- und Marketingpraktiken,
- klare Informationen über die Identität von Online-Unternehmen, die angebotenen Waren oder Dienstleistungen sowie die Modalitäten und Bedingungen einer jeden Transaktion,
- transparente Verfahren für die Bestätigung und Abwicklung von Transaktionen,
- sichere Zahlungsmechanismen,
- faire, zügige und finanziell tragbare Streitbeilegungs- und Abhilfeverfahren,
- Schutz der Privatsphäre.

Ex-post, nach Durchführung der Transaktion und damit auch nach Gewährung von Vertrauen, kann es trotz umfangreicher vertrauensbildender ex-ante Maßnahmen zur Enttäuschung von Vertrauen kommen. Die Teilnahme an alternativen, außergerichtlichen Konfliktlösungsverfahren könnte eine Objekteigenschaft sein, die sich auf die Kontrolle und Sanktionierung von Verhalten bezieht.

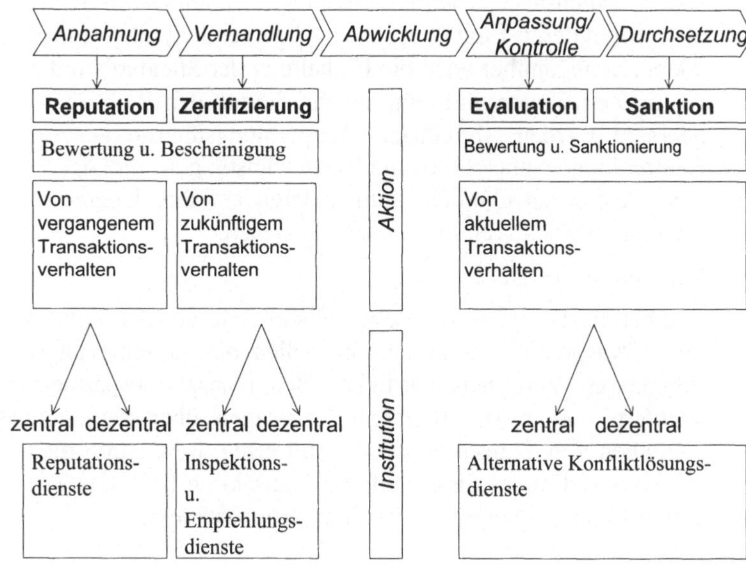

Abbildung 2 Transaktionsphasenabhängige Vertrauensgenese, Eggs (2001)

12 Vgl. beispielsweise die Kriterienkataloge von Trusted Shops (http://www.trustedshops.de), AICPA/CICA CPA WebTrust (http://www.cpawebtrust.org/) oder BBBOnLine (http://www.bbbonline.org/), alle am 02.01.2001.

2.4 Vertrauensinstitutionen

Vertrauenswürdige Institutionen zur Unterstützung der Vertrauensgenese

Da es um die Einschätzung der Vertrauenswürdigkeit von Instanzen geht, sind reine Selbstangaben der durch die Instanzen repräsentierten Akteure wenig hilfreich. Die Glaubwürdigkeit der Selbstangaben könnte von interessierten anderen Instanzen ebenso wenig eingeschätzt werden, wie die Vertrauenswürdigkeit insgesamt. Demzufolge sind externe, vertrauenswürdige Institutionen notwendig, die glaubwürdige Aussagen über die Instanzen machen, und dadurch die Eigenschaften der Instanzen modifizieren.[13]

2.4.1.1 Typologie

Folgende Institutionen können unterschieden werden:[14]

- Inspektions- und Empfehlungsdienste

  Diese sollen ex-ante vor der Transaktion zur Reduktion von Unsicherheiten bezüglich Produkt- und Transaktionsqualität beitragen. Sie treffen Aussagen über zukünftige Transaktionen. Inspektionsdienste erarbeiten allgemeine Qualitätskriterien und überprüfen deren Einhaltung. Der Allgemeinheit oder einzelnen Akteuren gegenüber wird die Einhaltung der Standards mit Hilfe von Zertifikaten und Gütesiegeln, die auf den Web-Sites angebracht werden, signalisiert. Empfehlungsdienste generieren Empfehlungen über Güter und Dienstleistungen, die sich zum einen auf deren Qualität, zum anderen auf ihre Übereinstimmung mit subjektiven Präferenzen beziehen.

- Reputationsdienste

  Reputationsdienste werden ebenfalls ex-ante vor der Transaktion in Anspruch genommen. Sie sollen die Einschätzung der subjektiven Vertrauenswürdigkeit der Transaktionspartner erleichtern, indem sie glaubhafte Aussagen über vergangenes Verhalten von Transaktionspartnern treffen. Reputationsdienste beziehen sich nicht direkt auf die Transaktion bzw. das Transaktionsobjekt, sondern auf die Transaktionssubjekte.

---

13 Vgl. zum folgenden Abbildung 2.

14 Aufgrund der Interdependenzen zwischen den vertrauensrelevanten Einflussfaktoren und Auswirkungen kann die Trennschärfe stellenweise nicht vollständig sein. Eine ausführliche Analyse der Vertrauensdienste findet sich in Eggs (2001).

- Konfliktlösungsdienste

  Konfliktlösungsdienste kommen ex-post nach der Transaktion bei der vertrauensschaffenden Konfliktlösung zum Tragen. Hier werden Maßnahmen angeboten, die ex-post über das Eintreten der vertrauensrechtfertigenden Handlung bzw. der vertrauensmissbrauchenden Handlung sowie die sich daraus ergebenden Gewinne bzw. Verluste befinden. Sie setzen an gerade abgeschlossenen Transaktionen an.

Für jede der Transaktionsphasen entstehen derzeit im E-Commerce zentrale und dezentrale Institutionen, die den Vertrauensaufbau unterstützen.

Zentrale und dezentrale Vertrauensinstitutionen

Bei dezentralen Institutionen trägt eine Vielzahl von Instanzen, im Extremfall sämtliche bisherigen Transaktionspartner einer bestimmten Instanz, zur individuellen Aufdeckung, Bewertung und Kommunikation vertrauensrelevanten Verhaltens der bewerteten Instanz bei. Ein Beispiel für diese Vorgehensweise ist die dezentrale Bewertung der Teilnehmer der Auktionsplattform eBay.[15] Zentrale Institutionen zeichnen sich hingegen dadurch aus, dass eine einzige, singuläre Instanz, d.h. ein Singleton, für die Durchführung dieser Aufgaben zuständig ist. Beispiele hierfür finden sich in den Angeboten qualitätssiegelvergebender Institutionen, wie beispielsweise Trusted Shops.

2.4.1.2
Vergleich zentraler und dezentraler Vertrauensintstitutionen

Expertenwissen

Zentrale Institutionen, falls Expertenwissen benötigt

Zentrale Empfehlungsdienste sind dann sinnvoller, wenn für die Bewertung Expertenwissen benötigt wird.[16] Dies ist auf Märkten der Fall, auf denen Käufer hohe Investitionen in Humankapital tätigen müssen, um ex-ante objektive Produktqualitäten unterscheiden zu können. Auf solchen Märkten ist die Inspektion durch gewöhnliche Käufer, die sich nicht langfristiges Expertenwissen aufgebaut haben, wenig informativ. Auf diesen Märkten stellt Expertenwissen demnach einen Mehrwert für den Abbau asymmetrischer Information und den Aufbau von Vertrauen dar. Produkte und Leistungen, die von Experten empfohlen werden, erzielen infolge dessen höhere Preise und eine höhere Qualität.[17]

---

15 http://www.ebay.com am 02.01.2001.

16 Vgl. zur nachfolgenden Diskussion zentraler und dezentraler Vertrauensinstitutionen Eggs (2001).

17 Biglaiser (1993, 221).

Da Expertenwissen einen Mehrwert darstellt, ist hierfür auch ein entsprechendes Entgelt zu erzielen, so dass es nicht in dezentralen Diensten eingesetzt wird, die meist nur ein geringes oder kein Entgelt für die Bewertungen bieten. Dementsprechend finden sich zentrale Inspektions- und Reputationsdienste mit hohem Anteil an Expertenwissen häufiger im Business-to-Business Electronic Commerce als im Business-to-Consumer oder gar im Consumer-to-Consumer Electronic Commerce.

Kosten

Zentrale Institutionen müssen hohe Kosten amortisieren

Zentrale Reputationsdienste sind mit hohen Kosten für die Erstellung von Kriterien, die Evaluierung sowie die Zertifizierung verbunden, die alle von zentraler Stelle aufgebracht werden müssen. Diese Kosten hat in der Regel der zertifizierte Anbieter in Form von Preisen für das Zertifikat zu bezahlen. Die Zertifizierungsleistung wird sich für den Anbieter nur dann lohnen, wenn er sie durch erhöhte Umsätze amortisieren kann. In E-Commerce Bereichen, die sich durch heterogene, geringwertige und seltene Kauf- oder Verkaufsaktivitäten der einzelnen Akteure auszeichnen, in Märkten mit hoher Fluktuation der Akteure, wie dies bspw. in den Consumer-to-Consumer Auktionen bei eBay der Fall ist, wird es daher nicht möglich sein, die Zertifizierungskosten zu amortisieren. Entsprechend kommen hier dezentrale Reputationsmechanismen zum Tragen.

Manipulation

Zentrale und dezentrale Institutionen sind unterschiedlichen Manipulationsrisiken ausgesetzt

Da bei zentralen Reputationsdiensten die Bewertung von einer zentralen Stelle durchgeführt wird, besteht die Gefahr, dass diese manipulativen Einflüssen ausgesetzt wird. Die Überprüfung und Bewertung von Verhalten ist in der Regel Ermessenssache und daher der Korruption ausgesetzt. Um eine genauere Einschätzung der Vertrauenswürdigkeit des Transaktionspartners zu gewinnen, muss sich der Treugeber auf Aussagen des Zertifizierers verlassen. Er nimmt dann diesem gegenüber die Stellung eines Treugebers ein.[18]

Ist der Wert des Siegels (abzüglich der Kosten, die für seinen Erhalt aufgebracht werden müssen,) größer als die Kosten, die zur erfolgreichen Einflussnahme auf die siegelausstellende Instanz aufgebracht werden müssen, wird die Einflussnahme ökonomisch sinnvoll. Neben der direkten und offenen (monetären) Einflussnahme auf die Bewerter, kann deren Unabhängigkeit durch Interessensübereinstimmungen oder durch personelle Verflechtungen zwischen den Bewertenden und den Bewerteten eingeschränkt sein.

---

18 Shapiro (1987) überschreibt dieses Problem mit der Frage „Who guards the guardians?“.

Bei dezentralen Bewertungen, die nach Abgabe nicht mehr verändert werden können, stellt sich das Problem der manipulativen Einflussnahme dann nicht, wenn potentiell viele Teilnehmer des Systems Bewertungen abgeben können. Derjenige, der manipulieren möchte, wüsste a priori nicht, wen er bestechen soll, da nur eine sehr geringe Menge der Teilnehmer auch tatsächlich Bewertungen abgibt. Allerdings ergeben sich auch bei dezentralen Reputationsdiensten Manipulationsmöglichkeiten, die an der zentralen Datenhaltung ansetzen. Im übrigen können die Bewertenden selbst, bspw. durch die Bildung von Betrugsringen, ihre Reputation manipulieren.

Aktualität

Bei zentralen Inspektionsdiensten erfolgt die Evaluation des Verhaltens bzw. der Produkt- oder Transaktionsqualität einmalig bei Erwerb des Zertifikates und anschließend in größeren zeitlichen Abständen. Falls sich mit den Vertrauenssiegeln zusätzliche Umsätze generieren lassen, wirken sie als Zugangsbeschränkung zu lukrativen Märkten. Fraglich ist allerdings, inwiefern durch die seltenen Prüfsituationen auch zukünftiges Verhalten vorhergesagt werden kann, insbesondere dann, wenn der Siegelträger berechtigte Vermutungen über den Zeitpunkt der nächsten Evaluation anstellen kann.[19]

Dezentrale Reputationsdienste bewerten stetiger und aktueller

Dezentrale Reputationsdienste sind hingegen zeitlich kontinuierlicher. Nach jeder Transaktion, die bewertet wird, verändert sich sofort die Reputation des Bewerteten.

Darüber hinaus ist der Verlauf der Bewertungen stetiger, da jede einzelne Bewertung in die Gesamtbewertung eingeht. Bei zentralen Inspektionsdiensten werden demgegenüber lediglich Anreize gesetzt, den Mindestanforderungen für den Erhalt des Zertifikates zu genügen. Anstrengungen, die weitere Qualitätsverbesserungen zur Folge haben könnten, werden nicht honoriert.

Sind die Produkteigenschaften im Zeitablauf offensichtlich stabil, so ist es kostengünstig, diese lediglich in größeren Abständen zentral zu prüfen. Eine permanente Prüfung durch dezentrale Bewerter wäre unnötiger Ressourceneinsatz. Anders verhält es sich, wenn die Produkteigenschaften nicht konstant sind, wie bspw. die Qualität eines Restaurants. Hier müsste eine zentrale Überprüfung häufig und v.a. unangekündigt stattfinden. In dem Maße in dem eine dezentrale Bewertung häufiger ist als eine zentrale Bewertung, bietet sie auch eine kontinuierlichere Offenlegung tatsächlich vorhandener Qualitätseigenschaften.

Tabelle 3 fasst den Vergleich zentraler mit dezentralen Vertrauensdiensten thesenartig zusammen.

---

19 von Hirsch (1976).

Tabelle 3
Vergleich zentraler und dezentraler Vertrauensdienste, Eggs (2001)

		Zentrale Dienste	Dezentrale Dienste
Einsatzbereich	Expertenwissen benötigt	Ja	Nein
	Personalisierung möglich	Nein	Ja
	Aussagen über Produktqualität möglich	Nein	Ja
	Transaktionshäufigkeit	Hoch	Gering
	Transaktionswert	Hoch	Gering
	Transaktionsgleichartigkeit	Hoch	Gering
Kosten		Hoch	Niedrig
Unparteilichkeit		Ein identifizierbarer Angriffspunkt	Dezentrale Betrugsmöglichkeiten
Aktualität		Gering Diskrete Anpassungen	Hoch Stetige Anpassungen

2.5 Fazit

Zur Erreichung der zeitlich konstanten Sicherheitsziele der mehrseitigen Sicherheit werden technische und organisatorische Mechanismen und Verfahren benötigt, die als Technikfolger aufzufassen sind. Sie folgen den Entwicklungslinien, die durch kommunikationstechnologische Innovationen vorgegeben sind.

Sicherheit und Vertrauen sind notwendige, komplementäre Bedingungen zur Realisierung der ökonomischen Potentiale des E-Commerce

Darüber hinaus werden durch ökonomische Implikationen kommunikationstechnologischer Innovationen, wie beispielsweise Kostensenkungen im Electronic Commerce, neue Potentiale digitalen Wirtschaftens ermöglicht. Deren Realisierung erfordert allerdings den Aufbau von Vertrauen zwischen a priori unbekannten Transaktionspartnern. Im Electronic Commerce entstehen derzeit zentrale und dezentrale Institutionen, welche die Entstehung und den Erhalt von Vertrauen im E-Commerce unterstützen.

Gesellschaftliche Implikationen ergeben sich aus dem Trend der Allgegenwärtigkeit elektronischer Chips. Hier werden insbesondere Herausforderungen des Schutzes digital repräsentierter Identitäten zu meistern sein.

Literatur

Alchian, A.A.; Woodward, S. (1988), The firm is dead, long live the firm. A review of Oliver E. Williamson´s The Economic Institutions of Capitalism, Journal of Economic Literature, Vol. 26, 1988, pp. 65-79.

Biglaiser, G. (1993), Middlemen as experts, RAND Journal of Economics, Vol 24 (2), 1993, pp. 212-223.

Darby, M.R.; Karni, E. (1973), Free competition and the optimal amount of fraud, The Journal of Law and Economics, vol. 16, pp. 67-88.

Dasgupta, P. (1988), Trust as a Commodity, in: Gambetta, D. (ed.), Trust: Making and Breaking Cooperative Relations, pp. 49-72, Basil Blackwell, Oxford, New York 1988.

Dunbar, R.L.; Guillet de Monthoux, P. (1977), Psychological confidence: Towards a management psychology of project direction, Berlin 1977.

Eggs, Holger (2001), Vertrauen im Electronic Commerce: Herausforderungen und Lösungsansätze, zugl. Dissertation, Universität Freiburg, 2001.

Eggs, Holger; Englert, Jürgen (2000), Electronic Commerce Enquête II - Business-to-Business Electronic Commerce, Empirische Studie zum Business-to-Business Electronic Commerce im deutschsprachigen Raum, Executive Research Report, Konradin-Verlag, Stuttgart 2000.

Hayek, F.A. von (1945), The Use of Knowledge in Society, American Economic Review, vol. 35, 4/1945, pp. 519-530.

Hirshleifer, J.; Riley, J.G. (1979), The Analytics of Uncertainty and Information - An Expository Survey, Journal of Economic Literature XVII, pp. 1375-1421.

Krugman, Paul (1998), The Web Gets Ugly, New York Times Magazin, December 6, 1998.

Luhmann, N. (1989), Vertrauen: ein Mechanismus der Reduktion sozialer Komplexität, 3., durchges. Aufl., Ferdinand Enke Verlag, Stuttgart.

Luhmann, N. (1971), Sinn als Grundbegriff der Soziologie, in: Habermas, J.; Luhmann, N. (Hrsg.) (1971), Theorie der Gesellschaft oder Sozialtechnologie, S. 25-100, Frankfurt.

Nelson, P. (1970), Information and Consumer Behaviour, Journal of Political Economy, 78, pp. 311-329.

Rannenberg, K. (1998), Kriterien und Zertifizierung mehrseitiger IT-Sicherheit, zugl. Dissertation, Universität Freiburg, Vieweg, Braunschweig, Wiesbaden.

Ripperger, Tanja (1998), Ökonomik des Vertrauens: Analyse eines Organisationsprinzips, Mohr Siebeck, Tübingen 1998.

Shapiro, S. (1987), The Social Control of Impersonal Trust, American Journal of Sociology, vol. 93, Number 3 (November 1987), pp. 623-658.

Von Hirsch, A. (1976), Doing Justice: The Choice of Punishments, Hill & Wang, New York.

Weiser, M.: Some Computer Science Problems in Ubiquitous Computing, Communications of the ACM, vol. 36, No. 7, July 1993, pp. 74-83.

Wilson, R. (1985), Reputation in games and markets, in: Roth, A.E. (Hrsg.), Game theoretic models of bargaining, Cambridge, pp. 27-62.

3 Wie sicher kann Sicherheit sein?

Johannes Buchmann

3.1 Einleitung

Wer heute das Internet als Privatperson oder Firma benutzen will, braucht Sicherheit. Die *Identität* von Nutzern muss zweifelsfrei überprüfbar und manchmal über einen langen Zeitraum nachweisbar sein, z.B. wenn der Zugang zu wichtigen Informationen geschützt werden soll, und wenn später rekonstruierbar sein soll, wer wann Zugang zu den Informationen hatte. Nachrichten müssen *vertraulich* und *authentisch* übermittelt werden können. Vertraulichkeit und Authentizität soll aber nicht nur für den Zeitpunkt der Übermittlung, sondern manchmal für viele Jahre danach garantiert sein, z.B. wenn es um Produktionsgeheimnisse einer Firma geht. Die Gültigkeit elektronisch geschlossener Verträge muss während der gesamten Vertragsdauer nachweisbar sein. Dazu braucht man dauerhaft gültige *digitale Signaturen*.

Das sind nur einige Beispiele dafür, wie nötig für Internetnutzer Mechanismen sind, die über einen langen Zeitraum *Vertraulichkeit*, *Authentizität* und *Verbindlichkeit* gewährleisten.

In diesem Beitrag beschreibe ich am Beispiel des RSA-Verfahrens, wie moderne Verfahren funktionieren, die Vertraulichkeit, Authentizität und Zurechenbarkeit garantieren, und welche Voraussagen man über ihre Sicherheit machen kann. Es wird sich zeigen, dass es in den vergangenen Jahren enorme Fortschritte bei der Entwicklung von Verfahren der IT-Sicherheit gegeben hat. Garantiert sichere Verfahren wurden aber nicht gefunden, nicht einmal Verfahren, deren Sicherheit wenigstens für einen längeren Zeitraum garantiert ist. Ich werde deshalb zum Schluss diskutieren, welche Maßnahmen in einer Situation getroffen werden können, in der langfristige Sicherheit erforderlich ist, aber Sicherheitsverfahren, die solche Sicherheit garantieren, nicht bekannt sind.

3.2 Das RSA-Verfahren

Symmetrische Kryptographie

Bis Anfang der siebziger Jahre wurden symmetrische Verschlüsselungsverfahren benutzt. In einem symmetrischen Verschlüsselungsverfahren haben Sender und Empfänger einen gemeinsamen geheimen Schlüssel. Der Sender benutzt diesen Schlüssel, um seine Nachricht zu verschlüsseln. Der Empfänger kann die verschlüsselte Nachricht wieder mit dem öffentlichen Schlüssel entschlüsseln. Dabei entsteht aber ein Problem. Wie kommt der geheime Schlüssel zu Sender und Empfänger?

Public-Key-Kryptographie

Üblich war, dass der Sender den Schlüssel erzeugte und per Kurier zum Empfänger schickte. Im Internet, wo Millionen von Teilnehmern die Möglichkeit haben wollen, miteinander geheim zu kommunizieren, ist das natürlich unmöglich. Ein Durchbruch war die Arbeit von Diffie und Hellman [6], in der sie erstmals die Idee der Public-Key-Kryptographie entwickelten. In Public-Key-Systemen hat jeder Teilnehmer ein Schlüsselpaar. Es besteht aus einem geheimen und einem öffentlichen Schlüssel. Der öffentliche Schlüssel steht in einem für alle Teilnehmer zugänglichen Verzeichnis. Wer eine verschlüsselte Nachricht verschicken will, besorgt sich aus diesem Verzeichnis den öffentlichen Schlüssel des Empfängers, verschlüsselt die Nachricht damit und schickt sie an den Empfänger. Der Empfänger entschlüsselt die Nachricht mit seinem geheimen Schlüssel. Der komplizierte Schlüsselaustausch entfällt damit.

Die erste und noch immer meistbenutzte Realisierung dieser Idee ist das RSA-Verfahren aus dem Jahr 1978 von Rivest, Shamir und Adleman [12]. Dieses Verfahren funktioniert im Prinzip so:

Die Nachricht, die verschlüsselt werden soll, wird in eine Zahl m (message) verwandelt. Sie wird verschlüsselt, indem sie mit 3 potenziert wird. Der Sender berechnet den Schlüsseltext

$$c = m^3.$$

Der Empfänger rekonstruiert den Klartext, indem er aus c die 3-te Wurzel zieht. Er berechnet also

$$(1) \qquad m = \sqrt[3]{c}.$$

RSA: Potenzieren leicht – Wurzelziehen schwer

Dies ist dann ein sicheres Public-Key-Verfahren, wenn nur der Empfänger die dritte Wurzel aus c ziehen kann, aber sonst keiner. Aber dritte Wurzeln ziehen kann jeder. Ist die Nachricht $m = 3^3 = 27$, dann ist der Schlüsseltext $c = 3^3 = 27$. Jeder, der 27 als Schlüsseltext sieht, kann daraus die dritte Wurzel ziehen und erhält den Klartext 3. Genauso kann man mit einem Computer leicht dritte Wurzeln aus großen Zahlen ziehen. Die entscheidende Idee von Rivest, Shamir und

Adleman war, anders zu potenzieren und Wurzel zu ziehen und zwar so: Gebraucht werden zwei große Primzahlen p und q und deren Produkt $n = pq$. Der öffentliche Schlüssel ist das Produkt n. Der geheime Schlüssel sind die Faktoren p und q. Der Sender besorgt sich den öffentlichen Schlüssel n des Empfängers. Der Schlüsseltext ist aber nicht einfach m^3 sondern der Rest von m^3 nach Division durch n, also

$$c = m^3 \div n.$$

Ist z.B. $n = 253$ und $m = 165$, dann ist

RSA-Verschlüsselung

$$c = 165^3 \div 253 = 110.$$

Um aus dem Schlüsseltext c den Klartext m zu ermitteln, verwendet der Empfänger eine besondere Methode zum Wurzelziehen. Er berechnet einen Exponenten d mit der Eigenschaft, dass $3d$ bei der Division durch $(p - 1)(q - 1)$ den Rest 1 lässt, also

(2) $$3d \div (p - 1)(q - 1) = 1.$$

Er kann dazu den *erweiterten euklidischen Algorithmus* verwenden (siehe [4] Abschnitt 1.9). Dann ist, wie man beweisen kann,

(3) $$m = c^d \div n.$$

Die dritte Wurzel aus c kann man also ziehen, indem man m^d mit Rest durch n teilt. Der Empfänger kann d nach der Formel (2) berechnen, weil er p und q kennt. Mit der *schnellen Exponentiationsmethode* (siehe [4] Abschnitt 2.12) geht das sehr schnell. Die beiden Faktoren p und q sind sein geheimer Schlüssel. Wer p und q nicht kennt, kann diese Methode nicht anwenden.

Die Faktoren p und q von $n = 253$ im obigen Beispiel sind $p = 11$ und $q = 23$, weil $253 = 11 * 23$ ist. Der Entschlüsselungsexponent d ist $d = 147$ weil

$$1 = 147 * 3 \div (p - 1)*(q - 1) = 10 * 22 = 220$$

gilt. Tatsächlich ist

$$m = 165 = 110^{147} \div 253 = c^d \div n.$$

RSA-Signatur

Diese elegante Public-Key-Verschlüsselungsmethode kann man auch verwenden, um ein Dokument m zu signieren. Dazu berechnet der Signierer die dritte Wurzel aus m, er bestimmt also die Signatur

(4) $$s = m^d \div n.$$

Den Exponenten d hat er nach der Formel (2) mit seinen geheimen Faktoren p und q berechnet. Jeder kann jetzt verifizieren, dass s eine korrekt dritte Wurzel aus m ist. Er braucht ja nur zu überprüfen, ob

(5) $m = s^3 \div n$

ist. Nur der Signierer kennt p und q. Darum kann nur er die dritte Wurzel aus m mittels (4) berechnen. Indem er das getan hat, hat er m signiert.

Ist wie oben $n = 253$, $p = 11$, $q = 23$, $d = 147$ und $m = 165$, dann ist die Signatur von 165

$$s = m^d \div n = 165^{147} \div 253 = 187.$$

Jeder kann jetzt verifizieren, dass

$$m = 165 = 187^3 \div 253 = s^3 \div \mathrm{n}$$

ist.

RSA-Sicherheit beruht auf Faktorisierungsproblem

Wie sicher ist das RSA-Verfahren? Wer aus dem öffentlichen Schlüssel n die Faktoren p und q berechnen kann, der kann den Exponenten d nach der Formel (2) berechnen, und dann mit (1) entschlüsseln oder mit (4) signieren. Wäre es leicht, n zu *faktorisieren*, also die Primfaktoren p und q der Zahl n zu berechnen, dann könnte jeder signieren und entschlüsseln. Faktorisieren ist aber nicht leicht, wenn p und q groß genug sind. Damit hatten Rivest, Shamir und Adleman die Sicherheit von RSA begründet.

Aber wie schwer ist das Faktorisierungsproblem wirklich? Genügt es, um die Sicherheit von RSA zu begründen, dass Faktorisieren schwer ist? Diese beiden Fragen werden in den beiden nächsten Abschnitten behandelt.

3.3 Ein mathematisches Problem: Faktorisieren

Faktorisierungsproblem

Wenn ein Angreifer die Primfaktoren p und q des öffentlichen RSA-Moduls n eines Internetbenutzers findet, kann er alle RSA-verschlüsselten Nachrichten entschlüsseln, die an den Benutzer geschickt werden und er kann im Namen des Benutzers Dokumente signieren. Da RSA das populärste Public-Key-Verschlüsselungsverfahren im Internet ist, kann der Angreifer damit eine Menge Schaden anrichten.

Faktorisieren wurde immer leichter: Fermat-Zahlen

Wie schwer ist es also, die Primfaktoren einer Zahl zu finden? Dieses Problem aus der Zahlentheorie hat durch das RSA-Verfahren eine enorme wirtschaftliche und politische Bedeutung erhalten.

Die Entwicklung der Schwierigkeit, Zahlen zu faktorisieren, kann man gut am Beispiel der Fermat-Zahlen erläutern. Der französische Mathematiker und Jurist Pierre de Fermat (1601 – 1665) hat solche Zahlen als erster untersucht. Die n-te Fermat-Zahl ist

$$F_n = 2^{2^\wedge n} + 1.$$

Damit ist also $F_0 = 3$, $F_1 = 5$, $F_2 = 17$. Das sind alles Primzahlen. Tatsächlich dachte Fermat, dass alle solchen Zahlen Primzahlen sind. Das ist aber nicht wahr. Eine Liste der ersten Fermat-Zahlen und ihren Faktorisierungsstatus findet man in Tabelle 1.

Tabelle 1
Fermat-Zahlen und Ihre Faktorisierung

n	$F_n = 2^{2^n} + 1$	Faktorisierung
0	3	Primzahl
1	5	Primzahl
2	17	Primzahl
3	257	Primzahl
4	65537	Primzahl
5	4294967297	faktorisiert von Euler 1732
6	65 Bit	faktorisiert von Landry & Le Lasseur 1880
7	129 Bit	faktorisiert von Brillhart & Morrison 1970
8	257 Bit	faktorisiert von Brent & Pollard 1980
9	513 Bit	faktorisiert von Lenstra et. al. 1990

Erst 1732 stellte Euler fest, dass die fünfte Fermat-Zahl keine Primzahl, sondern *zusammengesetzt* ist, obwohl sie nur den Faktor 641 hat. Die Faktorisierung der sechsten Fermat-Zahl brauchte wieder mehr als hundert Jahre. Von der siebten Fermat-Zahl, einer Zahl mit 39 Dezimalstellen war schon lange, bevor sie faktorisiert wurde, mit einem *Primzahltest* (siehe [4] Kapitel 6) herausgefunden worden, dass sie keine Primzahl ist. Es war aber kein Faktor bekannt. Bis 1970 konnte niemand die siebte Fermat-Zahl faktorisieren. Aber 1970 hatten Brillhart und Morrison [11] eine gute Idee, wie man auf Computern mit Hilfe einer neuen Methode Zahlen faktorisieren kann. Eine Kombination von technologischem und wissenschaftlichem Fortschritt führte also zu diesem Durchbruch. Genauso war es mit der achten und der neunten Fermat-Zahl (siehe [3] und [10]).

Faktorisieren wurde immer leichter: RSA-Zahlen

Die Frage nach der Schwierigkeit des Faktorisierungsproblems ist auch für die Firma RSA-Security, die das RSA-Verfahren vermarktet, von fundamentaler Bedeutung. RSA-Security hat darum einen Wettbewerb ausgelobt. In diesem Wettbewerb geht es darum, große RSA-Moduln zu faktorisieren. Wer erfolgreich ist, bekommt dafür einen Geldpreis. Die Zahlen heißen RSA-120, RSA-130, usw. Das sind RSA-Moduln mit 120, 130, usw. Dezimalstellen. In Tabelle 2 ist dargestellt, wann welche RSA-Zahl in welcher Zeit faktorisiert wurde. Dabei ist die Maßeinheit für die Rechenzeit ein MIPS-Jahr. MIPS steht für Mega Instruction Per Second. Wenn ein n-MHz Pentium Rechner ein Jahr rechnet, verbraucht er ungefähr n MIPS-Jahre.

Tabelle 2
RSA Challenges

Jahr	n	Algorithmus	MIPS-Jahre
1991	RSA-100	QS	7
1992	RSA-110	QS	75
1993	RSA-120	QS	830
1994	RSA-129	QS	5000
1996	RSA-130	NFS	500
1999	RSA-140	NFS	2000
1999	RSA-155	NFS	8000

RSA-129 wurde also in 5000 MIPS-Jahren faktorisiert. Für RSA-130 waren nur noch 500 MIPS-Jahre nötig. Der Grund dafür war weniger die Weiterentwicklung der Computertechnologie als vielmehr eine geniale mathematische Idee. Ende der achtziger Jahre hatte nämlich John Pollard das Zahlkörpersieb (Number Field Sieve, NFS), einen neuen Faktorisierungsalgorithmus, erfunden. Viele Mathematiker und Informatiker haben diesen Algorithmus weiterentwickelt. Eine Übersicht über diese Arbeiten findet man in [9]. Mit NFS wurde die neunte Fermat-Zahl faktorisiert. Mit NFS gelang 1999 auch die Faktorisierung von RSA-155, einer 512-Bit-Zahl. Das war insofern von besonderer Bedeutung, als die bis dahin verwendeten RSA-Moduln meist 512-Bit-Zahlen waren, und fast alle RSA-Chipkarten, auf denen die geheimen RSA-Schlüssel gespeichert werden, konnten nur mit 512-Bit-RSA-Schlüsseln umgehen. Die Faktorisierung von RSA-155 hatte also zur Folge, dass die 512-Bit RSA-Chipkarten gegen 1024-Bit RSA-Chipkarten ausgetauscht werden mussten.

Eine Idee – große Folgen

Die geniale Idee eines einzelnen Mathematikers, John Pollard, führte also zu einer Veränderung der Sicherheitslandschaft. Und es ist jederzeit möglich, dass eine neue Idee das RSA-Verfahren völlig unsicher macht. Und das bedeutet, dass alle Public-Key-Infrastrukturen, die das RSA-Verfahren verwenden, unsicher sind und modifiziert werden müssen. Das kann einen immensen Personal- und Kostenaufwand bedeuten.

Dasselbe Problem haben alle anderen Public-Key-Systeme. Ihre Sicherheit beruht auf der Schwierigkeit, ein schweres zahlentheoretisches Problem zu lösen. Aber niemand kann garantieren, dass dieses Problem wirklich schwer ist. Jederzeit können gute mathematische Ideen die Systeme unsicher machen.

3.4
Sicherheit beweisen

Was kann also über die Sicherheit von RSA gesagt werden? Ist RSA solange sicher, wie das Faktorisierungsproblem schwer ist? Leider kann man nicht einmal das sagen. Ich erläutere das an einem einfachen Beispiel.

Schwierigkeit des Faktorisierungsproblems genügt nicht

Angenommen, ein Mann fragt eine Frau über das Internet, ob sie ihn heiraten will. Sie antwortet entweder mit „ja" oder mit „nein". Diese Antwort verschlüsselt sie mit dem öffentlichen Schlüssel des Empfängers. Auch ohne den geheimen Schlüssel des Empfängers kann ein Angreifer leicht herausfinden, welche Antwort die Frau gegeben hat. Der Angreifer verschlüsselt einfach die mögliche Antwort „ja" mit dem öffentlichen Schlüssel des Empfängers. Dann vergleicht er diesen Schlüsseltext mit dem Schlüsseltext, den die Frau geschickt hat. Hat sie „ja" geschickt, entspricht ihr Schlüsseltext dem „ja"-Schlüsseltext. Andernfalls hat sie „nein" geantwortet.

Damit hat sich also eine Schwäche von RSA gezeigt. Gleiche Klartexte werden immer gleich verschlüsselt. Man kann das reparieren, indem man die Klartexte immer leicht variiert, ohne ihren Sinn zu verändern. Aber dann fragt sich sofort, ob es nicht andere Schwächen des RSA-Verfahrens gibt. Ein anderes bekanntes Beispiel für eine solche Schwäche ist der Angriff von Bleichenbacher [2]. Bleichenbacher konnte zeigen, dass die Art, wie zu kurze Klartexte zu für RSA hinreichend langen Klartexten gemacht werden, unsicher ist. Das ist wieder ein Detail von RSA.

Sicherheit ist nicht beweisbar

Da Kryptosysteme aus so vielen Teilen bestehen, kann es solche Angriffe also immer geben. Am liebsten hätte man einen mathematischen Beweis dafür, dass keine Angriffe möglich sind. Zuerst muss dazu formalisiert werden, was ein sicheres Kryptosystem ist. An solchen Formalisierungen ist in den vergangenen Jahren viel gearbeitet worden (siehe [14]). Es besteht heute Einigkeit darüber, dass ein Verschlüsselungsverfahren als sicher anzusehen ist, wenn ein Angreifer, dem zwei Klartexte mit den entsprechenden Schlüsseltexten vorgelegt werden, keine Möglichkeit hat, herauszufinden, welcher Klartext zu welchem Schlüsseltext gehört. Entsprechend gilt ein Signaturverfahren als sicher, wenn ein Angreifer keine Möglichkeit hat, ohne den entsprechenden geheimen Schlüssel neue Signaturen zu erzeugen. Dabei darf der Angreifer Schlüsseltexte oder Signaturen anderer Dokumente bei seinem Angriff benutzen. Das wird erlaubt, weil auch ein wirklicher Angreifer solche Möglichkeiten hat. Es ist z.B. üblich, die Identität einer Person im Internet dadurch zu verifizieren, dass man sie Zufallszahlen digital signieren lässt. Ist die Signatur korrekt, so hat die Person die behauptete Identität. Der Angreifer kann anstatt Zufallszahlen Dokumente seiner Wahl schicken, und er kann das Ergebnis der Signaturen benutzen, um eine andere Signatur zu fälschen.

Leider sind keine Verfahren bekannt, die in dem beschriebenen Sinn beweisbar sicher sind, und es besteht auch wenig Hoffnung, dass solche Verfahren in der Zukunft gefunden werden. Statt dessen gehen die Kryptographen einen anderen Weg. Sie versuchen Kryptosysteme zu finden, deren Sicherheit garantiert ist, wenn wenige exakt beschreibbare mathematische Probleme schwierig zu lösen sind. Die Sicherheit des Kryptosystems wird auf die Schwierigkeit dieser mathematischen Probleme *reduziert*. Ein Beispiel für ein solches Kryptosystem findet sich in [5].

Sicherheitsreduktionen

Sicherheitsreduktionen haben verschiedene Vorteile. Die Schwierigkeit der Berechnungsprobleme, auf die die Sicherheit eines Verfahrens reduziert wird, ist oft leichter einzuschätzen als die Sicherheit des komplexen Gesamtsystems. Wenn diese Probleme von vielen Wissenschaftlern weltweit untersucht werden, dann wird sehr schnell bekannt, wenn sie gelöst werden. Sicherheitslücken können nicht so leicht geheimgehalten und von denen missbraucht werden, die sie kennen. Ein solcher Missbrauch kann z.B. darin bestehen, dass ein Geheimdienst Signaturen fälscht, die alle anderen für sicher halten, dessen Unsicherheit der Geheimdienst aber kennt. Damit ein solcher Schutz funktioniert, müssen die Berechnungsprobleme, deren Schwierigkeit Garantie für die Sicherheit ist, aber von allgemeinem wissenschaftlichen Interesse sein. Ein Beispiel für ein solches Berechnungsproblem ist das Faktorisierungsproblem für natürliche Zahlen. Aber die Probleme, die heute als Sicherheitsgrundlage verwendet werden, sind eher speziell und von ihrer konkreten kryptographischen Anwendung abhängig. Das vermindert das Gewicht dieser Art von Sicherheitsbeweisen. In diesem Gebiet ist noch viel Arbeit nötig.

3.5 Flexibilität

Über zwanzig Jahre nach der Erfindung der Public-Key-Kryptographie bleibt wahr, was immer galt: Es gibt keine Garantie, dass Sicherheitssysteme sicher bleiben. Jedes solche System kann durch eine einzige Idee unsicher werden. Gleichzeitig müssen Sicherheitssysteme aber immer mehr leisten. Sie müssen Authentizität, Vertraulichkeit und Verbindlichkeit in der Kommunikation zwischen Millionen Teilnehmern sichern.

Ich verdeutliche das noch einmal am Beispiel RSA. Viele RSA-verschlüsselte Nachrichten müssen jahrelang verschlüsselt bleiben. RSA-Signaturen, etwa von Kaufverträgen, müssen lange gültig bleiben. Aber wenn ein genialer Mathematiker einen schnellen Faktorisierungsalgorithmus findet, dann kann plötzlich jeder solche Nachrichten entschlüsseln oder Signaturen fälschen. Heute kann niemand sagen, wie groß ein RSA-Modul sein muss, damit seine Faktorisierung morgen noch unmöglich ist. Entsprechendes gilt für alle anderen Verschlüsselungs- und Signaturverfahren.

Langzeit-Signaturen

Welchen Schutz gibt es gegen diese Gefahr? In anderen Bereichen, in denen der Ausfall von Geräten oder Mechanismen zu großen Schäden führen kann, gibt es Ersatz, auf den im Schadensfall zurückgegriffen werden kann. Autos haben Reserveräder. Computerdaten werden nicht nur auf einer Festplatte gespeichert. Regelmäßig werden Sicherungskopien gemacht, etwa auf ein Bandlaufwerk oder ein optisches Speichermedium. Computer-Server haben Zugang zu Notstromaggregaten, die eine unterbrechungsfreie Stromversorgung garantieren.

Backup-Mechanismen sind nötig

Weil Sicherheitsinfrastrukturen immer größer werden und ihr Ausfall einen enormen wirtschaftlichen Schaden bedeuten würde, brauchen auch sie Backup-Mechanismen. Das bedeutet: Es müssen alternative Sicherheitssysteme bis zur Anwendungsreife entwickelt werden. Eine Alternative zu RSA-basierten Systemen sind Elliptische-Kurven-Verfahren (ECC) (siehe z.B. [1] ,[8]). Leider sind aber sowohl ECC als auch RSA als auch alle anderen gängigen Verfahren unsicher, wenn es gelingt, Quantencomputer in der Praxis zu bauen. Die Idee eines Computers, der die Gesetze der Quantenmechanik ausnutzt, um Berechnungen hocheffizient zu parallelisieren, wurde Anfang der achtziger Jahre von Richard Feynman entwickelt. 1997 zeigte Peter Shor [13], dass Quantencomputer alle gängigen Public-Key-Verfahren unsicher machen. Nur ist bis heute unklar, ob Quantencomputer wirklich gebaut werden können. Trotzdem – schon jetzt müssen neue Kryptosysteme bis zur Einsatzreife entwickelt werden, die von Quantencomputern nicht unsicher gemacht werden können.

Public-Key-Infrastrukturen müssen flexibel sein

Aber die Bereitstellung alternativer Kryptosysteme reicht nicht. Sicherheitsinfrastrukturen – insbesondere moderne Public-Key-Infrastrukturen – müssen so flexibel implementiert werden, dass der Austausch der kryptographischen Basistechnologie leicht möglich ist. Zusätzlich müssen Strategien entwickelt werden, die den Austausch unsicherer Komponenten im laufenden Betrieb ermöglichen. Im Projekt FlexiPKI [7] wird eine solche flexiblen Public-Key-Infrastruktur entwickelt.

Literatur

[1] Blake, I., Seroussi, G., and Smart, N. Elliptic curves in cryptography. Cambridge University Press, Cambridge: England, 1999.

[2] Bleichenbacher, D. Chosen ciphertext attacks against protocols based on the RSA encryption standard PKCS # 1. In: Advances in Cryptology - Crypto '98 (1998), pp. 1-12.

[3] Brent, R., and Pollard, J. Factorization of the eigth Fermat number. Math.Comp. 36 (1981), pp. 627-630.

[4] Buchmann, J. Einführung in die Kryptographie. Springer-Verlag, Heidelberg, 2001.

[5] Cramer, R., and Shoup, V. A practical public key cryptosystem provably secure against adaptive chosen ciphertext attacks. In Advances in Cryptology - Crypto 99 (1998), pp. 13-25.

[6] Diffie, W., and Hellman, M. E. New directions in cryptography. IEEE Trans. Inform. Theory IT-22 (1976), 644-654.

[7] FlexiPKI. http://www.informatik.tu-darmstadt.de/TI/Forschung/FlexiPKI/Welcome.html.

[8] Koblitz, N. A Course in Number Theory and Cryptography. Springer-Verlag, 1994.

[9] Lenstra, A., and Lenstra Jr., H., Eds. The Development of the Number Field Sieve. Lecture Notes in Math. Springer-Verlag, Berlin, 1993.

[10] Lenstra, A. K., Lenstra, Jr., H. W., Manasse, M. S., and Pollard, J. M. The factorization of the ninth Fermat number. Math. Comp. 61 (1993), pp. 319-349.

[11] Morrison, M. A., and Brillhart, J. A method for factoring and the factorization of F7. Math. Comp. 29 (1975), pp. 183-205.

[12] Rivest, R. L., Shamir, A., and Adleman, L. A method for obtaining digital signatures and public-key cryptosystems. Comm. ACM 21 (1978), pp. 120-126.

[13] Shor, P. W. Polynomial-time algorithms for prime factorization and discrete logarithms on a quantum computer. SIAM J. Computing 26 (1997), pp. 1484-1509.

[14] Shoup, V. Why chosen ciphertext security matters. IBM Research Report RZ 3076, IBM Research Division, 1998.

4 Vertrauen im Internet: Wie sicher soll E-Commerce sein?

Rüdiger Grimm

4.1 Zusammenfassung

Im ersten Teil werden Sicherheitsprobleme von E-Commerce analysiert. Dabei werden besonders technische Sicherheitsprobleme des Internet behandelt. Als Folgerung daraus wird eine Liste von sieben Forschungs- und Entwicklungsaufgaben zusammengestellt. Im zweiten Teil wird eine der Forschungsaufgaben beleuchtet, nämlich die Entwicklung der Mensch-Maschine-Schnittstelle in Bezug auf die Frage, wie viel Automatisierung menschliche Kommunikation verträgt. Das erhellt das Sicherheits- und Vertrauensproblem für E-Commerce.

4.2 Teil 1: Vertrauen im Internet

4.2.1 E-Commerce

Zukunftserwartung

Zu den modernen Schlagworten, die sowohl Hoffnung auf eine bessere Zukunft als auch Angst vor einer Zerstörung gewohnter Werte wecken, gehören „Informationsgesellschaft“, „Globalisierung“ und „E-Commerce“. Man fühlt sich gedrängt: Wer heute noch nicht im Internet sei, gehöre bereits zum alten Eisen und sei morgen geschäftlich tot. Gigantische Wachstumsraten an neuen Aufgabenstellungen und Arbeitsplätzen im Bereich der Informatik locken Heerscharen von Studenten in die Informatik- und Medienstudiengänge. Wirtschaft und Wissenschaft schreiben mehr Projekte aus, als von den bestehenden Experten bewältigt werden können.

B2C und B2B

Im *Privatkundengeschäft* (Business-to-Consumer, B2C) werden virtuelle Web-Portale Zweigstellen und Einzelgeschäfte überflüssig machen. Homebanking und elektronische Bücherbestellungen gehören längst zum Anwendungsalltag des Internet. Entsprechend reagieren Banken und Buchhandel bereits heute mit einer verstärkten Internet-Präsenz. Im *Firmenkundengeschäft* (Business-to-Business, B2B) werden Vertrieb und Einkauf revolutioniert, indem Geschäftsprozesse in großem Stil firmen- und länderübergreifend zusammengeschaltet werden. Zum Beispiel können sinkende Lagerbestände automatisch Bestellungen beim Zulieferer auslösen. Die Auswirkung ist offen: Werden langfristig verabredete Arbeitsteilungen, so wie man es heute noch gewohnt ist, von ewigen Auktionen abgelöst, in denen der jeweils billigste Anbieter weltweit bei jedem externen Geschäftsvorgang spontan den Zuschlag bekommt? Wird die Arbeitsteilung beschleunigt oder kommt es gar zu alten Machthierarchien zurück, in welchen die stärksten Partner allen von ihnen abhängigen Kunden und Zulieferern ihre Geschäftsprozesse aufzwingen?

Technik des E-Commerce

Welche Technik ist es, die die Fantasie eines voll-elektronischen Geschäftslebens beflügelt? Was eigentlich versteht man unter „Electronic Commerce"?

Mit *Electronic Commerce* bezeichnet man das Betreiben von Geschäften mit Hilfe neuer elektronischer Medien. Die treibenden technischen Entwicklungen der letzten Jahre sind

- das offene und globale Internet,
- die mobile Telefonie,
- die Miniaturisierung der Computer hin zu Smartcards und „Personal Digital Assistants",
- die mathematische und technische Entwicklung der elektronischen Signatur,
- sowie die Möglichkeit zur elektronischen Zahlungsabwicklung.

Man meint mit den neuen elektronischen Medien in erster Linie das weltweite offene Internet. Kartenbasierte Bezahlvorgänge am Geldautomat bzw. in Geschäftsräumen („Point-of-Sale") sowie Online-Bestellungen und Home-Banking in geschlossenen Online-Diensten (T-Online, Compuserve, AOL) zählen ebenfalls zu Geschäften des Electronic Commerce. Die mobile Telefonie ist der jüngste Mitspieler in der neuen Medienwelt, der insbesondere deswegen für Zuwachs im elektronischen Privatkundengeschäft sorgen könnte, weil „Handies" von allen Bevölkerungsschichten angenommen werden, auch von solchen, die mit dem Internet nichts anfangen wollen. All diese technisch zunächst verschiedenen Medien – das

Internet mit seiner Dienstleistungsinfrastruktur, die mobilen Telefonnetze, Smartcard-Anwendungen und Online-Dienste – wachsen technisch und organisatorisch zusammen und bilden eine globale Welt des Electronic Commerce, in denen vertragsbasierte geldwerte Tauschaktionen durchgeführt werden können.

Internet

Das *Internet* und seine Sicherheitsprobleme werde ich unten genauer besprechen. Seine Standardanwendungen E-Mail und World Wide Web erlauben es, *digitale Waren* (Texte, Bilder, Software usw.) direkt und weltweit über das Internet zu verteilen.

Mobilnetze

In jüngerer Zeit beschleunigt vor allem die Akzeptanz von *Mobiltelefonie* in Europa die Hoffnung elektronischer Geschäftsanbieter, Privatkunden über Mobiltelefone an ihre Angebote im WWW anzuschließen. Die Milliardenerlöse bei der Versteigerung der UMTS-Lizenzen in ganz Europa im Jahre 2000 sind ein Indiz für die Zukunftserwartung in mobilen E-Commerce. Die (mindestens zeitweilige) Popularität der einfachen WAP-Technik ist ein anderes Indiz für die Hoffnung, schon kurzfristig Kunden mit ihren heutigen GSM-Mobiltelefonen an das WWW anzuschließen. „WAP" steht für „Wireless Application Protocol" und bezeichnet eine Infrastruktur von Gateways, die Mobiltelefone mit ihrer im heutigen GSM kleinen Bandbreite an das relativ aufwändigere HTML-Protokoll des World Wide Web anschließen. Das WAP-Forum nennt WAP „the de facto worldwide standard for providing Internet communications and advanced telephony services on digital mobile phones, pagers, personal digital assistants and other wireless terminals" (WAP Forum 2000). Die Strategie, mobile Telefone in das Internet und in den elektronischen Geschäftsverkehr zu integrieren, hat uns ein neues Schlagwort beschert: „Mobile Commerce" oder kurz „M-Commerce".

Smartcards

Smartcards bilden eine Art Sicherheitsanker, die Menschen mit sich führen und die ihnen über personifizierte Verschlüsselungscodes sichere Zugänge ins Internet verschaffen. Darüber hinaus erlauben sie Zugang zum elektronischen „Point-of-Sale", etwa mit der EC-Scheckkarte an der Tankstelle, oder über eine Geldkartenfunktion als elektronischer Geldbörse.

Elektronische Signatur

Die *elektronische Signatur* ist eine technische Basis dafür, unabstreitbare Versprechen und authentische Daten digital über offene Netze auszutauschen. Sie beruht auf moderner Kryptographie. Alle Teilnehmer verfügen über persönliche Verschlüsselungsparameter, sogenannte Schlüssel, mit Hilfe derer sie digitale Texte individuell und unnachahmlich verschlüsseln können. Das Kryptogramm ist die elektronische Signatur und wird mit dem Klartext gemeinsam weitergegeben. Eine Signatur wird verifiziert, indem sie „entschlüsselt" und mit dem Klartext verglichen wird. Auf diese Weise wird festgestellt, dass nur der Inhaber des zugehörigen Schlüssels diesen Text so hat signieren können. Eine elektronische Signatur ist auch vom Signierer später nicht abstreitbar. Zu technischen Details siehe z.B. Schneier (1996) oder Schmeh (1998).

Abbildung 1
Digitale Signaturen

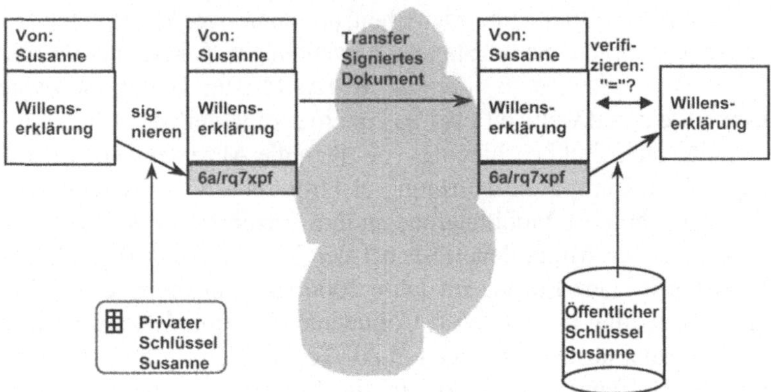

Elektronische Zahlungssysteme

Schließlich bilden die zahlreichen jungen Entwicklungen zur *elektronischen Zahlung* einen wichtigen technischen Motor für E-Commerce. Wenn es misslingt, elektronisches Bezahlen selbstverständlich zu machen, wird es keinen E-Commerce geben. Welches der Systeme und Modelle sich durchsetzen wird, ist dagegen aus heutiger Sicht offen. Es gibt Protokolle zum Austausch von Zahlungsversprechen (SET, Kreditkarten) und andere zur Übermittlung digitalen Geldes (Ecash, Geldkarte). In wieder anderen Verfahren verwalten dritte Parteien Zahlungsbilanzen zwischen Käufer und Verkäufer (Paybox, Millicent, Cybercash) (BSI 1998, DUD 1999).

4.2.2 Das Vertrauensproblem

Misstrauen als Entwicklungshemmnis

Die vorhandene Technik und ihre Entwicklungsperspektiven bilden ein dynamisches Potential zur Revolutionierung des traditionellen persönlichen und papierbasierten Handels. Allerdings geht nicht alles so einfach wie es aussieht. Offensichtlich wird heute über E-Commerce und M-Commerce mehr geredet als gehandelt. Die Fantasie ist groß, in der Wirklichkeit dagegen kommt E-Commerce nur schleppend voran. Das gilt insbesondere für das Privatkundengeschäft. Im Firmenkundengeschäft fällt es leichter, bilaterale Verabredungen zu treffen und die Kommunikation nach bestehenden Regeln einfach auf das Internet zu verlagern. Im Firmenkundengeschäft kennen sich die Geschäftspartner und brauchen sich ihre Regeln und

Identitäten nicht erst zu beweisen. Im Privatkundengeschäft, jedenfalls im Massengeschäft, kennen sich die Partner dagegen nicht, hier müssen Regeln oft im Einzelfall erst verabredet werden. Im Privatkundengeschäft gibt es ein *Vertrauensproblem*, das auf Sicherheitsmängeln der technischen Basis, insbesondere des Internets, beruht.

Verlust des persönlichen Kontakts

Das Internet *verbindet* nämlich nicht nur Menschen, sondern es *trennt* sie auch. Die natürlichen Sinne stehen dem Menschen nicht mehr zur direkten Erkennung der Kommunikation zur Verfügung: Im Internet sieht, hört und fühlt man sich nicht. Die „Biologie" der persönlichen Präsenz wird durch geschriebenen Text ersetzt, der nicht direkt dargestellt, sondern durch elektronische Geräte vermittelt wird. Um einen Text zu lesen, genügt es nicht mehr, das Blatt Papier vor Augen zu halten, das der schreibende Kommunikationspartner unter seinen Händen gehabt hat, sondern es sind Tastaturen, Leitungen, Bildschirme, Drucker und ihre Verarbeitungsprogramme vonnöten. Auf dem Weg von der Hand des Schreibers bis zum Auge des Lesers kann viel geschehen, um Text zu verstümmeln, zu löschen, oder gar komplett zu fälschen. Da man sich über das Internet nicht sicher erkennen kann, kann man hinterher leicht alles abstreiten, woran man sich nicht mehr halten will.

Privatheit

Im Internet fließt alle Kommunikation unverschlüsselt durch ein Netz von Subnetzen hindurch, auf deren Politik man nicht den geringsten Einfluss hat. Man weiß nicht, wer mit welchem Interesse mitliest, es gibt keine Vertraulichkeit. Daraus ergibt sich das Problem der Privatheit (englisch: „Privacy"): die Befürchtung vor dem gläsernen Internet-Kunden hält viele Menschen davon ab, im Internet aufzutreten. Ungefragte Massenreklame sind längst ein lästiges Alltagsproblem im Internet geworden, von der man nicht weiß, woher sie kommt, was ihre Produzenten noch alles von einem wissen und was sie mit diesem Wissen anstellen.

Unzuverlässige Technik

Außerdem ist das Internet unzuverlässig. Kommunikationsverbindungen brechen zusammen, Daten gehen verloren, Partner finden sich nicht wieder, und wenn doch, wissen sie nicht, wo sie aufgehört hatten. Ein Geschäft, das in der Luft hängen bleibt, ist schlechter als ein Geschäft, das man gar nicht erst angefangen hat.

4.2.3
Das Internet

Technische Sicherheitslücken

Dem Internet fehlt es an einem überzeugenden Sicherheitskonzept. Es gibt keine Standardverfahren zur *Authentifizierung* von Personen, Prozessen oder Daten. Es gibt erst seit Neuerem Protokolle für das World Wide Web, die in Einzelfällen (zum Beispiel bei Homebanking regelmäßig eingesetzt) eine verschlüsselte Kommunikation zwischen Browser und Server vorsehen (SSL 1996), aber andere Anwendungen wie E-Mail, File Transfer oder Chats und selbst die Übertragung von Passwörtern finden in der Regel *unverschlüsselt* statt. Es gibt keine Maßnahmen gegen den *Verlust von Daten*, gegen den *Ausfall von Diensten* und gegen das *Ausspionieren* von Datenkommunikation. Das Internet ist dazu zu einfach gebaut. Das ist kein Wunder, denn die Entstehungsgeschichte des Internet wäre eine andere, wenn man das Sicherheitsproblem in die Grundarchitektur aufgenommen hätte, so wie es die Ingenieure geschlossener, zentral kontrollierbarer Netze selbstverständlich immer vorsehen würden und vorgesehen haben. Aber das Internet ist ja kein geschlossenes Netz. Es ist nicht zentral kontrollierbar. Der ungeheure und historisch einmalige Erfolg des Internet beruht gerade darauf, dass es einfach ist, dass es offen ist und dass es niemandem gehört.

Es gibt eine reiche Literatur über die Technik des Internet. Zu den umfassenden Standardwerken gehört Comer (1988). Eine hübsche und sehr kurze Einführung in das Zusammenspiel der verschiedenen Komponenten, insbesondere über den Routing-Mechanismus, bieten Scolofsky und Kale (1991).

Internet als offener Verbund lokaler Netze

Das Internet ist ein weltweiter Verbund von lokalen Netzen, die völlig verschiedene lokale Techniken haben können. Eine der Grundideen des Internet besteht gerade darin, verschiedene lokale Netztechniken derart zu verknüpfen, dass sie in der globalen Kommunikation keine Rolle mehr spielen. Mehr noch: Der Internet-Nutzer braucht überhaupt nicht mehr zu wissen, auf welcher lokalen Technik das Internet beruht. Ob nun Ethernet, Fast-Ethernet, Token Ring, Datex-P oder FDDI, sie können alle durch einfachste Erweiterung in den Datagramm-Verkehr des Internet einbezogen werden. Sogar die Telefonnetze mit ihren festen und mobilen Telefonanschlüssen sind längst Bestandteil des Internets.

Jedes lokale Netz muss nur folgende Fähigkeiten besitzen, damit es ans Internet angeschlossen werden kann: Seine lokalen Komponenten müssen über das globale Adressierungsschema des Internets von außen ansprechbar und ihrerseits in der Lage sein, globale Adressen außerhalb des eigenen lokalen Netzes anzusprechen (Scolofsky 1991). Die lokalen Netze verfügen an ihren externen Ein-

und Ausgängen über Router, die entscheiden, wohin ein- und ausgehende Datenelemente zu senden sind („Routing") und die die hereinkommenden Internet-Datagramme in lokale Datenelemente übersetzen und umgekehrt hinausgehenden lokale Datenelemente in globale Internet-Datagramme. Das regelt das Internet-Protokoll („IP") und wird von den lokalen Modulen der ans Internet (bzw. an ein lokales Netz im Internet-Verbund) angeschlossenen Rechner realisiert. Alles andere ist Sache der lokalen Geräte und Programme innerhalb des Netzes.

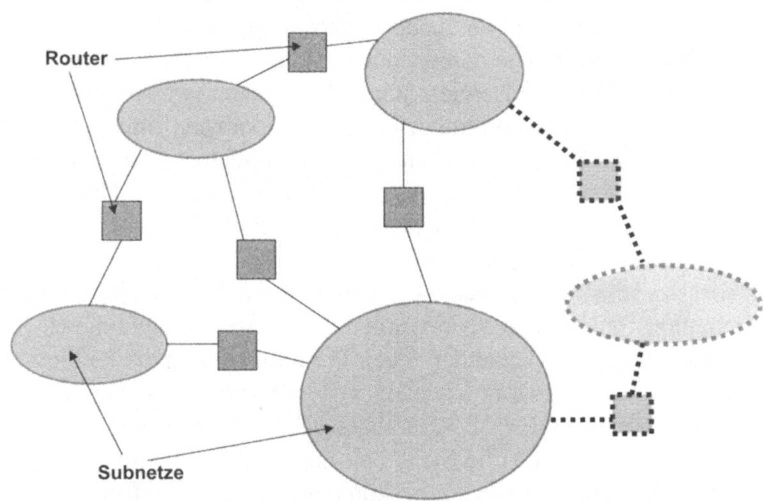

Abbildung 2
Horizontales Wachstum: Hinzufügen neuer Subnetze ins Internet

Wachstum des Internets in die Breite

In diesem Sinne ist das Internet „horizontal offen": Irgend ein lokales Netz kann sich einfach dadurch an das Internet anschließen, dass es einen Router zwischen sich und einem bereits an das Internet angeschlossenen lokalen Netz platziert und alle Datagramme, die aus dem lokalen Netz hinausführen, an diesen Router schickt. Der Anschluss an das Internet ist also eine rein lokale Entscheidung zwischen zwei „befreundeten" lokalen Netzen. In diesem Sinne gehört das Internet niemandem. Ob eigene Datagramme in ihrem Hopping durchs Internet über dieses oder jenes lokale Netz geroutet werden, liegt außerhalb der Entscheidung des Senders oder Empfängers. Ebenso ist nicht kontrollierbar, was alles mit einem Datagramm im Internet geschieht, insbesondere, wer alles mitliest.

Wachstum des Internets an Anwendungsvielfalt

Damit werden zwar Datagramme weltweit und technologieunabhängig verteilt, aber damit funktionieren noch keine Kommunikationsanwendungen wie E-Mail oder das World Wide Web. Diese benötigen weitergehende lokale Funktionen. Die lokalen Internet-

Module sind so programmiert, dass sie alle Datagramme, die nicht für den eigenen Rechner bestimmt sind, ignorieren, während sie die Datagramme an die eigene IP-Adresse an die richtige Anwendung im eigenen Rechner weiterreichen. Zu diesem Zweck enthalten die hereinkommenden Transportnachrichten sogenannte „Portnummern" (die beim Absenden von der absendenden Anwendung eingetragen werden). Das Internet-Protokoll ignoriert beim Routen der Datagramme durch das Internet die Anwendungsbezüge. Salopp gesprochen: Das Internet-Protokoll „kennt keine Anwendungen".

In diesem Sinne ist das Internet „vertikal offen": Irgend eine neue Anwendung kann in das Internet eingeführt werden, ohne dass das bestehende Internet es überhaupt wahrnimmt, also auch ohne dass irgendeine existierende Anwendung dadurch gestört würde. Eine Anwendung wird in das Netz eingeführt, indem der Anwendungsprogrammierer die kommunizierenden Automaten implementiert und auf einem Teilnetz des Internets (im einfachsten Fall auf zwei durch das Internet verbundenen Rechnern) installiert. Die neuen Anwendungskomponenten würden dann ihre Anwendungsdaten innerhalb von Datagrammen über das Internet hinweg austauschen, wobei das Internet lediglich dafür sorgen wird, dass sie am richtigen Zielrechner ankommen. Dort würden die Internet-Module die eingehenden Pakete auf Grund der neuen Portnummern an die neu installierten Anwendungskomponenten weiterreichen und diese würden sie dann programmgemäß verarbeiten. Der einzige Haken ist, dass das Internet nichts für die Sicherheit der übertragenen Datenpakete tut. Das müssen die Anwendungskomponenten schon selbst tun.

Abbildung 3
Vertikales Wachstum: Hinzufügen neuer Anwendungen ins Internet

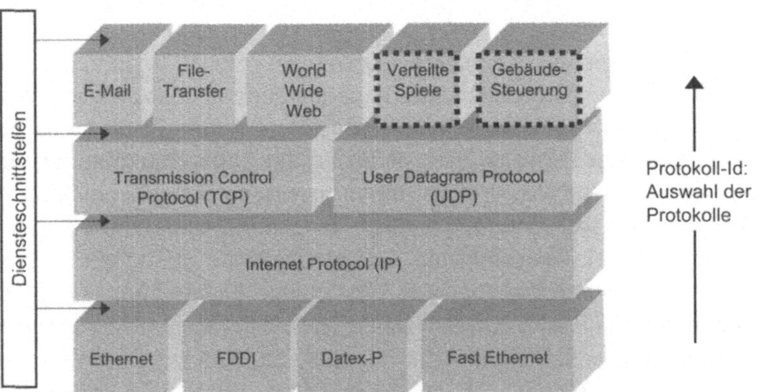

Deshalb kann das Internet auch in seiner Anwendungsvielfalt ungebremst wachsen. Wir haben es zum Beispiel seit 1992 erlebt, dass sich das World Wide Web ungehindert (und ungeheuer rasch) global etablieren konnte, ohne dass die bestehenden Kommunikationsdienste des Electronic Mail und des Datentransfers im Mindesten gestört worden wären.

Aus dieser Grundarchitektur des Internets sind folgende Konsequenzen zu ziehen: Erstens, das Internet ist global unsicher, während es lokal sicher gemacht werden kann. Zweitens, Sicherungsdienste gehören in die Endanwendungen, und nicht in den Routingkern.

4.2.4 Die Lücke zwischen lokaler Sicherheit und globaler Unsicherheit

4.2.4.1 Die Lücke

Das Internet provoziert die Zukunftshoffnung global und unmittelbar wirkender elektronischer Kommunikation. Gleichzeitig ist das Internet unsicher, so dass man sich nicht darauf verlassen kann, dass alles so funktioniert, wie es soll. E-Commerce ist bis heute noch lange keine akzeptierte Realität. Handel, Geschäft und private Kommunikation brauchen Vertrauen. Worin besteht denn nun im Internet die Vertrauenslücke? Und welche Technik braucht das Internet zur Unterstützung vertrauenswürdiger Kommunikation zwischen Menschen?

Keine globale Kontrolle

Das Internet reicht zwar weltweit, aber es gibt keine globale Kontrolle über das Funktionieren des Internets. Das Internet gehört niemandem, es ist ein lose verbundenes Netz von Millionen von autonomen Teilnetzen. Es gibt keine zentralen Sicherungsverfahren. Kontrollen beschränken sich auf den lokalen eigenen Herrschaftsbereich, global herrscht in Bezug auf die Sicherheitspolitiken das unkontrollierte Chaos.

Man kann im Internet nicht sicher sein, dass die Kommunikationspartner wirklich die sind, die sie zu sein vorgeben. Man kann sich nicht darauf verlassen, dass Versprechen eingehalten und Verträge anerkannt werden. Man weiß nicht, ob die technischen Funktionen frei von Manipulationen sind, ob Dienstleistungsserver einwandfrei verfügbar sind und ob sie sich wohl verhalten. Man weiß auch nicht, wer alles mithört, ob sensible und wertvolle Informationen geschützt sind und ob alle Daten unverletzt übertragen und gespeichert werden. Kurz, von seiner technischen Grundausstattung her scheint das Internet noch weniger zu verbindlicher Geschäftskommunikation zu taugen als das Telefon.

Die Vertrauenslücke besteht zwischen der *Lokalität* der durchsetzbaren Sicherheit und der unkontrollierbaren *Globalität* der Kommunikationswirkung.

4.2.4.2 *Ende-zu-Ende Sicherheit*

Die Sicherheitsphilosophie des Internets besteht darin, dass das Netz in seinem "Inneren", d.h. in Bezug auf das Routing von Datagrammen, unsicher ist, während zusätzliche Sicherungsdienste an seinen „Rändern", d.h. in den Anwendungen, den Internetbetrieb nicht stören und auch dann funktionieren, wenn das Internet selbst unsicher ist. Die Infrastruktur zum globalen Routing von Datagrammen kann keine global zuverlässigen Sicherungsdienste wie Verschlüsselung, Authentifizierung und Qualitätsgarantie erbringen. Sicherheit gibt es nur auf diesen beiden Ebenen:

Kontrolle in lokalen Subnetzen

Erstens innerhalb eines lokalen Netzes, das von einer verantwortlichen Stelle kontrolliert wird. Hier können Zugriffe geschützt, Datenfluss gefiltert, Identitäten überprüft, Qualität garantiert und Dienstleistungen integer und aktiv gehalten werden, indem die Netzkontrolle sich um jede einzelne Komponente kümmert und alle Teilnehmer die Maßnahmen der Netzkontrolle akzeptieren.

Sicherung auf Anwendungsebene

Zweitens können Sicherungen auf Anwendungsebene installiert werden, die auch über das unsichere Internet hinweg wirken. Beispiele dafür sind Verschlüsselung von Anwendungsdaten, Signierung von digitalen Dokumenten und das Vorhalten redundanter Dienste zum Ersatz für ggf. ausfallende Dienstleistungen. Alle Sicherungen, die von Anwendungsdiensten erbracht werden können, werden im Internet wie Anwendungen behandelt, d.h. sie leben friedlich neben den anderen Anwendungen und wirken unabhängig von der zu Grunde liegenden (unsicheren) Netztechnik.

4.2.4.3 *Lokale und globale Bestandteile*

Lokaler Zugriff der Menschen

Lokal sind Computer, ihre Software und Zugänge ins Internet. Lokal sind auch die Mensch-Maschine-Schnittstellen wie zum Beispiel die Ein- und Ausgabegeräte. Lokal sind Verhalten und Wahrnehmung der Menschen. Die Menschen agieren lokal in ihrem Kommunikationszugang.

Global hingegen ist das Netz mit seiner Kommunikationsreichweite. Und global sind die Ansprüche der Menschen, die soweit reichen wie ihre Kommunikation. Entsprechend gilt auch ihre Verantwortung global. Global sind die Regeln des Zusammenlebens, global sind die Wirkungen der Kommunikation wie Versprechen, Verpflichtungen, Verträge.

Global ist vor allem der E-Commerce. Dieser soll ja gerade nicht nur in kleinen geschlossenen Kreisen stattfinden, sondern auf einem offenen Markt, d.h. über die eigenen Organisationsgrenzen hinaus. Man sucht das Geschäft mit Partnern, die man nur eingeschränkt, vielleicht zunächst gar nicht kennt und denen man nur eingeschränkt traut. Man möchte sowohl langfristige Geschäftsbeziehungen aufbauen und pflegen können, als auch kurzfristige. In einigen Business-Modellen („Wochenmarkt") trifft man sich vielleicht nur einmal im Netz, um ein Geschäft anzubahnen, vielleicht wieder abzubrechen oder doch zu Ende zu führen, um sich dann nie wieder zu sehen. Hier wird also nach einer global zuverlässigen E-Commerce-Infrastruktur gesucht. Wie kann die Lücke zwischen lokaler Sicherheit und globaler Unsicherheit geschlossen werden? Und inwieweit *soll* sie überhaupt geschlossen werden?

Globaler E-Commerce

Die Lösung liegt im richtigen Zusammenspiel zwischen Menschen und Maschinen einerseits, und zwischen lokalen und globalen Mechanismen andererseits. Die Verbindung zwischen der lokalen Sicherheit und der globalen Unsicherheit wird auf zweierlei Wegen hergestellt: Erstens durch ein *global gültiges Regelwerk*, d.h. durch ein anerkanntes *Rechtssystem.* Zweitens durch die Koordination lokaler Verhaltensweisen nach den globalen Regeln, d.h. durch *globale Infrastrukturen* lokaler Vertrauensdienste.

Verknüpfung lokaler und globaler Mechanismen

Beweise verknüpfen lokales Verhalten mit globalem Recht. Beweise fallen *lokal* an, sie sind *lokal* schützbar und prüfbar, aber ihre Wirkung wird *global anerkannt.* Die aufzubauenden Infrastrukturen müssen demnach in der Lage sein, lokal Beweismittel zur Verfügung zu stellen, die global anerkannt werden. Den State-of-the-Art bilden heute elektronische Signaturen auf der Basis mathematischer kryptographischer Verfahren.

Beweise und Rechtsregeln

Statt einer global beherrschten Technik, wie man sie etwa noch aus den Zeiten der nationalen Telekom-Monopole kannte, müssen nun autonome Dienstleistungen nach verabredeten technischen Standards und nach verabredeten globalen Rechtsregeln miteinander kooperieren.

4.2.4.4 Forschungsaufgaben

Damit stellt der Aufbau vertrauenswürdiger Kommunikation im Internet die folgenden vordringlichen Forschungsaufgaben:

Sieben zentrale Forschungsaufgaben

1. *Signaturen:* Die Entwicklung von elektronischen Signaturverfahren, ihre Unterstützung durch Trust-Infrastrukturen in Form von Zertifizierungs- und Notariatsdiensten, sowie ihre Einbindung in elektronische Geschäftsvorgänge.

2. *Standardisierung:* Die Standardisierung von Kommunikationsregeln und ihren Sicherungsfunktionen.
3. *Recht:* Die Entwicklung technikadäquater rechtlicher Systeme.
4. *Beweise:* Die Entwicklung von Mensch-Maschine-Schnittstellen, die das richtige Zusammenspiel von Verpflichtungen und Beweisen lokal nachvollziehbar durchsetzen.
5. *Personalisierung und Privatheit:* Die technische Unterstützung für Dienste, die auf individuelle, persönliche Bedürfnisse der Anwender zugeschnitten sind, bei gleichzeitigem Schutz der Privatsphäre. Die Respektierung der Privatheit ist eine zentrale Voraussetzung für Vertrauen.
6. *Komplexe Anwendungen:* Die Integration mehrerer Anwendungen in größere inhaltliche Zusammenhänge; Beispiele: die Integration von Vertragsabschlüssen und Zahlungsverfahren in Geschäftskooperationen; das richtige Zusammenspiel von Anonymität und Identifizierung in Internet-Wahlen; die Entwicklung von Tele-Diensten, z.B. Tele-Universitäten.
7. *Automat und Mensch*, Intention und Interpretation: Ein Verständnis der Grenze zwischen Automat und Mensch, so dass die Menschen ihre Absichten in Bezug auf die wertvollen Kommunikationsinhalte mit Hilfe der Kommunikationstechnologie adäquat zum Ausdruck bringen können.

Erst in einem Kontext dieser Lösungen werden Kooperationssysteme die notwendige Akzeptanz finden, die der E-Commerce bei aller Zukunftshoffnung noch bei weitem nicht hat.

4.3 Teil 2: Wie sicher soll E-Commerce sein?

Im folgenden zweiten Teil dieses Artikels soll der letzte Punkt 7, die Forschungsaufgabe „Automat und Mensch" genauer beleuchtet werden.

4.3.1 Automat und Mensch – Intention und Interpretation

Wie viel kann ein Automat?

Menschen kommunizieren, indem sie Daten austauschen, die sie mit inhaltlichen Werten belegen. Sie entnehmen den hereinkommenden Daten einen inhaltlichen Wert, indem sie sie interpretieren. Sie legen umgekehrt ihre inhaltliche Absicht in den Ausdruck der hinausgehenden Daten. Die Frage ist: Wie viel kann der Automatismus einer

Kommunikationstechnologie leisten, um den Menschen in seinen inhaltlichen Interpretationen und Absichten maximal zu unterstützen und zu entlasten, ohne die Kommunikation zu verfälschen. Wenn man den Automaten zu viel zumutet, d.h. wenn die Automaten nicht mehr in der Lage sind, die ursprüngliche Intention einer Kommunikation auszudrücken, dann kommt es zu Missverständnissen, die schlimmstenfalls sogar in böser Absicht ausgenutzt werden können. Dann werden die Menschen die Technik nicht mehr nutzen. Mutet man den Automaten dagegen zu wenig zu, bleiben Potenziale zur Entlastung und zur Kostenersparnis ungenutzt.

Ein Beispiel für dieses Dilemma auf einem anderen technologischen Gebiet bilden die Start- und Landefunktionen von Verkehrsflugzeugen. Bei aller Automatisierung, die die Arbeit der Piloten vereinfacht und dadurch Starten und Landen gleichmäßiger, glatter und sicherer macht, müssen die Piloten dennoch jederzeit in der Lage sein, manuell einzugreifen, um nicht vorhergesehene Situationen abfangen zu können. Einem unfallträchtigen Roboterpiloten, der zu simpel gestrickt ist, werden sich keine Passagiere mehr anvertrauen wollen. Die Mannigfaltigkeit der Start- und Landesituationen ist derart komplex, dass kein Roboter der Welt sie in jedem Fall aufgrund vordefinierter Spezifikationen bewältigen kann. Das gilt noch viel mehr für die Kommunikationstechnik.

4.3.2 Vertrauen

Definition von Vertrauen

Die Frage, wo die Grenze für eine technische Unterstützung menschlicher Kommunikation im E-Commerce liegt, hängt eng mit der Frage zusammen, worauf das *Vertrauen* beruht, das ein Mensch in die verwendete Kommunikationstechnik haben muss. Das soll in diesem Abschnitt besprochen werden. Das Internet wird allgemein als wenig vertrauenswürdig bezeichnet, da es zu unsicher sei. Wie viel Sicherheit aber soll das Internet überhaupt bieten, damit es vertrauenswürdigen E-Commerce erlaubt?

Vertrauen ist die Gewissheit (d.h. eine innere Repräsentanz des Eintretens) einer erwünschten Zukunft. Es beruht

- auf der Kontinuität des regelhaften und erwünschten Verhaltens der Umgebung
- oder auf der Hilfe vertrauter Menschen (auch in unwägbarer Lage)
- oder auf der eigenen Kenntnis und Beherrschung der Lage (einschließlich ihrer Unwägbarkeiten)

Definition von Misstrauen

Diese drei Elemente von Vertrauen schließen sich nicht aus, im Gegenteil: Sie ergänzen sich in aller Regel. Misstrauen übrigens, um das Bild zu vervollständigen, entsteht als Komplement zum Vertrauen entweder aus einer Ungewissheit über die Zukunft *oder* aus der Gewissheit des Eintretens einer unerwünschten Zukunft. Misstrauen beruht also auf:

- Diskontinuität akzeptierten oder abgelehnten Verhaltens: „Man kann sich nicht darauf einstellen“, „das ist nicht steuerbar“, „nicht vorhersehbar“;
- oder Kontinuität abgelehnten Verhaltens: „Der hat schon immer gelogen“;
- und Hilflosigkeit: „Wenn etwas schief geht, hilft mir keiner“.

Funktionalität der Umgebung

Der erste Punkt in der Definition von Vertrauen, „Kontinuität des regelhaften Verhaltens der Umgebung“ beruht auf der Funktionalität der Umgebung. In einer technischen Umgebung, wie etwa den Kommunikationsmedien von E-Commerce, wird das regelhafte Verhalten durch technische und organisatorische Verfahren erreicht. Die beiden anderen Punkte, „Hilfe durch andere Menschen oder durch eigene Kraft“, beziehen sich auf Menschen.

Grenzen technischer Lösungen

Es ist die Frage, wie weit die Grenze zwischen Mensch und Technik in Richtung Technik verschoben und dabei das Vertrauen in das regelhafte und erwünschte Verhalten der technischen Umgebung erhöht werden kann. Wie viele Anteile, die bisher von Menschen ausgeübt werden müssen, können spezifiziert und den Funktionen eines Automaten übertragen werden? Wird Vertrauen dadurch erhöht, dass schließlich alle Funktionen auf die Technik übertragen werden, oder ist die Möglichkeit zum menschlichen Eingriff eine notwendige Voraussetzung dafür, dass man einer Sache vertraut?

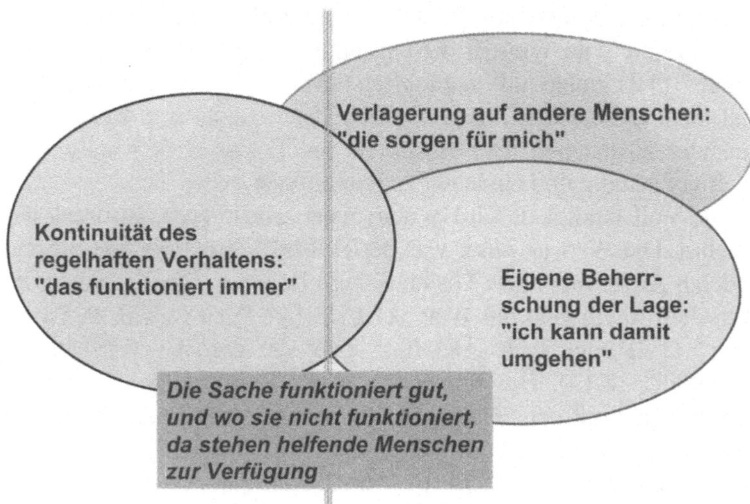

Abbildung 4
Grenze zwischen Mensch und (technischer) Funktionalität bei „Vertrauen“

Im obigen Beispiel des Autopiloten wird die Handsteuerung bei Start und Landung eines Flugzeugs einem Automaten übertragen, der die Umwelteinflüsse kontinuierlich auswertet und das Flugzeug entsprechend steuert. Im Beispiel der Kommunikationstechnik können zum Beispiel Suchfunktionen, Verbindungsaufbau und das Makeln zwischen verschiedenen Verbindungen automatisiert werden. Weitergehend sind auch standardisierte Auskünfte automatisierbar, wie das bereits heute viele Telefondienste, zum Beispiel beim Telefonbanking anbieten. Noch weitergehend könnte ein persönlicher Softwareagent Entscheidungen treffen, die sich aus der Kommunikation ergeben, beispielsweise automatische An- und Verkäufe von Aktien aufgrund von Börseninformationen.

Die Frage nach der Automatisierung menschlicher Handlung kann man sich auch für die Sicherheit stellen. Wie viel automatische Sicherheit kann Kommunikationsrisiken von vorne herein ausschalten und wie viel Risiko soll bei den handelnden Menschen verbleiben?

4.3.3 Wittgensteins Sprachspiele

Wittgensteins Tractatus

Ludwig Wittgenstein hat in seinem Tractatus logico-philosophicus (1922) die These ausgeführt, das Ziel von Philosophie bestehe darin, eine vollständige und eindeutige sprachliche Analyse der logischen Zusammenhänge der Welt zu entwickeln.

Die Eingangssätze des Tractatus, „Die Welt ist alles, was der Fall ist“ (1) und „Die Welt ist die Gesamtheit der Tatsachen, nicht der Dinge“ (1.1) zielen auf eine logische Welt, deren wesentlichen Gehalt nicht die darin vorhandenen Elemente, sonder ihre Bezüge zueinander ausmachen. Der Anspruch des Tractatus liegt darin, die Welt vollständig und eindeutig zu beschreiben.

Analyse der Welt

Die Vollständigkeit wird in dem Wort „alles“ zum Ausdruck gebracht („Die Welt ist *alles*, was der Fall ist“), sowie in zahlreichen anderen Äußerungen des Tractatus, zum Beispiel „Die Tatsachen im logischen Raum sind die Welt“ (1.13), „Die Welt zerfällt in Tatsachen“ (1.2) oder auch „Der Satz kann die *gesamte* Wirklichkeit darstellen“ (4.12). Die Eindeutigkeit der Beschreibung fordert er zum Beispiel mit den Sätzen „Es gibt eine und nur eine vollständige Analyse des Satzes“ (3.25) oder „Alles, was sich aussprechen lässt, lässt sich klar aussprechen“ (4.116). Durch eine korrekte Analyse der Welt, so das Fazit des Tractatus, wird die Welt vollständig und abschließend erfasst, jedenfalls soweit Wissenschaft und Philosophie reichen können: „Wovon man nicht sprechen kann, darüber muss man schweigen“ (7), wie es in dem berühmten, wohlklingenden aber doch etwas mystischen Schlusssatz des Tractatus heißt.

Implementierbarkeit der Welt

In die moderne Welt der Computer übersetzt, könnte man die Forderung des Tractatus dahingehend erweitern, dass alles wesentliche menschliche Handeln in dieser Welt implementiert und durch Computer ausgeführt werden kann, wenn man es nur richtig anpackt. Die Forschungsaufgabe müsste demnach lauten, alle Handlungssituationen zu analysieren mit dem Ziel, sie zu programmieren. Im Ergebnis würde jede analysierte Handlungssituation von einem Automaten ausgeführt und der Mensch davon vollkommen entlastet sein.

Widerspruchsfreiheit und Vollständigkeit

Dieser Vorstellung von der Welt lag die Hoffnung seiner Zeit der 1920er Jahre zu Grunde, dass die Mathematik diese Aufgabe wenigstens in ihrem eigenen Feld bewältigen könne. Die Mathematik galt (und gilt bis heute!) als das große Vorbild für alle wissenschaftlichen Sprachen. Man konstruierte damals als Teil des Hilbertschen Programms zur Lösung bisher ungelöster großer mathematischer Probleme ein widerspruchsfreies Axiomensystem, mit dessen Hilfe die Mathematik der Zahlen und Geometrie eindeutig und vollständig erfasst werden könnte. Dass dieses Vorhaben schon für die (relativ) einfache Welt der Arithmetik der natürlichen Zahlen undurchführbar ist, und erst recht für die gesamte Mathematik, wusste man 1922 zur Zeit der Entstehung des Tractatus noch nicht. Die ersten früh erkannten Paradoxa (z.B. das „Russelsche Paradoxon“) in der Mengenlehre wurden irgendwie geflickt. Schließlich zerstörte Kurt Gödel (1931) die Hoffnung, dass es möglich sei, die Arithmetik mit einem formalen System sowohl vollständig und abschließend, als auch widerspruchsfrei zu beschreiben. Er bewies, dass ein formales, widerspruchsfreies logisches System von Sätzen für die Arithmetik unweigerlich Sätze enthält, die mit diesem System weder beweisbar, noch widerlegbar sind. Eine hübsche Beschreibung dieser Entwicklung findet sich etwa bei Hofstadter (1999).

Wittgensteins Sprachspiele

Wittgenstein nahm an dieser Entwicklung aktiv teil. Der Schock durch die Erkenntnis von Gödel brachte ihn dazu, seinen Anspruch zur vollständigen Spezifizierung wissenschaftlicher Erkenntnis (und erst Recht menschlichen Handelns) aufzugeben. In seinem Nachlass finden sich Aufzeichnungen, die als Philosophische Untersuchungen (1953) veröffentlicht wurden, in denen er sich vom Tractatus abwendet und ein vollständig neues Modell der Sprache entwirft. Dieses Modell orientiert sich am Konzept des Spiels: „Ich werde auch das Ganze: Der Sprache und der Tätigkeiten, mit denen sie verwoben ist, das ‚Sprachspiel' nennen" (Philosophische Untersuchungen, 7).

Sprechakte

Wittgensteins „Sprachspiele" haben großen Einfluss auf die moderne Sprachphilosophie. Die sogenannten Intentionalisten (etwa Searle 1980 und 1989) beziehen sich ausdrücklich auf das Modell der Sprachspiele. Von ihren „Sprechakten" hoffen wiederum die Informatiker zu lernen, wie man die Mensch-Maschine-Schnittstelle für Kommunikationsautomaten richtig gestaltet.

Kontextbezug

In seinen Philosophischen Untersuchungen (1953) geht Wittgenstein davon aus, dass Sprache weder eindeutig noch vollständig ist. Sie ist jeweils kontextabhängig: „Die Bedeutung eines Wortes ist sein Gebrauch in der Sprache" (43). Dabei folgt die Sprache in ihrem jeweiligen Kontext Regeln, die außerhalb des Kontextes stehen. Wie radikal er sich dabei von seinem Tractatus abwendet, macht etwa seine Aussage über die Ungenauigkeit deutlich: „Wenn ich einem sage ‚Halte dich ungefähr hier auf!' – kann denn diese Erklärung nicht vollkommen funktionieren? Und kann jede andere nicht auch versagen? [...] Verstehen wir aber nur, was ‚unexakt' bedeutet! Denn es bedeutet nicht ‚unbrauchbar'" (88). Er erhebt hier offenbar nicht den Anspruch, das Phänomen der Sprache abschließend verstanden zu haben (wie noch zu Zeiten seines Tractatus).

Syntax und Semantik

Die Semantik eines Satzes ist nach diesem Verständnis nicht mehr durch die Syntax des Satzes vollständig gegeben. Die Semantik hängt von den Regeln des jeweiligen Sprachspiels ab, und die sind nicht in dem Sprachspiel selbst formuliert. Das ist wie bei einem richtigen Spiel: Bevor man es beginnt, muss man die Regeln kennen. Und wie lernt man die Regeln eines Sprachspiels? Nun, das ist ein anderes Sprachspiel. Demnach sind Sprache, wissenschaftliche Erkenntnis und letztlich menschliches Handeln offene Prozesse.

Was muss denn nun zur Syntax eines Satzes hinzukommen, um seine Semantik zu bestimmen? Searle (1989) fügt zur Syntax eines Satzes einen (nicht notwendig spezifizierten oder gar spezifizierbaren) „Hintergrund" hinzu, mit dem gemeinsam die Semantik und ihre praktische Bedeutung eines Satzes bestimmt wird. Ein Satz („Sentence", „Syntax", „Daten") ergibt erst im Kontext eines „Hintergrunds" („Background", „Kompetenz", „Spiel") die anwendungsorientierte Bedeutung („Application", „Semantik", „Information"). Informatiker würden eher von „Daten und Information" als von „Syntax und Semantik" sprechen.

Abbildung 5
Syntax und Hintergrund bestimmen die Semantik eines Satzes

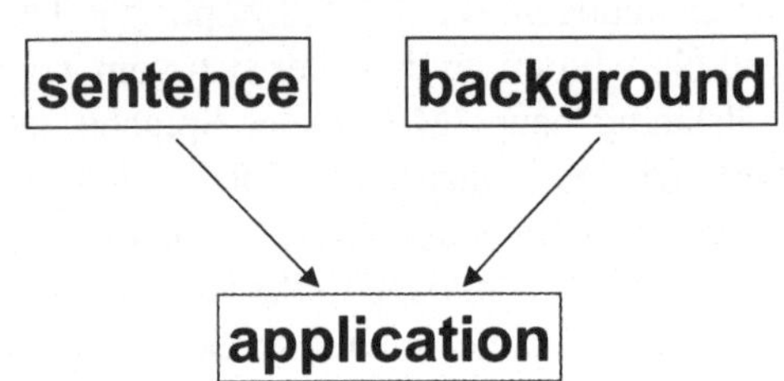

Miteinander und gegeneinander

Auf unsere Fragestellung angewendet: Menschen sind nicht vollständig automatisierbar. Die Kommunikationstechnik kann nicht zur Aufgabe haben, menschliches Handeln vollständig zu implementieren. Kommunikationssysteme enthalten Schnittstellen, an denen die kommunizierenden Menschen ihre Absichten und Interpretationen zur Geltung bringen können. Eine wesentliche Eigenschaft von kommerziellem Handel (wie von jeder wertvollen Kommunikation) besteht darin, dass Menschen zwar *miteinander* kommunizieren (reden, handeln, verabreden), dabei aber *unterschiedliche*, ja *gegensätzliche* Interessen vertreten können. Das Modell des Spiels macht es deutlich: Im Spiel spielen die Menschen sowohl *miteinander* nach gemeinsamen Regeln, als auch *gegeneinander* auf Sieg und Niederlage. Das Spielmodell taugt auch für den Geschäftsverkehr: Käufer und Verkäufer handeln gemeinsam Ware gegen Geld und wahren dabei ihre individuellen Interessen.

Regeln und Risiko

Die Aufgabe für die Entwicklung von E-Commerce-Systemen und ihren Sicherheitsfunktionen besteht also nicht darin, durch hundertprozentige Sicherheit alle Risiken auszuschalten, sondern die formalen Risiken auf Bruch der Geschäftsregeln zu beseitigen, damit sich die Menschen auf die inhaltlichen Risiken des Geschäftes mit Hilfe der neuen Medien („E-Commerce") einlassen können. Zur Formulierung dieser Aufgabe taugt ein Telekooperationsmodell, in dem Personen in formale Rollen eintreten und darin als Akteure formale Ziele verfolgen, mit denen sie als Personen inhaltliche Zwecke verbinden. Ich skizziere das Modell im Folgenden. Für eine ausführliche Darstellung einschließlich der Gleichgewichtsbedingung für Verpflichtungen und Beweise vgl. Grimm (1994), für eine formale Darstellung vgl. Grimm und Ochsenschläger (2000). Eine lesbare Übersicht über Sicherheitsmodelle der Informatik findet sich bei Kessler und Mund (1993).

4.3.4 Ein Personen-Rollen-Akteure-Modell für Telekooperation

4.3.4.1 In Rollen handelnde Personen

Ziel und Zweck

Menschen streben Ziele an, mit denen sie einen Sinn, d.h. bestimmte Zwecke verbinden. Beispiel: Ein Kunde eines Autohauses schließt einen Kaufvertrag mit dem Autohaus (Ziel), um ein gutes Auto zu erwerben und dabei möglichst wenig Geld auszugeben (Zweck). Das Autohaus schließt denselben Vertrag mit dem Kunden (Ziel), um möglichst viel Geld dabei zu verdienen (Zweck). Man sieht hier schon: Es gibt ein gemeinsames Ziel (den Kaufvertrag), aber unter Umständen verschiedene, ja sogar entgegengesetzte und auch nicht weiter ausgeführte Zwecke.

Das ist ein wesentliches Merkmal des Telekooperationsmodells: Das Ziel ist grundsätzlich explizit und gemeinsam. Der Sinn des Ziels (der „Zweck" der Kooperation) ist nicht explizit und nicht notwendig für jeden Teilnehmer derselbe. Hier sind Konflikte möglich, und genau diese Situation soll kooperationstechnisch auch unterstützt werden.

Um ihre Ziele zu erreichen, befolgen Menschen Handlungsmuster, die nach ihrer Erfahrung gute Aussichten auf Erfolg bieten. Im Kontext des Telekooperationsmodells bezieht sich das Wort Ziel auf den Endpunkt eines Handlungsmusters und das Wort Zweck auf den Sinn, den ein Mensch mit dem Erreichen des Handlungsziels verbindet.

Personen in Rollen

Handlungsmuster werden als Rollen modelliert. Rollen sind spezifizierte Handlungsanweisungen (Skripte, Programme), die nichtdeterministische Verzweigungspunkte enthalten, in denen eine Person, die in einer Rolle aktiv ist, zwischen vorgegebenen Handlungsalternativen aufgrund persönlicher Kompetenz wählen kann. An anderen nicht-deterministischen Verzweigungspunkten beeinflusst nicht die Person, sondern die Außenwelt die Wahl zwischen den vorgegebenen Handlungsalternativen. Eine Rolle ist durch das Handlungsmuster sowie eine Menge von Kompetenzattributen definiert. Das Handlungsmuster enthält wohldefinierte Ein- und Austrittspunkte und möglicherweise nicht-deterministische Verzweigungspunkte. Die Spezifikation einer Rolle assoziiert mit einer wohldefinierten Teilmenge von Austrittspunkten das erfolgreiche

Handlungsziel. Eine Person muss im Besitz der in einer Rolle spezifizierten Kompetenzattribute sein, um in dieser Rolle aktiv sein zu können.

Abbildung 6
Person tritt in Rolle ein und wird dadurch zu einem temporären Akteur

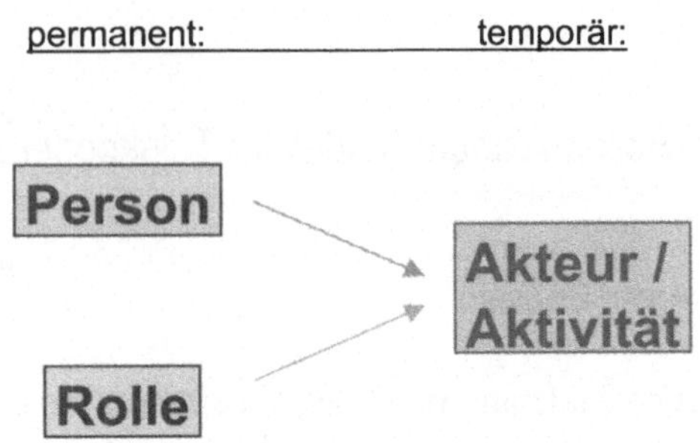

Die Idee des Telekooperationsmodells besteht darin, eine Aktivität in einen spezifizierten Anteil und einen nicht-spezifizierten Anteil zu zerlegen. Der spezifizierte Anteil einer Aktivität wird in der Rolle untergebracht, und der nicht-spezifizierte Anteil einer Aktivität wird der Person zugewiesen. Die Rolle ist der Kandidat für das zu implementierende Programm, die Person der Benutzer des Programms.

Akteur

Ein Akteur ist eine Person in einer Rolle. Eine Rolle ist nichts Aktives, sie ist ein spezifiziertes Handlungsmuster. Aktiv sind Personen und, indem sie temporär in Rollen agieren, Akteure. Rollen und Personen sind verschiedene Beschreibungsbestandteile eines Akteurs: Die Rolle stellt dabei den geregelten Anteil dar, dessen zielorientiertes Handlungsmuster bis auf nicht-deterministische Verzweigungspunkte voll spezifiziert ist. Die Person stellt den nichtspezifizierten Anteil dar, der über die nicht-spezifizierte persönliche Kompetenz verfügt, Entscheidungen zu treffen.

Kompetenz

Die Semantik einer Aktivität ist mit der persönlichen Kompetenz verbunden. Der Sinn einer Entscheidung, der Zweck einer Handlung, erschließt sich der Person, während in der Rolle nur das formale (syntaktische) Handlungsziel spezifiziert ist. Eine Person steuert eine Aktivität, indem sie an den Entscheidungspunkten die Ergebnisse des bisherigen Aktivitätsverlaufs zur Kenntnis nimmt, sie inhaltlich auswertet und dann je nach dem Sinn, den sie mit der ganzen Aktivität und ihrem angestrebten Ziel verbindet, so oder so entscheidet.

Spiel

Es ist wie ein Spiel: Die Spielregeln liegen fest, und das Ende eines Spiels (sein syntaktisches Ziel) ist wohldefiniert. Aber an gewissen, ausdrücklich dafür vorgesehenen Punkten während des Spiels entscheidet der Spieler, wie er weiterspielt, und manche Spieler gewinnen und andere verlieren. Das Rollenmodell ist vom Sprachspielmodell Wittgensteins inspiriert.

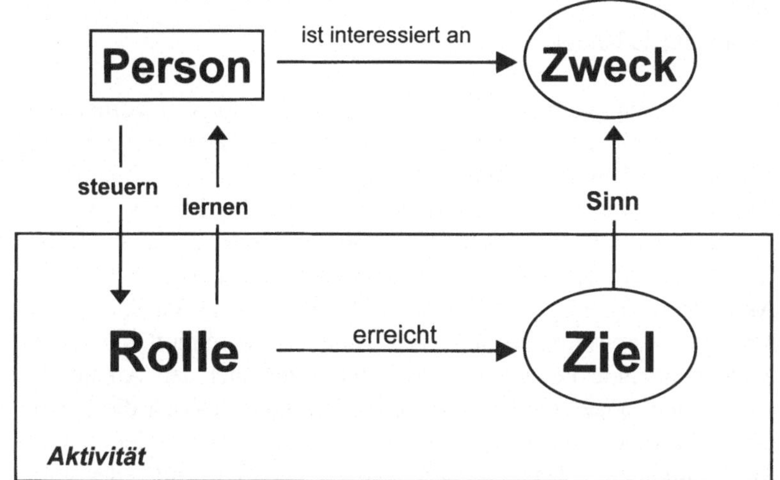

Abbildung 7 Wechselbeziehung zwischen formalem Rollenziel und inhaltlichem Handlungszweck

Kooperationsziel

Im E-Commerce sind kommunikative Handlungen von besonderem Interesse, also solche komplexe Situationen, in denen die Handlungen zweier (oder mehrerer) Personen sich aufeinander beziehen und gegenseitig beeinflussen. Dabei ist der Begriff eines *gemeinsamen Kooperationsziels* wichtig. Die Kooperationsrollen definieren ein allen gemeinsames Kooperationsziel, z.B. den Austausch eines Vertrags oder das Erreichen eines Zustandes, der übereinstimmend als regelgerechtes Spielende verstanden wird. Dagegen können die kooperierenden Personen durchaus verschiedene, ja gegensätzliche Zwecke mit demselben Ziel verbinden, z.B. Vor- und Nachteil aus einem Vertrag, oder Sieg und Niederlage in einem Spiel. Während also die Akteure aufgrund wohldefinierter Protokolle ein gemeinsames Kooperationsziel anstreben, können die Personen damit unterschiedliche und sogar gegensätzliche Interessen verfolgen.

Aufgabe der Kooperationstechnik

Es ist die Aufgabe von Kooperationstechnik, geeignete Rollen zu implementieren und auf diese Weise automatische Akteure zur Verfügung zu stellen, die die in den zugehörigen Rollen handelnden Personen vertreten. E-Mail User-Agents und Web-Browser sind Beispiele für automatische Akteure. Im E-Commerce werden komplexe Akteure für Käufer- und Verkäufer gebraucht, die Verpflichtungssituationen verwalten und Zahlungs- und Warenlieferungsfunktionen integrieren. Ansätze dazu bieten elektronische Geldbörsen („Wallets“) und Zahlungsserver für elektronische Zahlungssysteme (BSI 1998, DUD 1999).

4.3.4.2
Akteur und Außenwelt

Temporäre Rollenspiele

Die permanent vorhandene Person und die permanent vorhandene Rolle verschmelzen für eine temporäre Aktivität zu einem temporären Akteur. Die Permanenz ist hier auf den Lebenszeitraum der Person in einer Kooperationswelt bezogen: Die Lebenszeit einer Person in einer Kooperationswelt dauert so lange, wie sie in diesem Kontext handlungsfähig ist, und überdauert die Lebenszeiten ihrer Aktivitäten. Akteur und Aktivität sind verschiedene Aspekte desselben temporären Rollenspiels: Der Akteur repräsentiert die in der Rolle handelnde Person, die Aktivität bezeichnet den Ablauf der vom Akteur ausgeführten Aktionen. Als Akteur handelt die Person nach den Regeln der Rolle. Zur Entscheidung zwischen den in einer Rolle enthaltenen Handlungsalternativen bedarf es entweder eines Einflusses von außen oder der Kompetenz der in der Rolle handelnden Person, die sie beim Eintritt in die Rolle mit einbringt. Das bedeutet wegen des externen Einflusses, dass dieselbe Person, die dieselbe Rolle in verschiedenen Kontexten spielt, zu verschiedenen Handlungen und Ergebnissen kommen kann. Das bedeutet wegen der persönlichen Kompetenz weiterhin, dass zwei verschiedene Personen, die (unabhängig voneinander) dieselbe Rolle spielen, zu verschiedenen Handlungen und Ergebnissen kommen können.

Abbildung 8 Wechselbeziehungen Akteur – Außenwelt

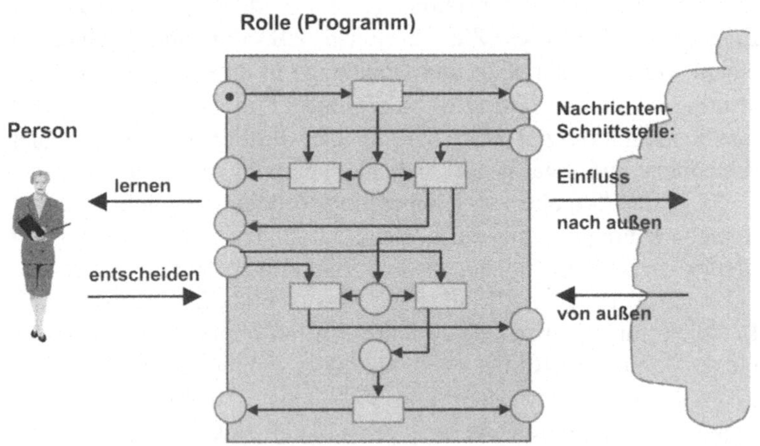

Lernen und beeinflussen

Mit Hilfe ihrer Kompetenz greift eine Person an dafür vorgesehenen Punkten entscheidend in den Rollenablauf ein (kompetente Entscheidungen). Umgekehrt kann das Agieren in einer Rolle die Kompetenz der Person verändern (Lerninhalte). Lernen und Formulieren von Entscheidungen beruhen auf der Sprachkompetenz, die eine Person in die Aktivität mit einbringt. Im Laufe und nach Beendigung der Aktivität wertet die handelnde Person die empfangenen Nachrichten inhaltlich aus und verändert damit ihre Kompetenz. Personen mit ihren Kompetenzen sind beständige Elemente einer Rollenwelt, die einzelne Aktivitäten überdauern und mehreren Aktivitäten einen zusammenhängenden Sinn und eine zusammenhängende Struktur verleihen können. Ihnen wird daher auch „Permanenz" zugeschrieben. Allerdings können auch neue Personen in eine Kooperationswelt eintreten, bzw. existierende Personen aus einer Kooperationswelt ausscheiden.

Außenwelt

Die Wechselbeziehung zwischen einer Person und ihrer Außenwelt ist ausschließlich über den Akteur vermittelt: Der Akteur ist die Außenansicht einer handelnden Person, die der Außenwelt in einem bestimmten Kooperationskontext vermittelt wird. Korrespondierend dazu stellt der Akteur gegenüber der Person die der Person vermittelte Innensicht der Außenwelt dar. Diese Wechselwirkung wird über eine Nachrichtenschnittstelle zwischen dem Akteur und der Außenwelt modelliert: Die Einflüsse von außen auf den Akteur werden über Nachrichten aus der Außenwelt an den Akteur, die Einwirkungen des Akteurs auf die Außenwelt über Nachrichten vom Akteur an die Außenwelt ausgeübt.

Im Falle einer Kooperation zwischen zwei oder mehr Partnern sehen sich die Personen nur über ihre Außenbilder; das sind sie als Akteure. Sie kommunizieren nur als Akteure miteinander, und zwar über ihre jeweiligen Nachrichten-Schnittstellen zur Außenwelt.

4.3.4.3 Hierarchie von Akteuren

Hierarchie von Akteuren

Es ist möglich, Entscheidungen, die eine Person bisher ohne automatische Unterstützung getroffen hat, zu programmieren und an einen Teilakteur zu delegieren. Zwei Akteure stehen in einem hierarchischen Verhältnis zueinander, wenn aus Sicht des untergeordneten Akteurs der übergeordnete Akteur die verantwortliche Person darstellt, indem dieser nämlich an den Verzweigungspunkten die Entscheidungen trifft. In der umgekehrten Richtung betrachtet: Der untergeordnete Akteur erfüllt eine Teilaufgabe des übergeordneten Akteurs. Das Ziel der untergeordneten Aktivität ist ein Teilziel der übergeordneten Aktivität. Der Zweck des Teilziels ist durch seine Einbettung in die übergeordnete Aktivität definiert.

Delegation von Aufgaben

Von oben nach unten betrachtet, beschreibt diese Hierarchie von Akteuren die Delegation von Aufgaben. Der übergeordnete Akteur stößt nämlich die untergeordnete Aktivität an und führt sie nach den Regeln der zugehörigen Rolle aus. Von unten nach oben betrachtet, beschreibt diese Hierarchie die Erweiterung von Spezifikationen. Der übergeordnete Akteur entscheidet nämlich zwischen den Alternativen, die in der Rolle des untergeordneten Akteurs spezifiziert sind, auf eine Weise, die aus Sicht des untergeordneten Akteurs nicht vorhersehbar ist. Aus Sicht des untergeordneten Akteurs sind solche Entscheidungen nicht spezifiziert, sondern in die Kompetenz der verantwortlichen Person gelegt. Im Rahmen der Rolle des übergeordneten Akteurs ist die Entscheidung aber gerade spezifiziert. Wenn also eine bisher nicht spezifizierte Entscheidung aufgrund neuer Kenntnisse oder durch Abgrenzung des Anwendungsumfeldes in einer neuen Rolle spezifiziert wird, dann wird die verantwortliche Person in dieser Entscheidung unterstützt, indem er hier von einem neuen Akteur, der dem bisherigen Akteur übergeordnet ist, vertreten wird.

Abbildung 9 Hierarchie von Akteuren

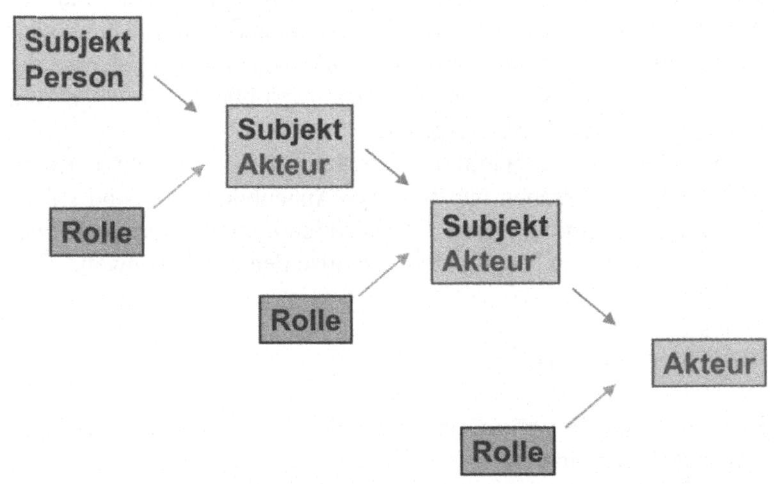

Verantwortliche Person

Ein übergeordneter Akteur repräsentiert gegenüber allen ihm untergeordneten Akteuren die verantwortliche Person. Er muss auch die akteursspezifische Kompetenz dem untergeordneten Akteur überreichen. Hinter dem obersten Akteur in einer solchen Hierarchie steht immer eine reale Person, die verantwortlich für alle ihre Akteure und Unterakteure ist. Ein Beispiel für derart hierarchisierte Aktivitäten ist die Abwicklung eines Zahlungsvorgangs (untergeordneter Akteur), im Auftrag eines Käufers bzw. Verkäufers (übergeordneter Akteur) im Rahmen eines Warenkaufs.

4.3.4.4
Kooperation zwischen Akteuren und Erfolgskopplung

Zwei oder mehr Akteure kooperieren, wenn sie über ihre Schnittstellen zur Außenwelt untereinander Nachrichten austauschen und wenn die zugehörigen Kooperationsrollen so spezifiziert sind, dass die kooperierenden Akteure entweder alle ihr Ziel erreichen oder alle ihr Ziel verfehlen. Die zweite Bedingung stellt eine Erfolgskopplung der kooperierenden Aktivitäten dar und stellt ein wesentliches Kooperationsprinzip dar.

Kooperation

Das *Kooperationsprinzip* lautet: Eine Kooperationsrolle muss so spezifiziert sein, dass ein Akteur in ihr genau dann sein Ziel erreicht, wenn jeder zugehörige Kooperationspartner ebenfalls sein Ziel erreicht (*Erfolgskopplung*). Ein Kooperationspartner, der sein Aktivitätsziel erreichen will, muss sich dann genau so verhalten, dass auch jeder zugehörige Kooperationspartner sein Ziel erreicht. Aufgrund des Kooperationsprinzips kann man von „demselben Ziel aller kooperierenden Partner" sprechen. Man definiert dann das „Kooperationsziel" als die aggregierte Menge der Ziele aller an einer Kooperation beteiligten Akteure.

Erfolgskopplung

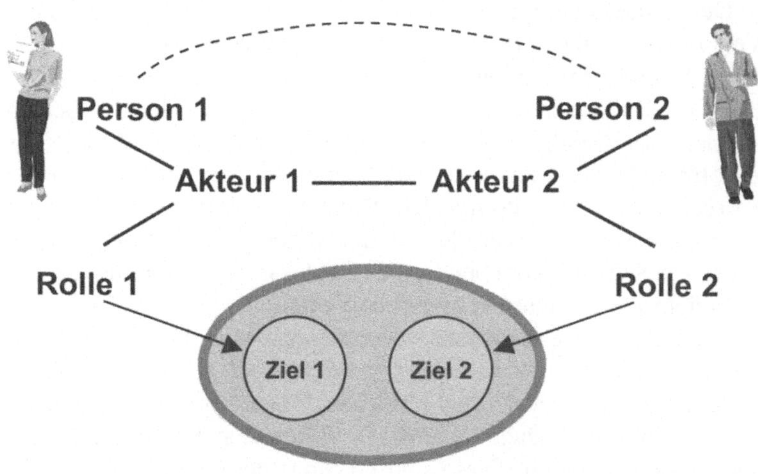

Abbildung 10
Kooperation mit gemeinsamem Ziel

Beispiel für ein Kooperationsziel ist ein *Vertrag*, der von allen vertragschließenden Parteien wortgleich angenommen wird. Die Kooperationsrollen sind konfliktfrei in bezug auf das gemeinsame Kooperationsziel. Eine Person, die in eine Kooperation eintritt, ist zum Einhalten des Kooperationsprinzips verpflichtet. Die Verletzung des Kooperationsprinzips ist ein Sicherheitseinbruch. Ein verlässliches Telekooperationssystem schützt seine Teilnehmer vor Sicherheitsangriffen gegen das Kooperationsprinzip. Für E-Commerce kann der

Vertrag

Schutz in der richtigen Verteilung von Beweisen aufgrund der jeweiligen Verpflichtungssituation bestehen („Gleichgewichtsprinzip").

Die Semantik des Kooperationsziels kann allerdings durchaus verschieden sein, d.h. die Kooperationspartner verfolgen im allgemeinen unterschiedliche und sogar gegensätzliche Zwecke mit demselben Kooperationsziel. Ein Vertragsinhalt, zum Beispiel, reflektiert im allgemeinen die unterschiedlichen Interessen der Vertragspartner.

Formale Modellierung

In Grimm und Ochsenschläger (2000) wird eine einfache Auftragskooperation mit Hilfe formaler Sprachen und endlicher Automaten modelliert: Ein Käufer und ein Verkäufer tauschen nach bestimmten Regeln eines Geschäftsvertrags Ware (result) und Geld (money) aus. Sie verwenden dabei ein Kommunikationssystem, das dafür sorgt, dass das Senden einer Nachricht von der einen Seite den Empfang der Nachricht auf der anderen Seite zur Folge hat.

Elektronische Verträge

Der Geschäftsvertrag schreibt den verbindlichen Austausch von Ware und Geld in einer Reihe fest vorgegebener Kommunikationsschritte vor. In diesem Beispiel gilt die Variante „erst die Ware, dann das Geld". Die zugehörigen Nachrichten sind die Abgabe (send) und Annahme (receive) von Angebot (offer), Auftrag (order), Ware (result) und Geld (money).

Der Käufer verfolgt das Ziel, die Ware zu erhalten (*r_result*), der Verkäufer verfolgt das Ziel, das Geld zu erhalten (*r_money*). Um einen Kooperationsverlauf zu unterstützen, in dem entweder jeder Partner oder keiner sein Ziel erreicht, akzeptiert jeder der beiden Partner eine Verpflichtung, die den Partner im richtigen Moment ins Ziel führt. Der Verkäufer ist verpflichtet, die Aktionsfolge *s_offer r_order* auf seiner Seite mit dem Senden der Ware *s_result* fortzusetzen. Der Käufer ist verpflichtet, die Aktionsfolge *s_order r_result* auf seiner Seite mit dem Senden des Geldes *s_money* fortzusetzen.

In dem Zusammenspiel zwischen Verpflichtungen und Zielen ergibt sich der ideale Kooperationsdurchgang durch das globale Wort *s_offer r_offer s_order r_order s_result r_result s_money r_money*, in dem beide Partner ihr Ziel erreichen. Hingegen sind auch andere Kooperationsdurchgänge erlaubt, in denen der Käufer Angebote ablehnt oder ignoriert. Diese sind im Sinne der Geschäftsbedingungen geregelte Abbrüche.

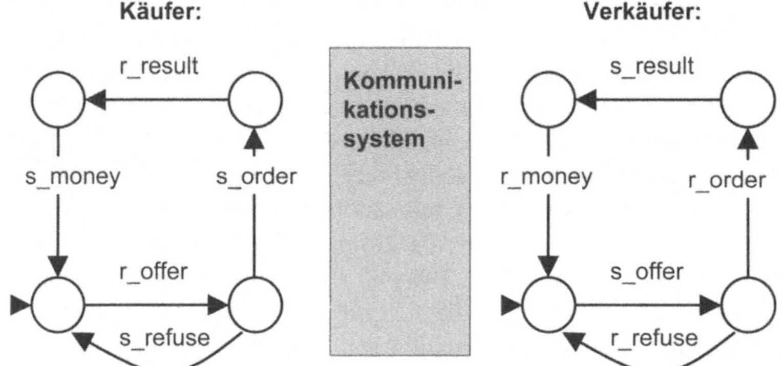

Abbildung 11
Eine einfache, faire Verkaufskooperation

Spiele

Ein anderes Beispiel für den Unterschied zwischen dem gemeinsamen Kooperationsziel und den individuell mit dem Kooperationsziel verfolgten Zwecken stellt das gemeinsame Spiel, etwa das Brettspiel oder Kartenspiel, dar. Das Spiel ist Vorbild des Wittgensteinschen Sprachspiels und des hier vorgestellten Kooperationsmodells. Das Kooperationsziel im Spiel ist das regelgerechte und gemeinsame Erreichen eines Spielendes. Auch im Angesicht einer Niederlage muss ein Verlierer sich an dieses Ziel halten, wenn nicht das gesamte Spiel zerstört werden soll. Der individuelle und konfliktträchtige inhaltliche Sinn und Zweck, den ein jeder Spieler verfolgt, besteht darin, das Spiel gegen die Mitspieler zu gewinnen. Die Spielregeln und das regelgerechte Spielende sind allen Spielern gemeinsam. Aber die Zwecke sind gegensätzlich: Die einen gewinnen, die anderen verlieren. Die Spielregeln sind in einer Spielanleitung spezifiziert, Gewinnstrategien gewöhnlich nicht. Gewinnstrategien beruhen auf persönlicher Erfahrung.

4.3.5 Risiko als Gegenstand von E-Commerce

Handhabbarkeit von Risiken

E-Commerce darf Risiken nicht ausschalten, sondern muss sie handhabbar machen, denn Risiko ist der Gegenstand von geschäftlichem Handeln. Allerdings ist damit das inhaltliche Risiko des Gewinns gemeint, nicht das Risiko des Vertragsbruchs. Gegen formalen Vertragsbruch muss ein Handelssystem, und also auch E-Commerce, Sicherheit bieten. Das ist mit „handhabbar“ gemeint: Man muss sich mit Hilfe von E-Commerce auf das Geschäftsrisiko einlassen können.

Interessen

E-Commerce ist wie jede wertvolle Kooperation interessenabhängig. Die Geschäftspartner haben das Interesse, ihr Vermögen zu erhalten oder zu erhöhen. Dabei sehen die Partner in erster Linie auf ihre eigenen Werte und nehmen Wertverlust der Partner in Kauf. Es ist die Absicht eines Aktienhändlers, den Wert seines Depots auf Kosten aller anderen Börsenteilnehmer zu erhöhen. Im E-Commerce kommunizieren also Partner mit unterschiedlichen, ja gegensätzlichen Interessen. Zwar sind die Kommunikationsinhalte, also die Börsenkurse, um in diesem Beispiel zu bleiben, für alle Personen dieselben. Die Werte aber, die sich mit dem Besitz von Aktien verbinden, unterliegen der semantischen Interpretation und der Gewinnabsicht der Börsenteilnehmer. Sowohl Interpretationen als auch Absichten können aber vollkommen verschieden, ja geradezu einander entgegengesetzt sein.

Gemeinsame Daten – verschiedene Informationen

Allgemein ausgedrückt: Die syntaktischen *Daten*, die im E-Commerce (und jeder anderen wertvollen Kommunikation) ausgetauscht werden, sind für alle dieselben. Die semantischen Inhalte der Daten, die diese zu wertvollen *Informationen* machen, unterscheiden sich aber je nach Interpretation und Absicht der Kommunikationspartner. Während die Syntax bei allen Kommunikationspartnern dieselbe ist, kann sich die Semantik unterscheiden.

Interessenkonflikte

Sicherheit bezieht sich auf Werte. Wert ist ein semantisches Konzept. Während der Geschäftsabschluss (Syntax) für alle derselbe ist, ist der damit verbundene Wert (Semantik) verschieden. Was der eine in einem Geschäft gewinnt, kann der andere verlieren, und das kann gerade der Inhalt eines Geschäftes sein. Sicherheit beruht auf Interessenkonflikten. Interessenkonflikte und ihr Ausgleich sind aber der Gegenstand von Geschäftskommunikation.

Rechtssystem als Auffangbecken

Im globalen E-Commerce muss man damit rechnen, dass die andere Seite sich nicht wohl verhält. Durch ein global anerkanntes *Rechtssystem* und mit den richtigen *Beweisen* zum richtigen Zeitpunkt einer Transaktion kann man sich dennoch darauf einlassen, wenn die *lokale Implementierung* der Kommunikationstechnik sauber ist. Dann kann nämlich jeder Teilnehmer wie im traditionellen Handel erkennen, auf wen er sich verlassen kann, und entscheiden, mit wem er Handel treiben will. Fehlverhalten ist beweisbar. Wie gewohnt kann dann das Rechtssystem als Auffangbecken zum Ausgleich von Fehlverhalten dienen.

Literatur

BSI (1998): Bundesamt für Sicherheit in der Informationstechnik: Virtuelles Geld – eine globale Falle? SecuMedia Verlag Ingelheim, BSI Bonn, 1998, 314 S.

D. Comer: Internetworking with TCP/IP, Prentice-Hall, Englewood Cliffs, NJ, 1988.

DUD (1999): Schwerpunkt Zahlungssysteme. In: Datenschutz und Datensicherheit (DuD) 1/99, Vieweg, Wiesbaden, Januar 1999. Besonders: Hagemann u.a.: Sicherheit und Perspektiven der elektronischen Zahlungssysteme.

K. Gödel: Über formal unentscheidbare Sätze der Principia Mathematica und verwandter Systeme, I. Monatshefte für Mathematik und Physik, 38 (1931), 173-198.

R. Grimm (1994): Sicherheit für offene Kommunikation – Verbindliche Telekooperation. B.I. Wissenschaftsverlag, Mannheim 1994.

R. Grimm, P. Ochsenschläger (2000): Elektronische Verträge und ihre verbindliche Aushandlung – ein formales Modell für verbindliche Telekooperation. In G. Kappel, G. Müller, F. Schober (Hrsg.): Informatik Forschung und Entwicklung (IFE), Themenheft „Electronic Commerce", Oktober 2000, 182-192.

D. R. Hofstadter (1999): Gödel, Escher, Bach, ein endloses geflochtenes Band. Klett-Cotta, 15. Aufl., 1999, 844 Seiten.

V. Kessler; S. Mund (1993): Sicherheitsmodelle – Baupläne für die Entwicklung sicherer Systeme. Arbeitspapier der Siemens AG, ZFE ST SN 3, München Nov 1993, 104 Seiten.

K. Schmeh (1998): Safer Net: Kryptographie im Internet und Intranet. dpunkt Verlag, Heidelberg 1998, 434 Seiten.

B. Schneier (1996): Applied Cryptography. Protocols, Algorithms, and Source Code in C. 2nd Ed. Wiley & Sons, Chichester 1996, 758 Seiten.

J. R. Searle, F. Kiefer, M. Bierwisch (1980): Speech act theory and pragmatics. Synthese language library. Dordrecht (u.a.), Reidel (Niederlande), 1980, 317 Seiten.

J. R. Searle, D. Vanderveken (1989): Foundations of illocutionary logic. Cambridge University Press, Cambridge, 1989, 227 Seiten.

T. Socolofsky, C. Kale (1991): A TCP/IP Tutorial, RFC1180, January 1991, available from any RFC storage, e.g., ftp://ftp.isi.edu/in-notes/rfc1180.txt.

SSL (1996), A. Freier, P. Karlton, P. Kocher: The SSL Protocol, (Secure Socket Layer), Version 3.0. Internet Draft, 18 Nov 1996, 63 pages, draft-freier-ssl-version3-02.txt. Deleted from Internet-drafts server. Available from http://home.netscape.com/eng/ssl3/. Included in Transport Layer Security (TLS) standardization of the IETF, http://www.ietf.org/html.charters/tls-charter.html.

WAP Forum (2000): WAP – Wireless Application Protocol: http://www.wapforum.org, 2000.

L. Wittgenstein (1922): Tractatus logico-philosophicus. Dt.-engl. Ausgabe London 1922 (Frankfurt 1960). Abgedruckt z.B. in Edition Suhrkamp Nr. 12, 1. Auflage, Frankfurt 1964, 115 Seiten.

L. Wittgenstein (1953): Philosophische Untersuchungen (Philosophical Investigations). Hrsg.: G.E.M. Anscombe, R.Rhees, dt.-engl. Ausgabe Oxford 1953 (Frankfurt 1960). Abgedruckt z.B. in Suhrkamp Taschenbuch Nr. 14, 1. Auflage, Frankfurt 1971, 268 Seiten.

5 FairPay: Sicherer Zahlungsverkehr im Netz[1]

Jörg Siekmann
Klaus P. Jantke
Werner Stephan
Roland Vogt

5.1 Abstract

Die Zahl der im Moment verfügbaren Internet-Seiten wird auf mehr als 1,5 Milliarden geschätzt, und in Deutschland wurde für das Jahr 2000 ein Online-Umsatz von ca. 9 Mrd. DM erwirtschaftet, der schon in diesem Jahr bei mindestens 27,8 Mrd. DM liegen soll. Ein wirtschaftlicher Durchbruch wird aber nur dann erreicht, wenn geschäftliche Transaktionen im Internet, insbesondere Bezahlvorgänge, ausreichend zuverlässig abgewickelt werden können. In FairPay wird unter Beteiligung der beiden größten deutschen Banken, unter Mitwirkung von mehreren Software-Häusern und von vier universitären Forschungsgruppen unter der Federführung des DFKI ein Vorgehensmodell zur Entwicklung zuverlässiger Lösungen für den elektronischen Zahlungsverkehr entwickelt. Dieser Artikel erläutert das Vorgehensmodell, wobei der Einsatz formaler Methoden hervorgehoben wird. Auf Basis der FairPay-Methodologie und der verfügbaren Werkzeuge, wie dem Verification Support Environment VSE-II, soll die Entwicklung zuverlässiger Lösungen für den e-Commerce zunehmend von einer durch individuelle Fähigkeiten bestimmten Tätigkeit zur routinemäßigen Ingenieurleistung werden.

---

[1] FairPay ist ein Verbundprojekt des Bundesministeriums für Wirtschaft und Technologie (BMWi) zum Thema „Verlässlichkeit im elektronischen Zahlungsverkehr" mit 11 Konsortialpartnern und einem Projektvolumen von etwa 20 Mio. DM.

5.2 Was soll FairPay?

„FairPay hat vor dem aktuellen Hintergrund verstärkter Hackerangriffe im Internet Signalwirkung. Deutschland spielt bei der Entwicklung von IT-Sicherheitstechnologien eine weltweit führende Rolle, die wir nutzen und ausbauen wollen. FairPay leistet einen wesentlichen Beitrag dazu, das Internet als sensibles „Nervensystem“ der Informationsgesellschaft sicherer zu machen. Höhere Sicherheit bedeutet mehr Vertrauen in den e-Commerce und größere Nutzerakzeptanz“.

Bundeswirtschaftsminister Dr. Müller

Zunahme der weltweiten Vernetzung

Das Internet befindet sich in einer Phase dynamischer Expansion. In weniger als einem Jahr hat sich die Zahl der Internet-Seiten mehr als verdoppelt und beträgt gegenwärtig etwa 1,6 Milliarden Seiten (nach [Hendler, 2000]). Noch schneller wächst der Umfang der Aktivitäten im Internet: Die wissenschaftliche Forschung und Entwicklung ist heute weltweit vernetzt und wird weitgehend elektronisch über Webseiten, email und elektronische Archive abgewickelt. Ebenso werden ingenieurmäßige Entwicklungen weltweit über verteilte Arbeitsplätze und oftmals im 24-Stunden-Takt rund um den Erdball durchgeführt.

Wachstum der elektronischen Märkte

Die geschäftlichen Aktivitäten im Netz im B-2-B (business-to-business) haben inzwischen ganze Branchen verändert und seit einigen Jahren wächst nun auch die Bedeutung des Internet für Jedermann: Im B-2-C (business-to-consumer) Bereich wächst die Bedeutung der elektronischen Märkte und der direkten elektronischen Bestellung bzw. Buchung von Service: In [Hämmerling, 2000] wird allein für Deutschland ein Anwachsen des Online-Umsatzes von etwa 8,6 Mrd. DM im Jahr 2000 auf etwa 27,8 Mrd. DM im Folgejahr prognostiziert, was mehr als eine Verdreifachung bedeutet.

Neue Möglichkeiten durch e-Commerce

Die wirtschaftlichen Chancen für den e-Commerce sind enorm, da sich internationale Märkte ohne nationale Grenzen erschließen, keine beschränkten Geschäftszeiten mehr existieren und die Möglichkeiten der modernen Informationstechnologien für flexible, kundengerechte Angebote ständig weiter ausgebaut werden (online shopping und e-market place).

Akzeptanz durch Vertrauen

Der elektronische Geschäftsverkehr setzt sich durch, wobei jedoch die Geschwindigkeit dieses Prozesses auch von der Akzeptanz durch die Kunden abhängt. Ein entscheidendes Akzeptanzkriterium ist dabei das Vertrauen, vor allem in finanzielle Transaktionen.

Da offene Netzwerke ihrem Wesen nach angreifbar sind (vgl. [Kranch und Mascolo, 2000]), bedarf es erheblicher Anstrengungen, den elektronischen Geschäftsverkehr im allgemeinen und den elektronischen Zahlungsverkehr im besonderen abzusichern, wenn der Schritt aus den bisherigen proprietären Netzen in das Internet vollzogen werden soll.

Verwundbarkeit offener Netze

Dies zu erreichen, ist nicht nur von wissenschaftlich-technischem oder von geschäftlichem Interesse, sondern eine Aufgabe der wissenschaftlich-technischen Kriminalprävention mit grenzüberschreitender Bedeutung: in dem Maße, in dem Volkswirtschaften zu einem signifikanten Prozentsatz über elektronische Kommunikation und Informationsaustausch definiert sind, werden sie verletzbar. Durch die Störung der Informationswege im Netz („Nervenbahnen" einer Volkswirtschaft ebenso wie der militärischen Infrastrukturen) kann nicht nur ein einzelnes Unternehmen, sondern eine ganze Volkswirtschaft angegriffen werden und zum Erliegen kommen.

Volkswirtschaftliche Bedeutung präventiver Maßnahmen

5.3 Was ist FairPay?

FairPay ist ein Verbundprojekt, das durch das Bundesministerium für Wirtschaft und Technologie (BMWi) mit etwa 10 Mio. DM gefördert wird und mit der Industriebeteiligung ein Gesamtvolumen von über 20 Millionen DM repräsentiert. Zum Konsortium von FairPay gehören neben der Deutschen Bank AG und der Bayerischen HypoVereinsbank AG weitere Unternehmen und Forschungsgruppen, die auf Sicherheitstechnologien spezialisiert sind. Dies sind im einzelnen: debis Systemhaus Information Security Services GmbH, emagine Gmbh, EUROSEC GmbH, SECUDE Sicherheitstechnologie Informationssysteme GmbH, die Lehrstühle der Professoren Manfred Broy (TU München), Johannes Buchmann (TU Darmstadt), Karl-Heinz Ketterer (Universität Karlsruhe) und Christoph Walther (TU Darmstadt) sowie das Deutsche Forschungszentrum für Künstliche Intelligenz GmbH (kurz: DFKI), dem die Federführung im Konsortium obliegt. FairPay wurde im Frühjahr 2000 begonnen und hat eine Laufzeit von zunächst 2 Jahren.

Rahmendaten von FairPay

Die Arbeiten im Verbundprojekt FairPay überdecken das ganze Spektrum von wissenschaftlicher Forschung über die Entwicklung von Methoden und Werkzeugen bis hin zu konkreten Anwendungen. Die Anwendungsprojekte innerhalb von FairPay sind natürlich zuallererst darauf gerichtet, im jeweiligen Unternehmen einen bestimmten Geschäftszweck zu erreichen. Darüber hinaus dienen sie in FairPay als Ausgangspunkt zunächst für die Forschungs- und Ent-

Forschungsspektrum von FairPay

wicklungsarbeiten. Die in FairPay angestrebten wissenschaftlich-technischen Ergebnisse werden anhand der Anwendungsprojekte validiert, indem gezeigt wird, dass und wie mit den Methoden und Werkzeugen von FairPay ein Beitrag zur Zuverlässigkeit im elektronischen Geschäftsverkehr geleistet werden kann.

Erste Ergebnisse

Schon zu Beginn der Arbeiten konnte an einem Beispiel für generische Sicherheitsvorgaben einer Klasse von IT-Systemen (vgl. [Langenstein und Vogt, 2000] sowie [Langenstein, Vogt and Ullmann, 2000]) gezeigt werden, wie solche Ergebnisse aussehen. Im zitierten Anwendungsfall handelt es sich um Sicherheitsvorgaben für eingebettete Chipkarten-Software für Signaturanwendungen.

Ziel von FairPay

Das Hauptergebnis von FairPay wird jedoch ein generisches Vorgehensmodell zur Entwicklung von zuverlässigen Systemen des e-Commerce sein. Dies soll im Folgenden erläutert werden.

5.4 Was macht FairPay?

Anwendungsbereich von FairPay

In FairPay geht es um die Zuverlässigkeit von Systemen, die in offenen Netzwerken funktionieren müssen. Um die Untersuchungen zu konzentrieren, wurden die Arbeiten in FairPay auf den Zahlungsverkehr fokussiert.

Faktische vs. nachgewiesene Zuverlässigkeit

Wenn von Zuverlässigkeit die Rede ist, dann (i) von faktischer Zuverlässigkeit und (ii) von nachweislicher Zuverlässigkeit. Durch diese feine Differenzierung soll darauf hingewiesen werden, dass Vertrauen als Basis eines aufblühenden Geschäftsverkehrs nicht allein durch faktische Zuverlässigkeit gewonnen werden kann, sondern dass es ganz ausdrücklich darauf ankommt, die Zuverlässigkeit von Systemen *überprüfen* und *kommunizieren* zu können.

Evaluierung und Zertifizierung

Der Ausgangspunkt der Arbeiten am DFKI sind daher die Ansprüche, denen man gerecht werden muss, will man die Zuverlässigkeit eines IT-Systems nach international anerkannten Kriterien (vgl. [CC 2.1, 1999]) evaluieren und ggf. sogar zertifizieren, (siehe u.a. [Auerswald, 2000]).[2]

Beispiel Common Criteria

Nehmen wir die „Common Criteria for IT Security Evaluation“ [CC 2.1, 1999] zum Maßstab: Eine Evaluierung nach den hohen Vertrauenswürdigkeitsstufen (das sind die Stufen EAL 5 bis EAL 7, die etwa den Stufen E 4 bis E 6 der „Information Technology Security Evaluation Criteria“, siehe [ITSEC 1.2, 1991], entsprechen) erfordert in recht klar spezifiziertem Umfang den Einsatz von *semi-*

[2] Das DFKI betreibt eine Prüfstelle für IT-Sicherheit für IT-SEC und CC, und diese Erfahrung sollen in das FairPay Projekt einfließen.

formalen bzw. *formalen* Methoden und Analysen. Dies ist in der folgenden Tabelle im Überblick dargestellt, wegen weiterer Details sei auf [Auerswald, 2000] verwiesen.

	EAL 1	EAL 2	EAL 3	EAL 4	EAL 5	EAL 6	EAL 7
Funktionale Spezifikation	informell	informell	informell	informell, alle S/S	**semiformal**	**semiformal**	**formal**
Entwurf auf hoher Ebene	-	informell,	informell, sicherheitsspezifisch	informell, sicherheitsspezifisch	**semiformal**	**semiformal**	**formal**
Entwurf auf niedriger Ebene	-	-	-	informell	informell	**semiformal**	**semiformal**
Darstellung der Implementierg	-	-	-	Teilmenge der TSF	TSF	TSF, strukturiert	TSF, strukturiert
Sicherheitsmodell	-	-	-	informell	**formal**	**formal**	**formal**
Nachweis der Übereinstimmg der Darstellung	informell	informell	informell	informell	**semiformal**	**semiformal**	**formal**

Tabelle 1
Einsatz von semiformalen bzw. formalen Methoden und Analysen

Bedeutung formaler Methoden

Im vorliegenden Beitrag konzentrieren wir uns auf die Erörterung des Einsatzes *formaler Methoden*, weil einerseits diese Methoden zwingend vorgeschrieben sind, wenn höchste Ansprüche an die Zertifizierung gestellt werden, und weil andererseits formale Methoden noch unzureichend bekannt sind, Vorkenntnisse erfordern und ohne Werkzeugunterstützung kaum realisierbar sind; es bedarf also einiger Anstrengungen, sie durchzusetzen.

VSE: Werkzeugunterstützung für die formale Entwicklung

Das DFKI bringt in FairPay u.a. das Verification Support Environment VSE-II einschließlich der VSE zugrunde liegenden Methoden ein (vgl. [Hutter, Rock et al., 2000]). Auf der Basis dieser Methoden und unterstützt durch das Werkzeug VSE-II sollen formale Methoden bei der Entwicklung und entwicklungsbegleitenden Verifikation von komplexen Systemen im e-Commerce zum Einsatz kommen, um zuverlässige Lösungen anzubieten und um – darüber hinaus – diese Systemlösungen auch nach den hohen Vertrauenswürdigkeitsstufen von ITSEC oder CC zertifizieren zu können.

5.5 Die VSE-Methodologie

CASE Tool

Man kann VSE als ein CASE-Tool für die formale Software-Entwicklung verstehen. Der Ansatz zielt auf eine modulare und hierarchisch fortschreitende Systementwicklung, bei der schon in frühen Phasen des Entwurfs eines neuen Systems grundlegende Eigenschaften – hier interessieren vor allem Sicherheitsziele (Security Objectives, in den Termini der CC) – formuliert, untersucht und ggf. bewiesen werden können.

Objektivierte Requirementsanalyse

Die Notwendigkeit, Sicherheitsziele präzise zu formulieren, führt schon in den frühen Phasen der Systementwicklung dazu, Bedrohungsanalysen mit einem höheren Präzisionsgrad als sonst üblich zu erstellen und die den Bedrohungen gegenübergestellten Sicherheitsziele dementsprechend klar zu formulieren.

Abbildung 1
Die Methodologie von VSE – Invent and Verify

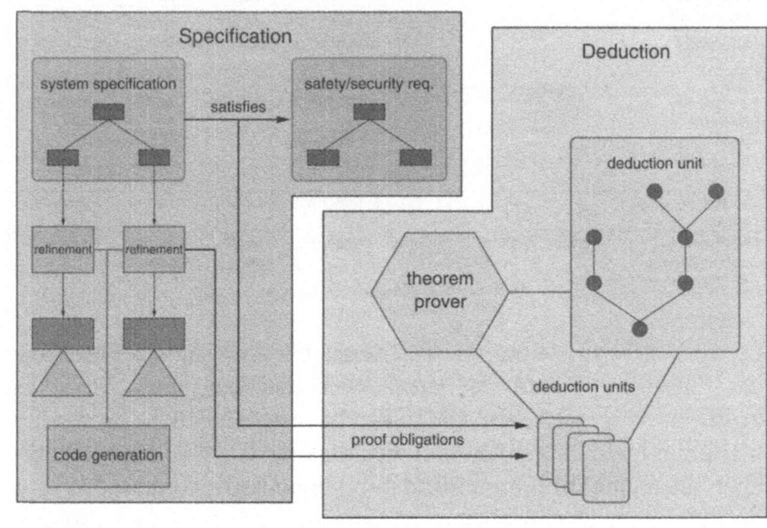

Formale Entwicklung in VSE

Die formal basierte Systementwicklung mit VSE folgt dem Paradigma „invent and verify" (vgl. [Hutter, Rock et al., 2000]), das durch die obige Abbildung illustriert werden soll. Entwickler eines neuen Systems verfeinern sukzessiv sowohl ihren Systementwurf als auch die an das System zu stellenden Anforderungen. Ob der Systementwurf die Anforderungen auch tatsächlich erfüllt, wird durch das VSE-System überprüft. Genauer gesagt, es wird versucht, einen Beweis der Gültigkeit der jeweiligen Anforderungen – hier vor allem der Sicherheitsziele – zu führen. Ein erfolgreicher Beweis bestärkt den Entwickler, den beschrittenen Weg fortzusetzen, ein nicht erfolgreicher Beweis gibt Hinweise für eine eventuelle Modifikation des Systementwurfs oder für ein Überdenken der Bedrohungen, der Sicherheitsanforderungen und der Sicherheitsziele.

Maschinelle Beweisunterstützung

Das System übernimmt für den Benutzer den Teil der Arbeit, den er in praxi nicht bewältigen könnte, nämlich das Führen von streng logischen Beweisen. Solche Beweise bestehen oftmals aus einigen Tausend Beweisschritten mit mehrfach geschachtelter Induktion. Im Prinzip wäre diese Arbeit zwar auch durch einen Menschen machbar, der formale Nachweis der Sicherheitsziele also erreichbar, aber in der täglichen industriellen Praxis natürlich nicht.

Hat der Entwickler nun auf einer hohen Abstraktionsstufe ein Sicherheitsziel formuliert und seitens des Systems einen Beweis für die Gültigkeit dieser Eigenschaft erhalten, so kann er Module des Systems verfeinern, bis hin zu ausführbarem Code.

Codeerzeugung

Diese Systemverfeinerungen führen wiederum zu Beweisverpflichtungen, die sicherstellen, dass die Sicherheitsziele weiterhin gültig sind und die Verfeinerung korrekt ist. Das System ist in der Lage, schon einmal geführte Beweise wieder zu verwenden, um im Fall von Änderungen, was in der Praxis häufig auftritt, nur den unbedingt nötigen Beweisaufwand zu betreiben. Scheitert ein Beweis nach einer durch den Nutzer vorgenommenen Systemverfeinerung, so kann dies ein Hinweis auf eine fehlerhafte oder nicht adäquate Implementierungsentscheidung sein.

Beweisbar korrekte Verfeinerungen

In der interaktiven Systementwicklung entsprechend der hier skizzierten Methodologie ist ein Entwickler also im ständigen Dialog mit einem System, das ihn „berät", ob und in welchem Maße die laufende Systementwicklung geeignet ist, der intendierten Sicherheitspolitik zu genügen.

Formale Entwicklung als interaktiver Prozess

Die formalen Konzepte, die der Beschreibung von Systemeigenschaften und Sicherheitszielen zugrunde liegen, sind *Abstrakte Datentypen*, *Zustandsautomaten* und eine *Temporale Logik.*

Formalismen

5.6 Das VSE-System

„Das Bundesamt für Sicherheit in der Informationstechnik (BSI) hat die Notwendigkeit mathematisch korrekter sicherheitsrelevanter Software-Systeme und Komponenten einerseits und das Fehlen dafür erforderlicher Entwicklungswerkzeuge andererseits frühzeitig erkannt und aus diesem Grunde das Software-Werkzeug Verification Support Environment (VSE) entwickeln lassen, welches insbesondere formale Methoden zur Spezifikation und Verifikation von Software-Systemen nach dem heutigen Stand der Forschung unterstützt."

(URL http://www.bsi.de/aktuell)

Das System VSE ist im Auftrag des Bundesamtes für Sicherheit in der Informationstechnik (BSI) durch das DFKI gemeinsam mit der Universität Ulm und dem Software-Haus ist GmbH entwickelt worden ([Hutter, Rock et al., 2000]).

Hintergrund von VSE

Abbildung 1 deutet an, dass VSE in seinem Kern einen Theorembeweiser enthält. An der Systemoberfläche erscheint es jedoch wie ein CASE-Tool und bietet all die Dienste an, die man hier üblicherweise erwartet, von Editorfunktionen bis zur Versionsverwaltung.

VSE als CASE-Tool

Um den formalen Aspekt der Softwareentwicklung darzustellen, ist zunächst ein Entwicklungsgraph (development graph) aus vorgefertigten Bausteinen zu erstellen, der die formale Spezifikation repräsentiert und alle späteren Veränderungs- und Verfeinerungsschritte unterstützt.

Ein Entwicklungsgraph in VSE-II, hier für ein „Producer-Channel-Consumer"-System, stellt sich zum Beispiel wie folgt dar (siehe Abbildung 2).

Abbildung 2
Ein Entwicklungsgraph in VSE-II

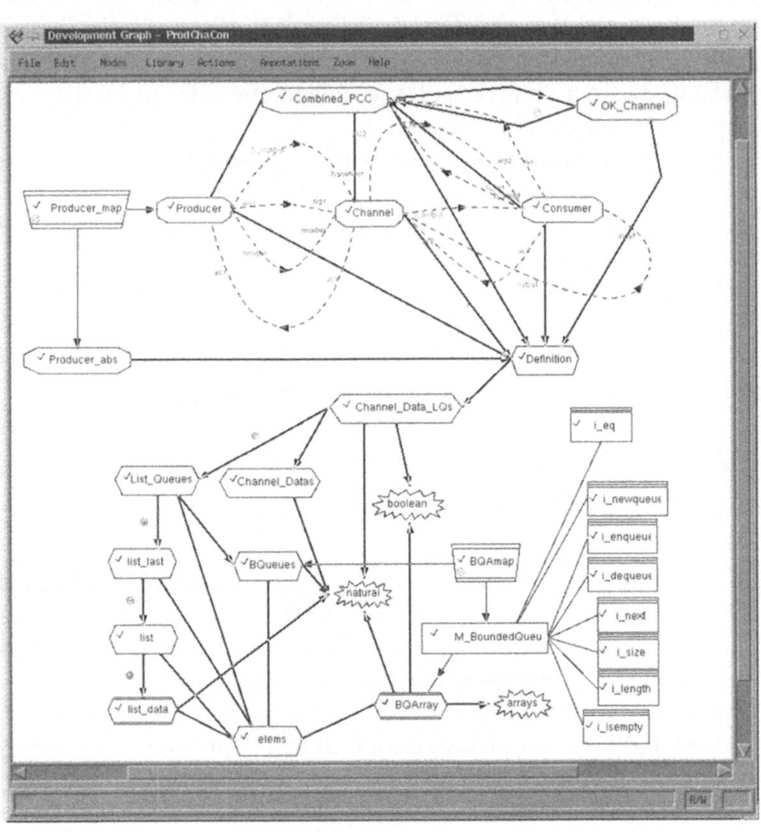

Von logischen Theorien zu Entwicklungsgraphen

Die Kanten des Entwicklungsgraphen repräsentieren je nach Einfärbung verschiedene Beziehungen zwischen den als Kästen dargestellten Knoten, in denen die logischen Theorien abgelegt sind. Diese Knoten (Kästen) kann man anklicken und so den Inhalt ansehen, beispielsweise zeigt die Abbildung 3 in einem Fenster eine logische Formel aus dem in der Abbildung 2 gezeigten Systementwurf. In diesem Formeltext bezeichnet „[]" einen modalen bzw. temporalen Operator, der die Gültigkeit einer Aussage „mit Notwendigkeit" bzw. „immer" postuliert.

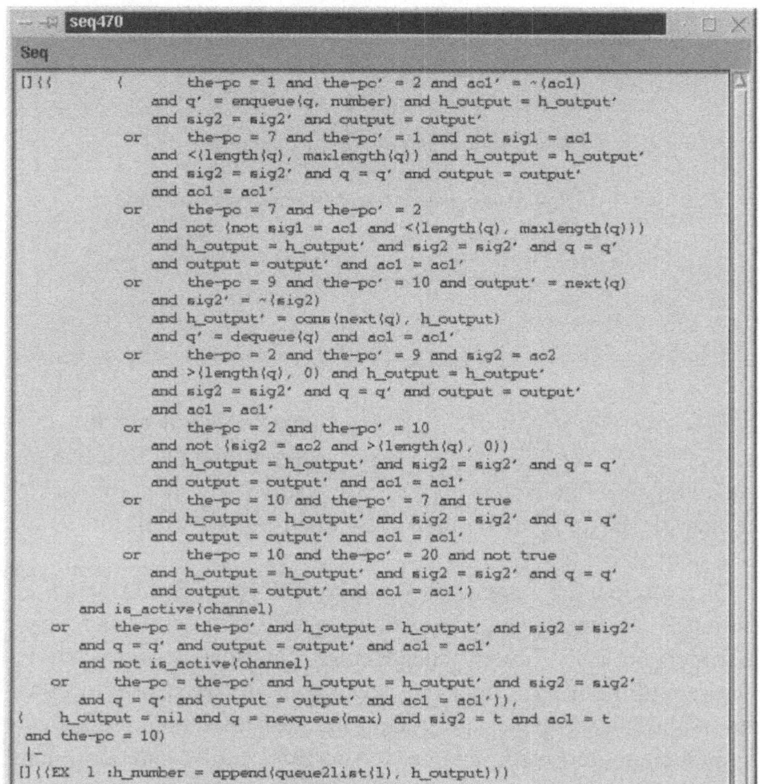

Abbildung 3
Eine temporal-logische Formel in VSE-II

Die in dieser Abbildung gezeigte Formel ist doch recht umfangreich, so dass auch dem mit logischen Schlussweisen weniger vertrauten Leser deutlich werden dürfte, dass Beweise „von Hand" im allgemeinen die Konzentrationsfähigkeit des Menschen überfordern.

Notwendigkeit der maschinellen Beweisunterstützung

Im vorliegenden Fall gibt es einen Beweis des in Abbildung 3 gezeigten Lemmas, der nur 56 Beweisschritte in der VSE zugrunde liegenden Logik erfordert. 56 Schritte wären für einen logisch geschulten Entwickler durchaus durchführbar, wenn er denn mit der strukturellen Komplexität der Objekte, die ihm dabei begegnen, umgehen könnte. Die Erfahrung mit industriellen Anwendungen sicherer Software haben jedoch gezeigt, dass Menschen im Alltag hier nicht nur völlig überfordert sind, sondern dass solche Entwicklungen auch völlig unwirtschaftlich wären, wenn man sie nicht mit geeigneten Werkzeugen unterstützen würde.

Abbildung 4
Eine Information über einen erfolgreichen Beweis in VSE-II

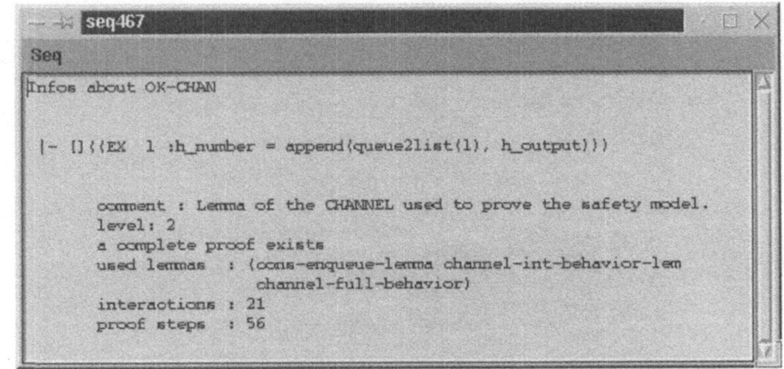

Beweise werden in VSE-II in einem Gentzen-Kalkül geführt, man verfügt damit über die gesamte Ausdruckskraft und die Beweismöglichkeiten des Prädikatenkalküls erster Stufe. Für den Entwickler werden die Beweise in Form von Bäumen repräsentiert, um so die Übersicht zu behalten.

Beweiserzeugung in VSE

Die Abbildung 5 zeigt einen Ausschnitt aus dem Beweisbaum des Lemmas der vorangehenden Abbildungen. Mit dem Mauszeiger lässt sich im VSE-System jeder Knoten des Beweisbaums aktivieren, um Informationen über den jeweiligen Beweisschritt zu erlangen. Abbildung 5 zeigt, dass in dem markierten Knoten ein anderes Lemma eingeführt wird, um den Beweis des Lemmas aus Abbildung 3 zu verkürzen.

Das System VSE-II stellt ein Spektrum von Taktiken bereit, die ausgewählt werden können, und so den Entwickler in dem Nachweis einer Systemeigenschaft unterstützen.

Zuverlässige Systeme durch VSE

Mit den skizzierten Methoden, unterstützt durch das Werkzeug VSE-II, ist man in der Lage, die Entwicklung neuer Systeme mit dem Nachweis wichtiger Systemeigenschaften zu verzahnen und auf diese Art und Weise zu zuverlässigen Systemen zu gelangen, deren Zuverlässigkeitseigenschaften – streng formal gefasst – nachgewiesen sind.

VSE in FairPay

FairPay zielt darauf, diese Methodologie für den elektronischen Geschäftsverkehr, insbesondere für den elektronischen Zahlungsverkehr, zum Einsatz zu bringen und zu vervollkommnen.

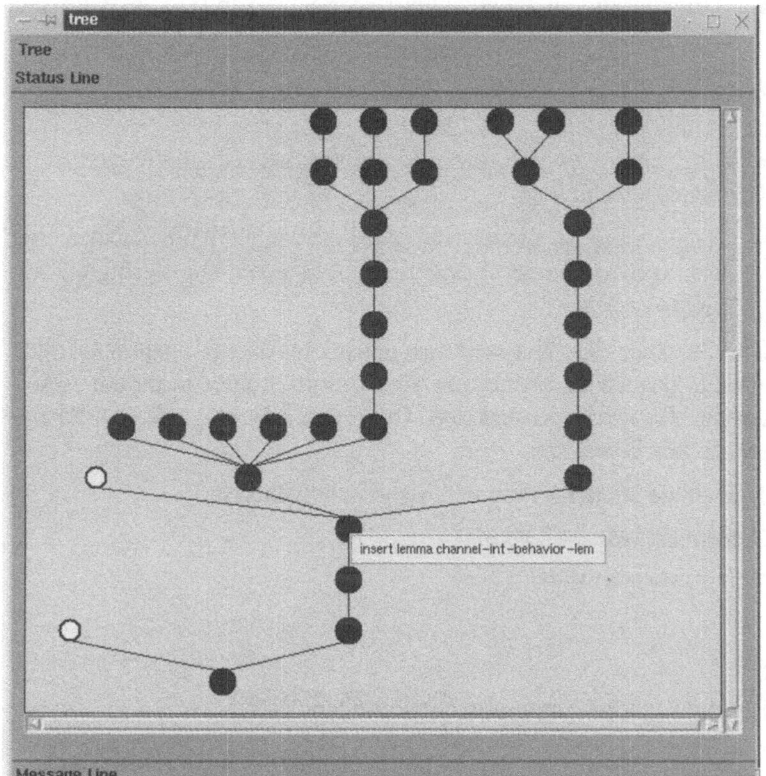

Abbildung 5
Ein Beweisbaum in VSE-II

5.7 Was bietet FairPay?

Nutzen von FairPay

Erste Informationen über FairPay haben in der interessierten Fachöffentlichkeit für ein lebhaftes Echo gesorgt, sowohl im akademischen Bereich als auch in der Wirtschaft. Natürlich haben die beteiligten Firmen zunächst einen Startvorteil als Insider, aber das Konsortium von FairPay stellt sich den Forderungen des Wissenstransfers, das heißt, das generische Vorgehensmodell von FairPay soll allen zur Verfügung stehen, um so den elektronischen Geschäftsverkehr im allgemeinen und den elektronischen Zahlungsverkehr im besonderen zuverlässiger zu machen.

Das Konsortium als Ganzes arbeitet an einem Vorgehensmodell, das sich an folgenden Leitgedanken orientiert:

- Einbeziehung des organisatorischen Umfelds von Bezahlverfahren (Bankorganisation),

- Orientierung an anerkannten Kriterienwerken (ITSEC, CC) und Integration einer entwicklungsbegleitenden Evaluierung,
- Analyse, Konfiguration und Weiterentwicklung kryptographischer Verfahren,
- Integration von formalen/semiformalen Beschreibungs- und Analysetechniken,
- Validierung an Hand von praxisrelevanten Fallbeispielen, die u.a. von den beiden beteiligten Großbanken zur Verfügung gestellt werden.

Leitgedanken von FairPay

Die Struktur des Konsortiums entspricht diesen anspruchsvollen Zielen. Das DFKI übernimmt als Konsortialführer in diesen Arbeiten die Koordinationsfunktion. Die eigenen Beiträge des DFKI liegen in den Bereichen:

1. Formale Modellierung von Sicherheitspolitiken,
2. formale Entwicklung und
3. Vorgehensmodell.

5.7.1 Formale Modellierung von Sicherheitspolitiken

Formale Requirementsanalyse

Für Anwendungen, wie sie in FairPay auftreten, wird typischerweise zunächst eine sogenannte Sicherheitspolitik entwickelt. Das heißt zusammen mit dem Anwender werden die allgemeinen Sicherheitsanforderungen festgelegt und zunächst informell festgehalten. Sobald sich alle beteiligten Partner auf eine solche Sicherheitspolitik geeinigt haben, wird diese in ein formales Modell überführt. Dadurch wird eine Requirementsanalyse auf Grundlage objektivierter Begriffe möglich.

Modellierungstechniken

In FairPay werden formale Techniken zur Requirementsanalyse von ganzen Bezahl-verfahren auf sehr abstrakter Ebene untersucht. Es betrifft dies insbesondere die Beschreibung des erlaubten/nichterlaubten Informationsflusses und die Formalisierung von Abläufen wie sie z. B. bei der Verwendung von Geldkarten auftreten. Die im letzteren Fall eingesetzten Techniken stammen aus der formalen Analyse von kryptographischen Protokollen, müssen aber auf diesen allgemeineren Anwendungskontext angepasst werden. Wie bei der klassischen Protokollverifikation umfasst die formale Modellierung auch mögliche Angreifer.

In beiden Fällen geht es darum, schon in sehr frühen Phasen der Entwicklung auf formaler Grundlage Fehler aufzudecken (debugging) oder aber schließlich – in der Regel nach etlichen Revisionen – Sicherheitseigenschaften auf abstrakter Ebene tatsächlich nachzuweisen (Verifikation).

Fehlersuche – Verifikation

Dies ist ein aktives Forschungsgebiet, dessen Ergebnisse hier erstmals in eine kommerzielle Anwendung übertragen werden sollen.

5.7.2 Formale Entwicklung

Von der Requirementsanalyse zum Systemdesign

Im Zusammenhang mit der Anwendung formaler Techniken besteht der Anspruch von FairPay nicht nur darin, neue Techniken der Requirementsanalyse zu entwickeln. Vielmehr sollen diese Verfahren eingebettet werden in den Gesamtprozess der (formalen) Entwicklung. Dies bedeutet, dass eine Verbindung der oben genannten Beschreibungstechniken zu mehr technisch ausgerichteten Spezifikationen geschaffen werden muss.

Gesamtszenarios – Komponenten

Dabei muss etwa eine globale Sicht auf die Abläufe in einem Gesamtszenario, wie dem des Bezahlens mit Geldkarten, transformiert werden in – gemäß bestimmter technischer Protokolle – miteinander kommunizierende Komponenten.

Beispiel Geldkarte

Im Fall des Bezahlens mit Geldkarten geht es darum, ein lückenloses Verfolgen von Anforderungen von dem Gesamtablauf bis hinunter zu den eigentlichen Geräten, wie Karte, Ladeterminal und Bezahlterminal, zu ermöglichen.

Probleme bei der Verfeinerung

Neben der Problematik einer modularen Vorgehensweise stellt sich in diesem Zusammenhang insbesondere das Problem der Verfeinerung. Beide oben genannten Techniken haben keine „einfachen“ Systemeigenschaften zum Gegenstand und erlauben daher nicht ohne Weiteres die Vererbung von Resultaten bei Verfeinerungsschritten.

5.7.3 Vorgehensmodell

Vorgehensmuster zur Entwicklung zuverlässiger Systeme

Im Hinblick auf die Zielsetzung von FairPay, eine einheitliche Methodologie für den Security Engineering Process zu etablieren, ist es notwendig, von methodischen Anforderungen der im Zusammenhang der IT-Sicherheit relevanten Kriterienwerke (ITSEC und Common Criteria) auszugehen. Der wichtigste Beitrag von FairPay wird daher ein sogenanntes Vorgehensmodell sein, das vergleichbar den „patterns of design" im Software Engineering bewährte Muster für die Entwicklung und Evaluierung von Zahlungssystemen bereitstellt. Dieses Vorgehensmodell schlägt Prozesse und Methoden vor, mit deren Hilfe verlässliche Zahlungssysteme ausgehend von typischen Bedrohungen, Annahmen und Zielen in generischer Form entwickelt werden können.

Ausgangspunkt: CC-Anforderungen

Wenn nun beispielsweise eine Bank ein eigenes internetbasiertes Zahlungssystem entwickeln will, wird sie zunächst die für sie geeigneten Muster (patterns) in einer Datenbank aufsuchen. Diese „Datenbank für sicheren Geldtransfer" ist integriert in die im Auftrag der amerikanischen Standardisierungsbehörde NIST (National Institute of Standards and Technology) entwickelten und von ihr autorisierten CC-ToolBox. Damit orientiert sich das Vorgehensmodell von FairPay an einer Technologie, die es dem Hersteller gestattet, seine jeweilige Anwendung nach den weltweit akzeptierten Common Criteria for IT Security Evaluation zu entwickeln.

In FairPay wird insbesondere die in den Common Criteria allgemein beschriebene Rolle von formalen Methoden soweit präzisiert, dass hierauf aufbauend technische Konzepte entwickelt und insbesondere existierende Ansätze bewertet werden können. Ausgangspunkt der Arbeiten bildet die Feststellung, dass beim Einsatz formaler Methoden im Bereich der IT-Sicherheit die nutzbringende Einbettung in den Entwicklungsprozess einerseits und die Berücksichtigung der Anforderungen der Evaluationskriterien andererseits in Übereinstimmung gebracht werden müssen. Zu diesem Zweck wird die abgebildete Struktur vorschlagen.

Anwendung formaler Methoden in der IT-Sicherheit

Kernbestandteil des Vorschlags ist die Auslegung der Anforderungen der Evaluationskriterien an formale Sicherheitsmodelle im Sinne eines effektiven Security Engineering. Diese Anforderungen geben zwar Hinweise auf den Zweck formaler Sicherheitsmodelle, lassen aber deren innere Struktur völlig offen. Die in FairPay verwendete Gliederung in die beiden Bestandteile Sicherheitsmaßnahmen (Security Features) und Sicherheitsprinzipien (Security Principles) gestattet die Konkretisierung der Einbettung formaler Sicherheitsmodelle in den Entwicklungsprozess.

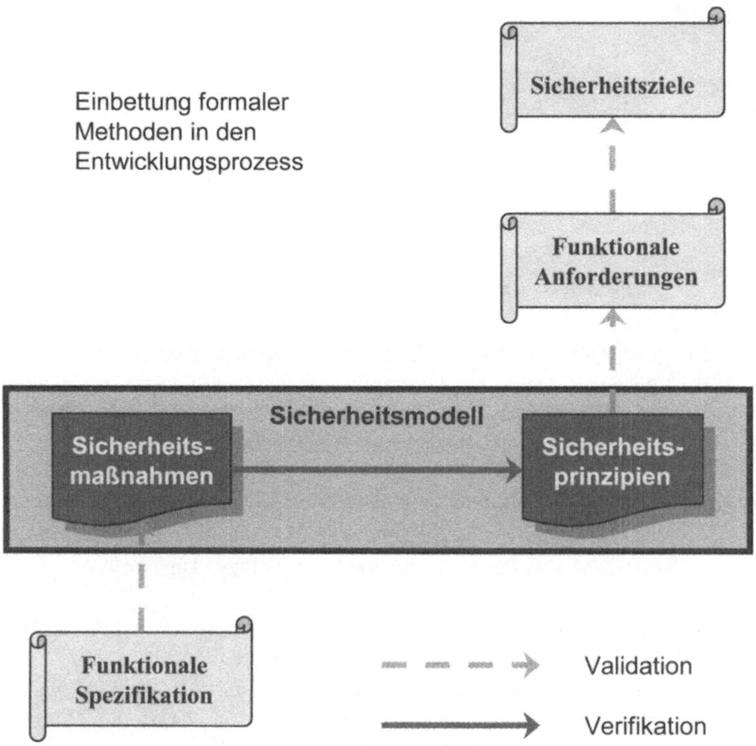

Abbildung 6
Einbettung formaler Methoden in den Entwicklungsprozess

Sicherheit durch formale Beweisführung

Durch Gegenüberstellung von formalen Sicherheitsprinzipien mit den funktionalen Sicherheitsanforderungen einerseits und von formalen Sicherheitsmaßnahmen mit der funktionalen Sicherheitsspezifikation andererseits ist eine Validierung der formalen Repräsentation der Sicherheitspolitik gegenüber den abstrakten Sicherheitszielen möglich. Weiterhin bringt die formale Verifikation der Sicherheitsprinzipien auf der Basis der Sicherheitsmaßnahmen einen deutlichen Zugewinn an Sicherheits- und Entwicklungsqualität in Bezug auf den Nachweis der vollständigen und korrekten Umsetzung der Sicherheitsanforderungen in die Sicherheitsspezifikation.

Literatur

[CC 2.1 1999] Common Criteria Project Sponsoring Organizations (Hrsg.): *Common Criteria for Information Technology Security Evaluation* (CC 2.1), August 1999. Der identische Text erschien als ISO/IES 15408: Evaluation Criteria for Information Technology Security.

[CEM 1.0 1999] Common Criteria Project Sponsoring Organizations (Hrsg.): *Common Methodology for Information Technology Security Evaluation* (CEM 1.0), Part 2: Evaluation Methodology, August 1999.

[Langenstein, Vogt et al. 2000] B. Langenstein, R. Vogt und M. Ullmann: The Use of Formal Methods for Trusted Digital Signature Devices. In: *Proceedings of the Thirteenth International Florida Artificial Intelligence Research Society Conference (FLAIRS 2000)*, S. 336-340, AAAI Press, Menlo Park, CA, Mai 2000.

[Hutter, Rock et al. 2000] D. Hutter, G. Rock, J. Siekmann, W. Stephan und R. Vogt: Formal Software Development in the Verification Support Environment (VSE). In: *Proceedings of the Thirteenth International Florida Artificial Intelligence Research Society Conference (FLAIRS 2000)*, S. 367-376, AAAI Press, Menlo Park, CA, Mai 2000.

[Auerswald, 2000] M. Auerswald, Common Criteria for IT Security Evaluation – Ausgangspunkt für Zuverlässigkeit im E-Commerce. WIWITA 2000 (diese Tagung) [CC 2.1, 1999] Common Criteria Project Sponsoring Organizations (ed.): Common Criteria for Information Technology Security Evaluation (CC 2.1), August 1999. Der identische Text erschien als ISO/IES 15408: Evaluation Criteria for Information Technology Security.

[Hämmerling, 2000] A. Hämmerling, Internet unlimited! Electronic Commerce verändert Markt- und Unternehmensstrukturen. CYbiz 1 (2000) 2, 9-12.

[Hendler, 2000] J. Hendler, AI and the Web: The Next Generation, (Invited Dinner Speach). In: *Proc. Thirteenth International Florida Artificial Intelligence Research Society Conference (FLAIRS 2000)*, J. Etheredge and B. Manaris (eds.), xxi, AAAI Press, Menlo Park, CA, Mai 2000.

[Hutter, Rock et al., 2000] D. Hutter, G. Rock, J. Siekmann, W. Stephan and R. Vogt, Formal Software Development in the Verification Support Environment (VSE). In: *Proc. Thirteenth InternationalFlorida Artificial Intelligence Research Society Conference (FLAIRS 2000)*, J. Etheredge and B. Manaris (eds.), 367-376, AAAI Press, Menlo Park, CA, Mai 2000.

[ITSEC 1.2, 1991] Office for Official Publications of the European Communities (ed.): Information.

Technology Security Evaluation Criteria (ITSEC 1.2), Vers. 1.2, 1991.

[Kranch und Mascolo, 2000] W. Krach und G. Mascolo, Cyberwar. Krieg der Mäuse, DerSpiegel 14/2000, 3.4.2000, 48-52.

[Langenstein und Vogt, 2000] B. Langenstein und R. Vogt, Normative für Zuverlässigkeit von SmartCards mit digitalen Unterschriften. WIWITA 2000 (diese Tagung).

[Langenstein, Vogt and Ullmann, 2000] B. Langenstein, R. Vogt and M. Ullmann, The Use of Formal Methods for Trusted Digital Signature Devices. In: *Proc. Thirteenth International Florida Artificial Intelligence Research Society Conference (FLAIRS 2000)*, J. Etheredge and B. Manaris (eds.), 336-340, AAAI Press, Menlo Park, CA, Mai 2000.

6 Sichere elektronische Zahlungen durch Individuelles Risikomanagement

Martin Reichenbach

Die Informations- und Kommunikationstechnik wird in den kommenden Jahren in der Lage sein müssen, Finanztransaktionen in weit größerem Ausmaße abwickeln zu können, als das bisher der Fall ist. Sichere und effiziente elektronische Geld- und Zahlungssysteme sind dazu eine wesentliche Voraussetzung. Diese elektronischen Zahlungssysteme müssen Wertübertragungen zu geringen Transaktionskosten ermöglichen und sollten dabei mindestens vergleichbare Sicherheitsniveaus wie die herkömmlichen Zahlungsinstrumente Bargeld, Rechnung oder die kontobasierte Überweisung bieten.

6.1 Risiken elektronischer Zahlungssysteme

Beharrungsvermögen

Die Potentiale der Informations- und Kommunikationstechnik für elektronisches Bezahlen werden allerdings bisher noch nicht ausgeschöpft. So zeigt sich für die Zahlungsabwicklung ein Beharrungsvermögen zugunsten traditioneller Methoden, wie etwa das Bezahlen per Vorkasse, per Nachnahme oder per Rechnung. Die für das Internet entwickelten elektronischen Zahlungssysteme „eCash", „Geldkarte im Internet", „net900", „paybox" oder kreditkartenbasierte Verfahren werden dagegen kaum verwendet.

Fehlendes Vertrauen

Als mögliche Ursache für diese Stagnation ist in empirischen Untersuchungen des Institutes für Informatik und Gesellschaft an der Universität Freiburg herausgefunden worden, dass den Nutzern immer noch das Vertrauen in die korrekte Funktionsweise und Ausführung der zur Zahlungsdurchführung eingesetzten Soft- und Hardware fehlt [SSW98; EE00]. In weiteren Untersuchungen wird gezeigt, dass die Nutzer bei der Durchführung von Zahlungstransaktionen zunehmend die Kontrolle über ihre Privatsphäre nachfragen [F00]. Da Datensammlungen mit Nutzerinformationen für Unternehmen im Internet zusehends zu wertvollen Aktivposten werden, sind die Privatsphäre und die Kommunikationssicherheit der Nutzer in verstärktem Maße bedroht [JM00].

Intransparenz und Verunsicherung

Aufgrund komplexer Informationsströme und Vorgänge beim Einsatz elektronischer Zahlungssysteme, die zwischen den verschiedenen Beteiligten ablaufen, ist Sicherheit nicht automatisch gewährleistet. So kann selbst bei den fortschrittlichsten elektronischen Zahlungssystemen die Anonymität, die Unbeobachtbarkeit und Unverkettbarkeit beim Bezahlvorgang mit Bargeld noch immer nicht in befriedigendem Maße nachgebildet werden. Im Hinblick auf die Vielzahl vorhandener elektronischer Zahlungssysteme und speziell der möglichen Folgen ihrer Verwendung herrschen bei den Nutzern Intransparenz und Verunsicherung. Nachrichten über Sicherheitslücken bei Online-Banken, das Fälschen von Überweisungen im Online-Banking oder die Betrugsstatistiken der Kreditkartenunternehmen tragen zusätzlich zur beobachtbaren Zurückhaltung bei der Nutzung elektronischer Zahlungssysteme bei [NCL01]. Kennzeichnend für diese Verunsicherung ist das Vorgehen der Nutzer beim Bezahlen im Internet: Häufig müssen sie aus den ihnen zur Verfügung stehenden Zahlungssystemen ein vorgegebenes auswählen, ohne sich dabei über die Auswirkungen dieser Auswahl auf ihre Sicherheits-, Funktionalitäts- und Wirtschaftlichkeitsanforderungen im klaren zu sein. Letztlich müssen sich die Nutzer zur Abwicklung einer Transaktion im gegenwärtigen Zustand immer „blind" zugunsten eines der Zahlungssysteme entscheiden, die ihnen zur Verfügung stehen.

ECommerce - Systemarchitekturen

Die Technikanbieter nehmen solche Bedenken ernst und wollen vor allem die Intransparenz mit Hilfe des Einsatzes von Ecommerce-Systemarchitekturen wie JECF, OTP oder SEMPER dadurch überwinden, dass sie verschiedene elektronische Zahlungssysteme unter einer für den Nutzer einheitlichen Oberfläche integrieren [JECF00; OTP00; SEMPER00]. Einen Schritt weiter geht JEPI, das bereits eine auf einfachen technischen Parametern beruhende automatische Auswahl des Zahlungssystems unterstützt [JEPI00]. Allen diesen Ansätzen gemeinsam ist jedoch der Umstand, dass sie den Nutzern noch kein Mittel zur Hand geben, ihren Anforderungen Ausdruck zu verleihen.

Ausgehend von dieser Problemstellung werden in diesem Beitrag die Voraussetzungen für eine nutzerorientierte individuelle Risikohandhabung elektronischer Zahlungssysteme skizziert. Der vorgestellte Ansatz unterstützt die Nutzer bei der Wahl eines Zahlungssystems, sowohl langfristig beim Aufbau des individuellen Zahlungssystemportfolios als auch kurzfristig während der Durchführung einer konkreten Zahlungstransaktion.

6.2
Risiko, Risikoanalyse und Risikohandhabung

6.2.1
Der Risikobegriff

Ökonomische Risikodefinitionen

Das Begriffsverständnis von Risiko ist in der ökonomischen Literatur nicht einheitlich. Die ökonomischen Risikodefinitionen können im wesentlichen zu zwei Gruppen zusammengefasst werden: Zum einen zur Gruppe der verteilungsorientierten Risikodefinitionen, die ausschließlich quantitative Aspekte betrachten und mit Wahrscheinlichkeitsverteilungen operieren und zum anderen zur Gruppe der zielorientierten Risikodefinitionen, die auch qualitative Aspekte zulassen.

Verteilungsorientierte Risikodefinition

Der Begriff Risiko umschreibt in einem ökonomischen Gesamtzusammenhang die Gefahr, aufgrund unvollkommener Menge, Güte und Verwertung von Informationen über eine Fehlentscheidung einen (Opportunitäts-)Verlust, Kapitalverzehr o.ä. zu erleiden. Dieser Schaden wiederum ist durch eine Quantitäts- und eine Intensitätsdimension charakterisiert. Die Quantitätsdimension bezeichnet die Höhe des durch die Risikosituation möglicherweise eintretenden Verlustes, die z.B. in Geldeinheiten ausgedrückt werden kann. Die Intensitätsdimension hingegen verdeutlicht, ggf. in Form einer Wahrscheinlichkeitsverteilung, das Ausmaß oder die Stärke der Verlustgefahr. Die multiplikative Verknüpfung beider Komponenten charakterisiert das Risiko als quantifizierbaren, betriebswirtschaftlichen Begriff.

Annahmen über zukünftige Entwicklungen

Eine Planungs- und Entscheidungssituation, wie sie auch bei der Entscheidung zum Einsatz eines bestimmten elektronischen Zahlungssystems vorliegt, ist in der Regel mit Annahmen über zukünftige Entwicklungen verbunden. Über das Eintreffen dieser Entwicklungen besteht grundsätzlich Ungewissheit. Diese Ungewissheit (i.w.S.) ist ein wesentliches grundlegendes Element von Modellen, die als abstrakt-mathematisches Abbild der Realität der Entscheidungsunterstützung dienen [M86].

Qualitative Aspekte

Dieser verteilungsorientierten Begriffsauffassung, bei der eine Entscheidung unter Risiko vorliegt, wenn mehrere Ergebnisse möglich und objektive oder subjektive Eintrittswahrscheinlichkeiten der Ergebnisse (quantitativ) bekannt sind, soll hier nicht gefolgt werden, da qualitative Aspekte, etwa der Schutz der informationellen Selbstbestimmung, vernachlässigt würden. Diese Aspekte spielen jedoch bei dem hier verwendeten Konzept der Mehrseitigen Sicherheit eine wesentliche Rolle.

Zielorientierte Risikodefinition

Die hier verwendete zielorientierte Risikodefinition sieht Risiko als Gefahr einer negativen Ziel- bzw. Erwartungsabweichung. Dies ermöglicht anders als etwa die verteilungsorientierten Definitionsansätze die Berücksichtigung auch qualitativer Aspekte, etwa der informationellen Selbstbestimmung. Darunter ist auch das Recht zu fassen, Informationen nur „datensparsam“ und der Transaktion angemessen abzugeben.

Kriterienkatalog

Als Ziele werden dabei zum einen die Sicherheitskriterien des Konzeptes der Mehrseitigen Sicherheit verwendet. Die Notwendigkeit der Berücksichtigung weiterer Ziele wird 6.2.2 angesprochen. In [R01] wird als Zielsystem ein Kriterienkatalog mit 79 Zielkriterien aus den Bereichen Sicherheit, Funktionalität und Wirtschaftlichkeit dargestellt.

Risiko besteht folglich immer dann, wenn eine Abweichung von diesen Zielen festzustellen ist.

Risiko – eine subjektive, situationsabhängige Größe

Da das mit einer Transaktion verbundene Risiko in Bezug auf die Anforderungen des Nutzers beurteilt werden muss, soll Risiko hier als eine subjektive, situationsabhängige Größe verstanden werden. Der Begriff Risiko wird hier demnach als die Möglichkeit verstanden, dass sich in einer bestimmten Transaktionssituation die Anforderungen eines Nutzers an die Sicherheit der Zahlungsdurchführung nicht erfüllen. In einem übertragenen Sinne entstehen auch Risiken, wenn sich die Anforderungen des Nutzers an weitere Eigenschaften elektronischer Zahlungssysteme wie die Funktionalität und die Wirtschaftlichkeit der Zahlungsdurchführung nicht erfüllen.

Restrisiko

Risiken, die dem Nutzer bewusst sind und die entweder akzeptiert oder denen er durch Verwendung geeigneter Sicherheitsmaßnahmen entgegnet, werden hier als Restrisiko bezeichnet.

6.2.2 Risikoanalyse: Bewertung elektronischer Zahlungssysteme

Qualitative Risikoanalyse

Mit der Bewertung elektronischer Zahlungssysteme durch eine qualitative Risikoanalyse wird die Grundlage für die Einschätzung und Handhabung der mit der Verwendung elektronischer Zahlungssysteme verbundenen Risiken geschaffen und damit die Transparenz für den Nutzer erhöht. Dazu müssen aus der Sicht der Nutzer die Auswirkungen der Verwendung eines Zahlungssystems auf die Erfüllung von Sicherheits-, Funktionalitäts- und Wirtschaftlichkeitsanforderungen untersucht und bewertet werden.

Da bei der Auswahl von elektronischen Zahlungssystemen verschiedenste Aspekte aus den Bereichen Sicherheit, Funktionalität und Wirtschaftlichkeit einzubeziehen sind, die auch nicht-monetär erfassbare Größen beinhalten, wird auf das Scoring- bzw. Nutzwertanalyse-Verfahren als geeignete Vorgehensweise zur Durchführung der qualitativen Risikoanalyse zurückgegriffen. Das Scoring-Verfahren hilft dem Nutzer, rationale Entscheidungen zu treffen. Durch die transparente Vorgehensweise wird es auch Nicht-Experten möglich, diese Entscheidungen nachzuvollziehen.

Scoring-Verfahren

In der Literatur findet man bereits ähnliche Ansätze zur Bewertung von Sicherheitseigenschaften unter Verwendung des Scoring-Verfahrens. So beschreiben etwa [RKN00] ihr Vorgehen beim Quantifizieren der Sicherheit von E-Business-Anwendungen. Der dabei vorgeschlagene Ansatz beschränkt sich jedoch im Gegensatz zur hier vorgestellten Vorgehensweise lediglich auf die Bewertung der abstrakten Sicherheitsanforderungen Vertraulichkeit, Integrität, Verfügbarkeit und Verbindlichkeit. Zusätzliche Kriterien für die Nutzung von IT-Systemen wie die Funktionalität und die Wirtschaftlichkeit werden dabei nicht betrachtet.

Quantifizieren der Sicherheit

Die Anpassung des Scoring-Verfahrens für die qualitative Risikoanalyse elektronischer Zahlungssysteme, die Festlegung der Untersuchungsreichweite, die Ergebnisse der Bewertung sowie die ausführliche Begründung der Bewertung sind in [R01] dargestellt. Die Ergebnisse dieser Bewertung gehen schließlich in 6.4 als Zahlungssystemprofile in den Prozess der Risikohandhabung ein.

Zahlungssystem-profile

6.2.3 Individuelle Risikohandhabung mit dem Virtual Internet Payment Assistant

Für die Abwicklung einer Zahlungstransaktion muss der Nutzer eine Entscheidung zugunsten eines Zahlungssystems treffen, das sich in seinem Portfolio befindet. Aufgrund der Komplexität der Wirkungszusammenhänge und fehlender objektiver Informationen über die Auswirkungen seiner Zahlungssystemwahl läuft er Gefahr, dass seine (Sicherheits-)Anforderungen verletzt werden. Obwohl die aktuell projektierten E-Commerce-Systemarchitekturen die Verwaltung und Auswahl der dem Nutzer verfügbaren elektronischen Zahlungssysteme vereinfachen, wird das Problem der fehlenden Transparenz nicht behoben. Diese Problematik kann durch eine Erweiterung der Funktionalität dieser E-Commerce-Systemarchitekturen um eine Beratungs- und Entscheidungsunterstützungskomponente gelöst werden. Der Begriff „Virtual Internet Payment Assistant“ steht für diese

Beratungs- und Entscheidungs-unterstützungs-komponente

Beratungs- und Entscheidungsunterstützungskomponente, die dem Nutzer als Ratgeber bei der Durchführung von Zahlungstransaktionen „virtuell" zur Seite steht. Der Virtual Internet Payment Assistant ist also ein Ratgeber, der dem Nutzer nicht in Persona, sondern in Soft- und/oder Hardware implementiert zur Seite steht.

Eigenverantwortliches Risikomanagement

Nachdem die Auswirkungen der Verwendung elektronischer Zahlungssysteme auf die Erfüllung einzelner Sicherheitsanforderungen untersucht und Risiken identifiziert worden sind (vgl. 6.2), können die Ergebnisse dieser Arbeitsschritte in eine derartige Komponente einfließen, um ein eigenverantwortliches Risikomanagement auf Nutzerebene zu ermöglichen.

Unterstützung bei der Zahlungssystemwahl

Für die Auswahl elektronischer Zahlungssysteme bei Zahlungen im Internet existiert bislang noch kein Ansatz dieser Art. Im folgenden wird deshalb das Konzept eines virtuellen Assistenten zur Risikohandhabung skizziert, der dem Nutzer bereits vor der Durchführung von Zahlungstransaktionen beim Aufbau seines Zahlungssystemportfolios und in einer konkreten Zahlungssituation eine Einschätzung des mit der Wahl eines Zahlungssystems verbundenen transaktionsbezogenen Risikos und eine angemessene Reaktion zum Umgang mit diesen Risiken ermöglichen wird.

Teilnahme des Nutzers an der Entscheidungsfindung

Wesentliches Element der Beratungs- und Entscheidungsunterstützungskomponente ist die Teilnahme des Nutzers an der Entscheidungsfindung, in dem er seine Anforderungen an die Zahlungstransaktion formulieren kann. Zur Vereinfachung der Anforderungsermittlung dienen hier Anforderungsprofile, deren Erstellung in 6.3 beschrieben wird. In 6.4 wird anschließend die Vorgehensweise bei der Zahlungssystemwahl mit dem Virtual Internet Payment Assistant skizziert und damit ein erstes Grobkonzept für eine Realisierung und Implementierung vorgestellt.

Beratung und Entscheidungsunterstützung

Der hier vorgestellte Virtual Internet Payment Assistant soll zwei Funktionen erfüllen: Die Beratung und die Entscheidungsunterstützung bei der Zahlungssystemwahl.

- Beratung: Der Beratungsdialog des Assistenten bietet dem Nutzer allgemeine, erklärende Informationen über die zur Auswahl stehenden Zahlungssysteme (etwa über den Betreiber des Zahlungssystems, den Zeitpunkt der Belastung, über eingesetzte Verschlüsselungsalgorithmen) und Erläuterungen zu der Bedeutung der Sicherheits-, Funktionalitäts- und Wirtschaftlichkeitskriterien.
- Entscheidungsunterstützung: Die Dialoge zur Entscheidungsunterstützung dienen dazu, einerseits die Nutzeranforderungen an die Sicherheit einer Transaktion zu ermitteln und andererseits basierend auf den durch die Risikoanalyse ermittelten Zahlungs-

systemprofilen elektronischer Zahlungssysteme und den Anforderungsprofilen der Nutzer die Wahl eines für die Transaktion geeigneten Zahlungssystems zu unterstützen. Die Entscheidungsunterstützung erfolgt (transaktions-) bzw. situationsbezogen.

Anwendungsszenarien

Der Virtual Internet Payment Assistant erfüllt diese Funktionen dabei in zwei unterschiedlichen Anwendungsszenarien: Einerseits unterstützt er den Nutzer beim Aufbau seines Zahlungssystemportfolios[1] vor der Durchführung von Zahlungstransaktionen (vgl. 6.2.3.1). Andererseits unterstützt er den Nutzer bei der Durchführung von Zahlungstransaktionen (vgl. 6.2.3.2). Passend dazu kann man Anforderungen unterscheiden in:

- Anforderungen, die Nutzer unabhängig von bzw. vor einer konkreten Zahlungstransaktion stellen können („Situationsunabhängige" Anforderungen für die Zahlungssystemwahl zum Zahlungsportfolioaufbau);
- Anforderungen, die Nutzer bezüglich der konkreten Zahlungstransaktion stellen können („Situationsabhängige" Anforderungen bei der Durchführung der Zahlungstransaktion) und
- Anforderungen, die Nutzer sowohl bei der Zahlungssystemwahl zum Zahlungsportfolioaufbau als auch bei der Durchführung der Zahlungstransaktion stellen können.

Situationsabhängige und situationsunabhängige Anforderungen

Eine Unterscheidung in situationsabhängige und situationsunabhängige Anforderungen erscheint u.a. deshalb sinnvoll, weil situationsabhängige Anforderungen zwar für die Wahl des Zahlungssystems in einer konkreten Zahlungssituation wichtig sind, generell aber auch für die situationsunabhängige Entscheidung zum Einsatz eines Zahlungssystems von Bedeutung sind. Rein situationsunabhängige Anforderungen greifen dagegen lediglich bei der grundsätzlichen Entscheidung über den Einsatz eines elektronischen Zahlungssystems bzw. über die Aufnahme eines elektronischen Zahlungssystems in das Portfolio des Nutzers. Es ist anzunehmen, dass es keine situationsabhängige Anforderungen gibt, die nicht auch für die situationsunabhängige Entscheidung zum Einsatz eines Zahlungssystems von Bedeutung sind.

---

[1] Im übertragenen Sinne steht dieser Begriff für die Ansammlung der dem Nutzer zur Verfügung stehenden elektronischen Zahlungssysteme.

6.2.3.1
Aufbau des Zahlungssystemportfolios

Sicherheits-, Funktionalitäts- und Wirtschaftlichkeitseigenschaften

Beim Aufbau des Zahlungssystemportfolios steht dem Nutzer eine große Zahl an elektronischen Zahlungssystemen zur Verfügung, die in ihren Sicherheits-, Funktionalitäts- und Wirtschaftlichkeitseigenschaften in der Regel stark variieren. Die in Form der Zahlungssystemprofile vorliegenden Ergebnisse der Risikoanalyse bestätigen diese Aussage (vgl. [R01]).

Nutzer stellen unterschiedliche Anforderungen

Die Nutzer stellen in Bezug auf unterschiedliche Transaktionssituationen durchaus auch unterschiedliche Anforderungen an die Eigenschaften der Zahlungssysteme (vgl. [K00]). Da zwischen der Entscheidung zugunsten des Einsatzes eines Zahlungssystems und einer wirklichen Einsetzbarkeit in der Regel mehrere Tage vergehen, muss sich der Nutzer rechtzeitig vor der beabsichtigten Nutzung des Zahlungssystems Gedanken über die Auswahl der für ihn geeigneten Zahlungssysteme machen.

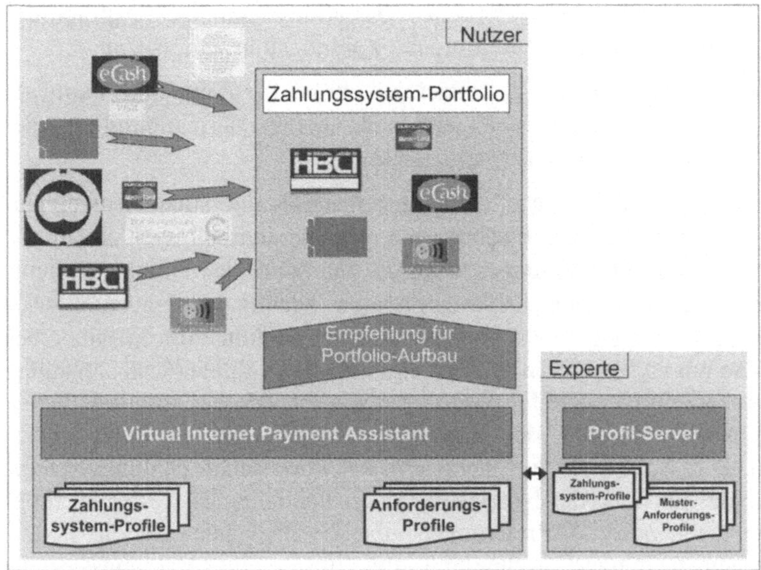

Abbildung 1
Der Virtual Internet Payment Assistant für den Aufbau des Zahlungssystemportfolios

Aufbau des Zahlungssystemportfolios

Der Virtual Internet Payment Assistant unterstützt den Nutzer in diesem Anwendungsszenario, lange vor der eigentlichen Durchführung von Zahlungstransaktionen aus der Vielzahl von Zahlungssystemalternativen die für ihn geeigneten Zahlungssysteme auszuwählen (vgl. Abbildung 1).

6.2.3.2
Durchführung von Zahlungstransaktionen

Schnittmenge von Zahlungssystemalternativen

Das zweite Anwendungsszenario liegt in der Entscheidungsunterstützung zum Zeitpunkt der Durchführung von Zahlungstransaktionen. Nachdem der Nutzer die Ware auf den Webseiten des Händlers ausgesucht hat, muss er sich vor der endgültigen Bestätigung der Bestellung für ein Bezahlverfahren entscheiden. Neben traditionellen Verfahren wie der Übermittlung eines Schecks als Vorkasse oder der Banküberweisung nach Rechnungsstellung stehen ihm mittlerweile eine Reihe elektronischer Zahlungssysteme für die Zahlung zur Verfügung. Aus der Schnittmenge der vom Händler zur Zahlung angebotenen Zahlungssysteme und der Zahlungssysteme im Zahlungssystemportfolio des Nutzers muss der Nutzer ein Zahlungssystem auswählen, das seinen Anforderungen am Nächsten kommt.

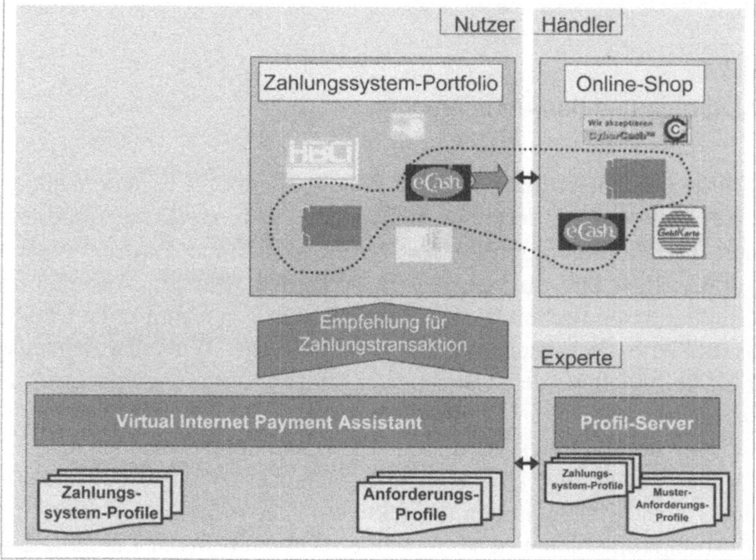

Abbildung 2
Der Virtual Internet Payment Assistant für die Durchführung von Zahlungstransaktionen

Durchführung von Zahlungstransaktionen

Der Virtual Internet Payment Assistant unterstützt den Nutzer dabei, aus dieser Schnittmenge von Zahlungssystemalternativen das für ihn am besten geeignete Zahlungssystem auszuwählen (vgl. Abbildung 2).

6.3 Anforderungsprofile als Grundlage für die Individuelle Risikohandhabung

Gewünschte Eigenschaften

Vor der Durchführung einer Zahlungstransaktion werden die Anforderungen des Nutzers an die Eigenschaften „seiner" elektronischen Zahlungssysteme zur Zahlungsabwicklung festgelegt.

Zur Erfassung dieser Anforderungen sollten die Eigenschaften der die elektronischen Zahlungssysteme beschreibenden Zielkriterien einfach und verständlich dargestellt sein. In 6.3.1 werden deshalb Ansätze zur Abstrahierung der Anforderungen beschrieben, bevor in 6.3.2 die in diesem Beitrag vorgeschlagene Vorgehensweise zur Gliederung der Anforderungsprofile erläutert wird. Auf die Umsetzung der gewählten Vorgehensweise zur Erstellung der Anforderungsprofile durch Anwendung des Scoring-Verfahrens wird anschließend in 6.3.3 eingegangen.

6.3.1 Abstrahierung der Anforderungen

Von technischen Details abstrahierte Ziele ...

Würde der Nutzer mit der vollen Bandbreite der im Kriterienkatalog dargestellten Anforderungen konfrontiert, wäre er als Laie überfordert. Der Konfigurationsprozess würde vom Nutzer Expertenwissen voraussetzen und zu viel Zeit in Anspruch nehmen. Aus diesem Grund müssen für den Nutzer verständliche, von technischen Details abstrahierte Sicherheits-, Funktionalitäts- und Wirtschaftlichkeitsziele gefunden werden, mit denen er seine Anforderungen beim Aufbau seines Zahlungssystemportfolios (vgl. 6.1.1) und bei der Durchführung der Zahlungstransaktion (vgl. 6.1.2) beschreiben kann.

... orientiert an den (subjektiven) Zielen der Nutzer

Die Abstraktionen dieser ursprünglich eher technischen Ziele orientieren sich dabei an den (subjektiven) Zielen der Nutzer. Für eine Abstrahierung bieten sich eine Reihe von bereits in der Literatur diskutierter Verfahren an.

6.3.1.1 Abstrahierung nach dem P3P-Verfahren

Privacy Preferences Project

Die Lücke zwischen einfacher, an subjektiven Zielen orientierten Bedienung der Sicherheitskonfiguration und den detaillierten technischen Sicherheitsmechanismen ließe sich möglicherweise durch eine Schichtung schließen, wie sie von [CR98] für das Privacy Preferences Project (P3P) des World Wide Web Consortiums (W3C) beschrieben wird. Demnach kann ein Nutzer

- allgemeine Voreinstellungen seiner Anforderungen bestimmen, nach denen sein System automatisch handeln soll;
- außerhalb der allgemeinen Voreinstellungen für besondere Situationen besondere Anforderungen bestimmen und
- im Falle, dass keine der zuvor definierten Anforderungen befriedigt werden können, sich von seinem System per Nachfrage eine Bestätigung einholen lassen.

Um eine fehlerhafte Konfiguration von Anforderungen für besondere Situationen zu vermeiden, sollten Experten allerdings Vorschläge für sinnvolle Konfigurationen, sogenannte Musteranforderungsprofile, zur Verfügung stellen.

Fehlerhafte Konfiguration vermeiden

6.3.1.2
Abstrahierung nach unterschiedlichen Transaktionstypen

Eine ähnliche Vereinfachung der Konfiguration wäre dadurch erreichbar, dass der Nutzer die Möglichkeit erhält, für unterschiedliche Typen von Transaktionen unterschiedliche Anforderungen zu definieren und als Voreinstellungen festzuhalten.

Typen von Transaktionen

Wesentlich ist dabei die Feststellung, dass der Nutzer nicht mehr einzelne Anforderungen bzw. Zielkriterien bestimmen muss, sondern dass er übergeordnete, zusammengefasste Anforderungen äußern kann. Zur Ermittlung der übergeordneten Anforderungen könnte das System Transaktionen beispielsweise in die folgenden Typen einteilen und den Nutzer dementsprechend

Übergeordnete Anforderungen

- nach dem Ruf des Vertragspartners (mit dem Wertebereich: „gut"/„unbekannt"/„schlecht");
- nach dem Bekanntheitsgrad des Vertragspartners (mit dem Wertebereich: „gut bekannt"/„kaum bekannt"/„nicht bekannt");
- nach der Art des Kaufgutes (mit dem Wertebereich: „normal"/„heikel" oder „materiell"/„immateriell") oder
- nach dem gewünschten Grad der Sichtbarkeit, beispielsweise seiner Identität oder der Transaktion für andere (auch nicht autorisierte) Teilnehmer im Internet (mit dem Wertebereich: „die Identität bleibt verborgen"/„Teile der Identität werden sichtbar"/„die Identität ist ohne Einschränkung sichtbar")

fragen. Die darunter liegenden Anforderungen der Zielhierarchie blieben dem Nutzer zuerst verborgen, müssen jedoch im Bedarfsfall auf Nutzerwunsch offengelegt werden [DFAB98].

Annahmen über die Anforderungen des Nutzers

In einer konkreten Transaktionssituation könnten nun aufgrund des aktuellen Transaktionstyps und anhand der für diesen Typ definierten Voreinstellungen Annahmen über die Anforderungen des Nutzers für Transaktionen dieses Typs getroffen und entsprechend geeignete Zahlungssysteme vorgeschlagen werden. Auch hier müssen Experten Vorschläge für sinnvolle Konfigurationen liefern.

Abbildung auf technische Mechanismen

Die Abbildung der hier geschilderten nutzerorientierten Sicherheitsbegriffe auf die technischen Mechanismen und konkreten Sicherheitsanforderungen wird durch die Beratungs- und Entscheidungsunterstützungskomponente und damit von Experten übernommen.

6.3.2 Ebenenmodell für Anforderungsprofile

Feineinstellung der Anforderungen ...

Um dem Nutzer einerseits die Konfiguration seiner Anforderungen zu vereinfachen und andererseits eine möglichst detaillierte und auf den jeweiligen Transaktionstyp bzw. auf die jeweilige (Transaktions-)Situation angepasste Feineinstellung seiner Anforderungen zu ermöglichen, wird ein Ansatz verfolgt, in dem die Vorteile und wesentlichen Eigenschaften der in 6.3.1.1 und 6.3.1.2 beschriebenen Herangehensweisen vereint sind.

... auf unterschiedlichen Ebenen

Die Konfiguration der Nutzeranforderungen wird dabei in drei Ebenen eingeteilt (vgl. Abbildung 3). Anforderungsprofile auf einer höheren Ebene bauen auf Anforderungsprofilen der darunter liegenden Ebenen auf. Geforderte Eigenschaften im Profil für alle Situationen gelten auch in Anforderungsprofilen für spezielle Situationen und in der konkreten Situation, solange diese Anforderung in einem der Anforderungsprofile auf einer höheren Ebene keine andere Einstellung aufweist. In diesem Falle würde die Einstellung auf der unteren Ebene „überschrieben".

Den Ebenen entsprechend werden drei Typen von Anforderungsprofilen geführt:

- Ein Anforderungsprofil für alle Situationen;
- Anforderungsprofile für bestimmte Situationen und
- ein Anforderungsprofil für die konkrete Situation.

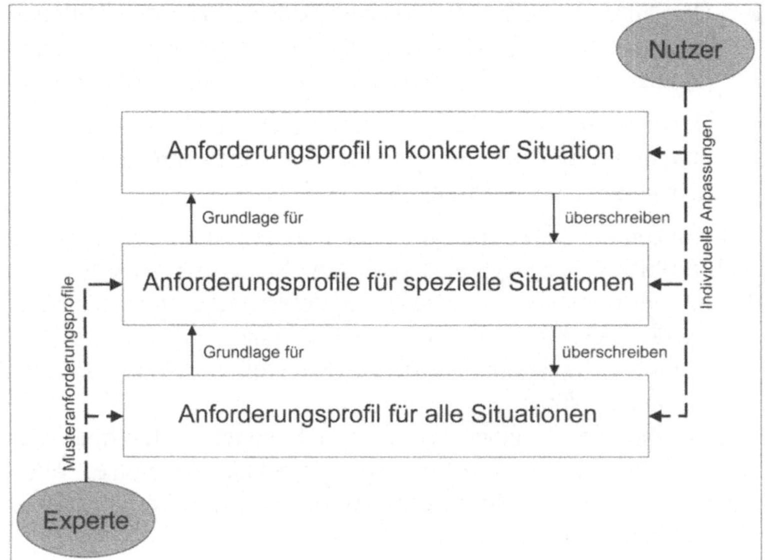

Abbildung 3
Ebenenmodell für Anforderungsprofile

6.3.2.1 Anforderungsprofil für alle Situationen

Vorannahme für jede Situation

Auf der ersten Ebene sind Anforderungen konfiguriert, die grundsätzlich als Vorannahme in jeder Situation gelten sollen.

Der Nutzer kann einerseits das von Experten vorkonfigurierte Musteranforderungsprofil für alle Situationen nutzen, andererseits jedoch auch selbst eigene Einstellungen an diesem Anforderungsprofil vornehmen.

6.3.2.2 Anforderungsprofil für bestimmte Situationen

Vorannahmen für Transaktionstypen und -situationen

Auf der zweiten Ebene sind Anforderungen konfiguriert in Bezug auf bestimmte Typen von Transaktionen und Situationen, etwa für die Geschäftsbeziehung mit bestimmten Partnern (vgl. 6.2.3.2). Dementsprechend werden beispielhaft Anforderungsprofile für die folgenden Transaktionstypen bzw. (Transaktions-)Situationen angenommen (vgl. auch die Ausführungen in [RGKP00]):

- Der Nutzer fordert eine minimale Sichtbarkeit der Transaktion gegenüber anderen Teilnehmern im Internet (Anforderungsprofil mit Schwerpunkt auf Sicherheitskriterien).

- Der Nutzer fordert eine maximale Bedienbarkeit des Zahlungssystems bei der Durchführung der Zahlungstransaktion (Anforderungsprofil mit Schwerpunkt auf Funktionalitätskriterien).
- Der Nutzer fordert eine wirtschaftliche und kostengünstige Durchführung der Zahlungstransaktion (Anforderungsprofil mit Schwerpunkt auf Wirtschaftlichkeitskriterien).

Maximal vier Anforderungsprofile

Erfahrungen aus Forschungsprojekten mit ähnlichem Lösungsansatz (vgl. [DPR99]) haben gezeigt, dass dem Nutzer die Auswahl unter drei bis vier verschiedenen (Muster-)Anforderungsprofilen zur Handhabung der meisten Situationen ausreicht. Eine größere Anzahl von für bestimmte Situationen vordefinierten Profilen erhöht die Komplexität für den Nutzer.

Nutzer definieren eigene Anforderungsprofile

Der Nutzer kann einerseits die von Experten vorkonfigurierten Musteranforderungsprofile für besondere Situationen nutzen, andererseits jedoch auch selbst eigene Anforderungsprofile für zusätzliche Situationen definieren.

6.3.2.3 Anforderungsprofil für konkrete Situation

Auswahlempfehlung individuell ändern – Konsequenzen?

Der Nutzer hat bei diesem Ansatz zwar die Möglichkeit, unter von Experten vorkonfigurierten Anforderungsprofilen auszuwählen. Er kann jedoch bei der Durchführung der Transaktion zusätzlich jederzeit auf einzelne Einstellungen einwirken bzw. entgegen der Empfehlung des Virtual Internet Payment Assistants eine andere Auswahl treffen. Der Virtual Internet Payment Assistant informiert den Nutzer über mögliche Konsequenzen seiner Änderung, auch im Hinblick auf Folgen der Kombination verschiedener Anforderungen.

Nutzer wollen individuell reagieren können

Dass diese Möglichkeit sinnvoll erscheint, haben bereits die in der Simulationsstudie des Kollegs „Mehrseitige Sicherheit in der Kommunikationstechnik" der Gottlieb Daimler- und Karl Benz-Stiftung gemachten Erfahrungen mit situationsbedingten Einstellungen der (telefonischen) Erreichbarkeit gezeigt. Diese Erfahrungen weisen darauf hin, dass Nutzer zwar in der Regel die in einem Mustersituationsprofil vorkonfigurierte Einstellung eines Experten nutzen, dass sie jedoch trotzdem gerne die Möglichkeit haben, zum Zeitpunkt eines Telefonates individuell reagieren zu können [DPR99].

Konkrete Anforderungen konfiguieren

Auf der dritten Ebene konfiguriert bzw. ändert der Nutzer deshalb seine Anforderungen in der konkreten Transaktionssituation bei der Durchführung einer Zahlung. Die Voreinstellungen, die auf der ersten und zweiten Ebene konfiguriert sind, kann der Nutzer in einer konkreten Transaktionssituation (auf der dritten Ebene) überschreiben.

Der Virtual Internet Payment Assistant „merkt" sich diese Änderungen des Nutzers an Anforderungsprofilen und schlägt sie dem Nutzer beim Wiederholen ähnlicher Transaktionssituationen, etwa beim wiederholten Besuch eines bestimmten Händlers, zur Unterstützung des Nutzers als Änderung des Anforderungsprofils vor (vgl. Ausführungen zur Nutzer-Partizipation in [R94]).

Änderungen des Nutzers an Anforderungsprofilen

6.3.2.4 *Musteranforderungsprofile*

Der Virtual Internet Payment Assistant bietet zur Vereinfachung von Experten erstellte Musteranforderungsprofile mit plausiblen Voreinstellungen zu den Sicherheits-, Funktionalitäts- und Wirtschaftlichkeitsanforderungen für die ersten beiden Ebenen an.

Plausible Voreinstellungen

Der Nutzer hat grundsätzlich die Möglichkeit, diese Musteranforderungsprofile der ersten beiden Ebenen abzuändern und dementsprechend die Voreinstellungen für die Anforderungen in bestimmten Situationen seinen eigenen Bedürfnissen anzupassen. Der Virtual Internet Payment Assistant unterstützt den Nutzer dabei, Wechselwirkungen zwischen der Erfüllung einzelner Anforderungen zu berücksichtigen.

Wechselwirkungen berücksichtigen

6.3.3 Realisierung der Anforderungsprofile mit dem Scoring-Verfahren

Zur Realisierung der Anforderungsprofile werden die in 6.2.1 angesprochenen Bewertungskriterien herangezogen. Nach einer Unterteilung dieser Kriterien in Muss- und Kannkriterien (vgl. 6.3.3.1) wird in 6.3.3.2 die Vorgehensweise bei der Gewichtung der Kannkriterien nach dem Scoring-Verfahren beschrieben.

6.3.3.1 *Unterscheidung von Muss- und Kannkriterien*

Der erste Schritt zur Erzeugung der Anforderungsprofile ist die Unterteilung der Bewertungskriterien in Muss- und Kannkriterien.

Musskriterien

Als Musskriterien bezeichnet man Kriterien, deren Nichterfüllung bzw. Nichtvorhandensein zur Aussonderung der Alternative führt. Dies gilt bereits für die Nichterfüllung eines einzigen Musskriteriums, selbst wenn alle anderen erfüllt sind.

Nichterfüllung führt zur Aussonderung der Zahlungssystem-Alternative

Ein Musskriterium gilt als erfüllt, wenn die geforderte Ausprägung des Kriteriums im Anforderungsprofil mit der Ausprägung dieses Kriteriums im Zahlungssystemprofil übereinstimmt bzw. wenn die geforderte Ausprägung des Kriteriums im Anforderungsprofil niedriger ist wie die Ausprägung dieses Kriteriums im Zahlungssystemprofil. Ist beispielsweise die volle Gewährleistung „Vertraulichkeit der Kundeninformation" gefordert und das Zahlungssystemprofil eines der auf dem Rechner des Nutzers verfügbaren elektronischen Zahlungssysteme zeigt für dieses Kriterium nur eine eingeschränkte Gewährleistung an, wird die Alternative ausgesondert. Ein Bewertungskriterium darf gerne übererfüllt sein, der umgekehrte Fall führt zur Aussonderung des Zahlungssystems (vgl. Abbildung 4).

Abbildung 4
Darstellung der Anforderungsprofile mit Muss- und Kannkriterien

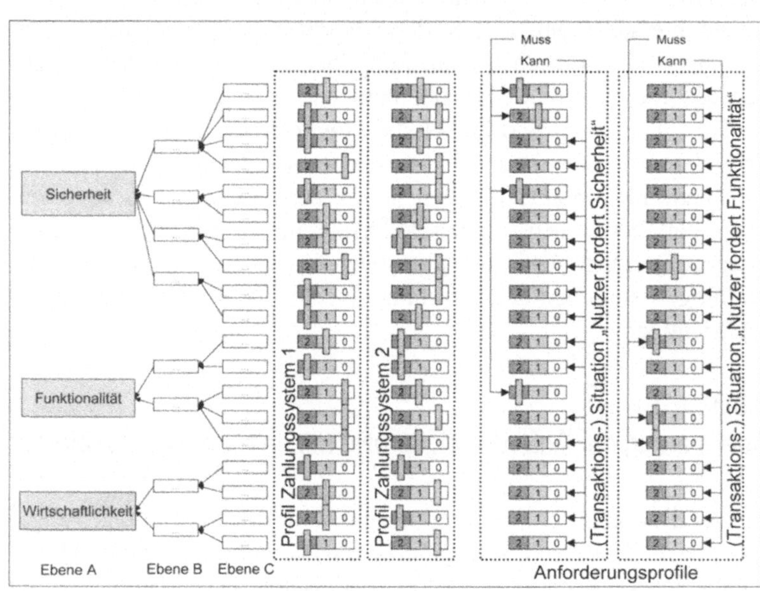

Kannkriterien – ihrer Bedeutung entsprechend gewichtet

Kannkriterien sind alle diejenigen Kriterien, deren Vorhandensein bzw. deren Erfüllung für den Nutzer als Entscheidungsträger bedeutsam sind, deren Nichterfüllung bzw. Nichtvorhandensein jedoch nicht zur Aussonderung der Alternative führt. Den einzelnen Kannkriterien bzw. Anforderungen kann in einem weiteren Schritt eine unterschiedliche Bedeutung beigemessen werden, indem sie unterschiedlich stark gewichtet werden.

6.3.3.2
Vorgehensweise bei der Gewichtung

Relative Gewichtung zueinander

Die relative Gewichtung der Kannkriterien zueinander richtet sich nach den individuellen Anforderungen eines Nutzers an die durchzuführende Transaktion (vgl. Abbildung 5). Die vertikalen Balken in den Anforderungsprofilen von Abbildung 5 sollen durch die Schattierung eine unterschiedliche Gewichtung einzelner Anforderungen symbolisieren.

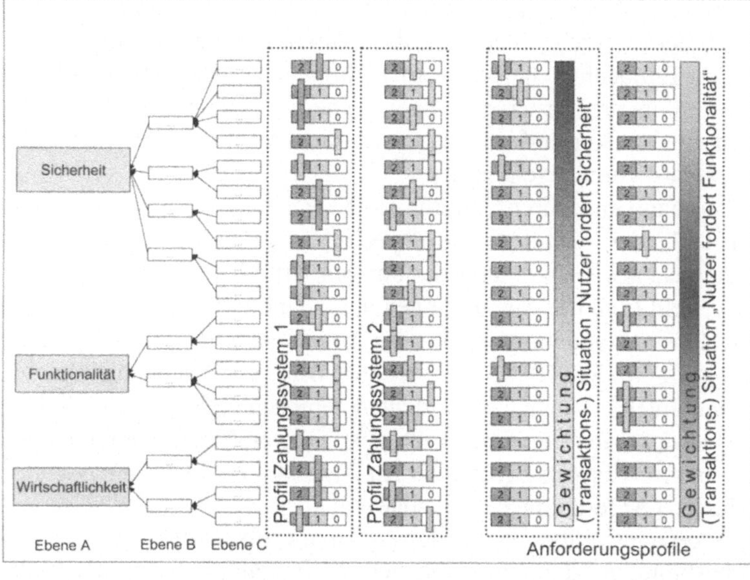

Abbildung 5 Symbolische Darstellung der Gewichtung in Anforderungsprofilen

Paarweiser Vergleich ...

Grundsätzlich ist es dem Nutzer möglich, jedes Zielkriterium einzeln zu gewichten, um die unterschiedliche Bedeutung der Kriterien für eine bestimmte Transaktion auszudrücken (vgl. Anforderungsprofile der dritten Ebene in 6.3.2.3). Die geeignetste Vorgehensweise zur Ermittlung der Gewichte wäre ein paarweiser Vergleich aller Kriterien, um die individuelle Rangordnung der Kriterien zu ermitteln, die für eine bestimmte Situation gelten soll.

... überfordert den Nutzer

Bei insgesamt n = 79 Zielkriterien auf der vierten Ebene des Zielsystems wären demnach 3081 Paarvergleiche durchzuführen (vgl. Zielsystem in 6.2.1). Diese hohe Zahl von Paarvergleichen würde den durchschnittlichen Nutzer eines Virtual Internet Payment Assistants überfordern.

Durch die Darstellung der Zielkriterien in einer Zielhierarchie verringert sich die Anzahl auf der dritten Ebene des Zielsystems auf 1650 Paarvergleiche, auf der zweiten Ebene des Zielsystems immerhin auf 213 Paarvergleiche. Das wären jedoch immer noch zu viele Vergleiche, um sie vom Nutzer selbst durchführen zu lassen.

Situationsspezifische Gewichtung ...

Die Ausführungen in 6.3.1 zeigen, dass es für den Nutzer einfacher wäre, wenn er statt der individuellen Konfiguration von 79 Kriterien lediglich die gewünschte Erfüllung von 3 bis 5 abstrahierten Eigenschaften elektronischer Zahlungssysteme derart bestimmen müsste, dass sie seinen Präferenzen am nächsten kommen. Da diese Gewichtung „situationsspezifisch" entstehen wird, können sich Unterschiede in der Gewichtung, beispielsweise in der Art des Gutes (physisch oder digital), nach der Höhe des Preises, der Höhe der Transaktionskosten, der Vertrauenswürdigkeit des Händlers, der Dauer der Lieferung oder der Haftung im Verlustfalle ausdrücken.

... der abstrahierten Eigenschaften ...

Der Einfachheit halber werden deshalb als abstrahierte Eigenschaften die drei Kriteriengruppen Sicherheits-, Funktionalitäts- und Wirtschaftlichkeitsanforderungen an die Durchführung einer Zahlungstransaktion angenommen.

... durch den Nutzer

Da man beim durchschnittlichen Nutzer im Allgemeinen von einer fehlenden sachlichen Kompetenz ausgehen muss, sollte die weitergehende Gewichtung der übrigen Kriterien vorab von Experten erstellt (vgl. die Ausführungen in 6.3.2 und [Z76]) und dem Nutzer plausible, situationsspezifische Anforderungsprofile vorgeschlagen werden [RGKP00]. Der Nutzer wird mit Unterstützung des Virtual Internet Payment Assistenten demnach in der Regel lediglich die Gewichte dieser „einfachen", abstrahierten Eigenschaften variieren und im Übrigen ein jeweils zur Transaktionssituation passendes (Muster-) Anforderungsprofil auswählen.

Zahlungssystemwahlverhalten

Erkenntnisse über das Zahlungssystemwahlverhalten von Nutzern in bestimmten Situationen, die sich zur Erstellung dieser Musteranforderungsprofile verwenden ließen, liegen u.a. in [K00] vor.

6.3.3.3 Beispielhafte Erstellung eines Anforderungsprofils

Ober- und Zwischenziele

Bei der Erstellung eines Anforderungsprofils werden zuerst die Gewichte für die Oberziele festgelegt und auf eine Summe von 1 normiert. Ober- und Zwischenziele lassen sich als Gruppen von Kriterien auffassen. Demnach spricht man im Zusammenhang mit den Gewichten der Ober- und Zwischenziele auch von sogenannten Kriteriengruppengewichten.

Für die erste in 6.3.2.2 skizzierte Situation „Der Nutzer fordert eine minimale Sichtbarkeit der Transaktion gegenüber anderen Teilnehmern im Internet", in der die Nutzer ein relativ starkes Gewicht auf Sicherheitsanforderungen legt, könnte beispielsweise die folgende Gewichtsverteilung sinnvoll sein:

- Sicherheitsanforderungen $g1 = 0{,}5$
- Funktionalitätsanforderungen $g2 = 0{,}2$
- Wirtschaftlichkeitsanforderungen $g3 = 0{,}3$

$$\sum g_i = 1 \text{ (mit } 1 \leq i \leq 3)$$

Ebenso wird mit der zweiten Ebene für die Zwischenziele verfahren. Nach der Festlegung der Kriteriengruppengewichte werden für jedes Zwischenziel 100 Punkte auf die einzelnen Unterziele bzw. Zielkriterien verteilt (Normierung auf 100 Punkte).

Kriteriengruppengewichte

Die endgültigen Kriteriengewichte für die Errechnung der Teilnutzwerte ergeben sich dann als Produkte aus Kriteriengruppengewichten und Punkten der jeweiligen Unterziele.

Kriteriengewichte

6.3.3.4 *Berücksichtigung von Wechselwirkungen*

Bei der Erstellung von Anforderungsprofilen lassen sich aufgrund der Wechselwirkungen zwischen einzelnen Kriterien bestimmte Konstellationen gewünschter Eigenschaften von vorneherein ausschließen. Beispielsweise macht es wenig Sinn, in dem Anforderungsprofil einer fiktiven Situation „Der Nutzer fordert eine minimale Sichtbarkeit der Transaktion gegenüber anderen Teilnehmern im Internet" sowohl Anonymität als auch Nachweisbarkeit der Transaktion zu fordern, da keines der gegenwärtig verfügbaren elektronischen Zahlungssysteme beide Anforderungen gleichzeitig erfüllt.

Unplausible Konstellationen von vorneherein ausschließen

6.3.3.5 *Sensitivitätsanalysen über die Gewichte*

In Anwendungsfällen des Scoring-Verfahrens wie diesem, in denen auf der Basis exakter Gewichte bestimmte Werte der alternativen elektronischen Zahlungssysteme punktgenau abgeleitet werden, könnte man in einem weiteren Schritt überlegen, ob sich nicht durch geringe Änderungen der (Gewichts-)Parameter die Empfehlung zur Zahlungssystemwahl ändern würde.

Variieren der Gewichte – Einfluss auf die Auswahlempfehlung?

Hat der Nutzer beispielsweise Gewichte ermittelt, die zur Auswahl der Kreditkarte führen, ist es nun noch von Interesse, ob die Entscheidung für die Kreditkarte relativ stabil ist oder schon bei geringfügigen Gewichtsverschiebungen umkippt, etwa zugunsten einer Zahlung mit dem Zahlungssystem eCash. Das elektronische Zahlungssystem eCash ist in dem Attribut „Vertraulichkeit der Kundeninformationen" der Kreditkarte überlegen. Ein höheres Gewicht

Stabile Entscheidung zugunsten eines Zahlungssystems

für die Anforderung „Vertraulichkeit der Kundeninformationen" könnte also dazu führen, dass das Zahlungssystem eCash einen höheren Nutzwert erhält als die Kreditkarte.

Annahmen über Gewichtsveränderungen

Wegen der Normierung der Gewichte müssen Annahmen getroffen werden, wie sich die anderen Gewichte ändern, wenn das Gewicht eines Attributs variiert. Demnach ist es nicht zulässig, die Auswirkungen einer isolierten Erhöhung des Gewichts g1 für die Sicherheit zu testen. Eine mögliche Annahme ist, dass sich bei der Erhöhung des Gewichts der Sicherheitsanforderungen die Gewichte der anderen Attribute so verringern, dass sie stets im selben Verhältnis zueinander stehen wie in der Ausgangssituation.

6.4 Zahlungssystemwahl mit dem Virtual Internet Payment Assistant

Vorgang der Risikohandhabung

Nachdem in 6.3 beschrieben worden ist, wie die Anforderungsprofile für Nutzer zur Vorbereitung der Risikohandhabung erstellt werden, geht dieser Teil des Beitrages auf den eigentlichen Vorgang der Risikohandhabung beim Aufbau des Zahlungssystemportfolios bzw. bei der Durchführung der Transaktion ein. Dazu werden die Anforderungsprofile mit den durch die Zahlungssysteme erreichbaren „technischen Sicherheitslevel" bzw. mit den Zahlungssystemprofilen abgeglichen.

Abgleich von Anforderungsprofilen und Zahlungssystemprofilen

In 6.4.1 wird der Bezug aktueller Zahlungssystem- und Anforderungsprofile beschrieben, bevor 6.4.2 näher auf den eigentlichen Abgleichvorgang eingeht, der die Empfehlung zur Zahlungssystemwahl hervorbringt. In 6.4.3 werden schließlich mögliche Reaktionen des Nutzers auf diese Empfehlung und die Identifizierung des Restrisikos diskutiert.

6.4.1 Bezug aktueller Zahlungssystem- und Anforderungsprofile

Profil-Server

Die Zahlungssystem- und (Muster-)Anforderungsprofile werden von unabhängigen Experten erarbeitet. Zahlungssystemprofile müssen entsprechend der Veränderungen und technischen Entwicklungen im Bereich der elektronischen Zahlungssysteme ständig aktualisiert werden. Die Profile werden auf dem Server der Experten, einem sogenannten Profil-Server, für den Online-Bezug durch den Nutzer bereitgehalten (vgl. Abbildungen 1 und 2).

Um sicherzustellen, dass dem Virtual Internet Payment Assistant des Nutzers die jeweils aktuellste Fassung der Zahlungssystemprofile zur Verfügung steht, wird vor der Durchführung der Zahlungstransaktion zuerst eine Abstimmung zwischen dem Virtual Internet Payment Assistant des Nutzers und dem Profilserver durchgeführt.

Aktuelle Zahlungssystemprofile

Der Nutzer lädt sich dann die für ihn interessanten aktualisierten Zahlungssystemprofile vom Profilserver. Die Profile werden anhand eines gültigen Zertifikates des Profilservers auf ihre Authentizität überprüft, bevor sie vom Virtual Internet Payment Assistant eingesetzt werden.

Authentizität der Zahlungssystemprofile

6.4.2 Abgleich von Zahlungssystem- und Anforderungsprofilen

Im eigentlichen Vorgang der Zahlungssystemwahl werden die Zahlungssystemprofile der auf dem Rechner des Nutzers einsetzbaren Zahlungssysteme mit dem vom Nutzer für die Transaktion bestimmten Anforderungsprofil abgeglichen.

6.4.2.1 Bestimmung der konkreten Anforderungen

Vor der Durchführung der Zahlungstransaktion legt der Nutzer das Anforderungsprofil fest, das für diese Transaktionssituation gelten soll. Dazu wählt er entweder eines der Musteranforderungsprofile oder eines der von ihm selbst angelegten situationsspezifischen Profile bzw. er nimmt an einem der vorkonfigurierten Anforderungsprofile situativ Änderungen vor.

Wahl des Anforderungsprofils

6.4.2.2 Aussonderung von Alternativen durch Berücksichtigung der Musskriterien

Im nächsten Schritt werden die im Anforderungsprofil gesetzten Musskriterien auf ihre Erfüllung in den Zahlungssystemprofilen getestet (vgl. Abbildung 6).

Test der Musskriterien

Hat der Nutzer aus den beiden in Abbildung 5 dargestellten Anforderungsprofilen für die Situationen „Nutzer fordert Sicherheit" und „Nutzer fordert Funktionalität" beispielsweise das erste Anforderungsprofil als seine konkrete Anforderungen für die Transaktion bestimmt, gilt es als Nächstes, die Muss- und Kannkriterien dieses Profils mit den verfügbaren Zahlungssystemprofilen abzugleichen. Bei beiden der in Abbildung 5 dargestellten Zahlungssystemprofile blieben in diesem Fall Musskriterien unerfüllt, wobei im Profil des

Abgleich von Muss- und Kannkriterien mit den verfügbaren Zahlungssystemprofilen

„Zahlungssystems 2“ mehr Musskriterien nicht erfüllt sind als im Profil des „Zahlungssystems 1“.

Abbildung 6
Abgleich von Zahlungssystem- und Anforderungsprofilen

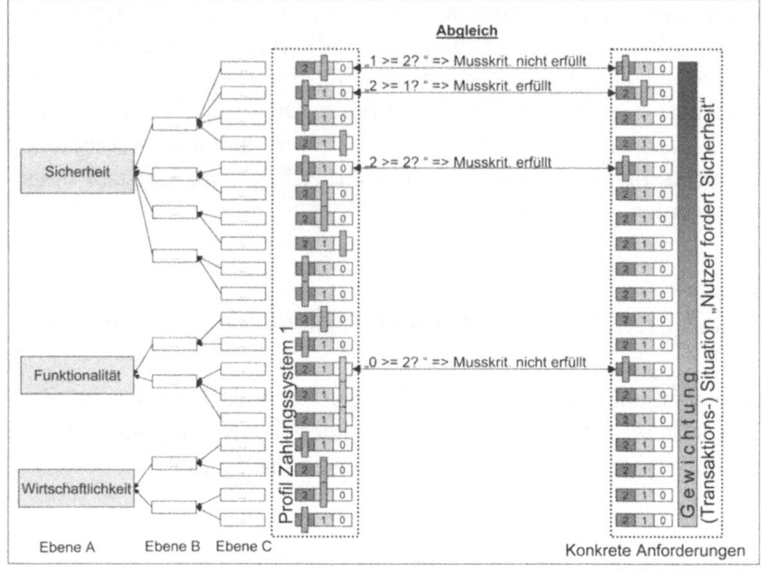

Strategien zur Entscheidungsfindung

Werden wie in diesem Fall gezeigt durch die Berücksichtigung der Musskriterien alle verfügbaren Zahlungssysteme für die Transaktion ausgesondert und blieben deshalb keine Zahlungssysteme für die Transaktion übrig, bestünden die folgenden Möglichkeiten, trotzdem ein Zahlungssystem für die Durchführung der Transaktion zu finden:

- Eine Möglichkeit wäre es, den Nutzer der Reihe nach die nicht erfüllten Musskriterien abzufragen und ihn so zu einer bewussten Änderung seiner Anforderungen zu bewegen. Angefangen wird in diesem Fall mit dem Zahlungssystem, dessen Zahlungssystemprofil die wenigsten nicht erfüllten Musskriterien enthält. Da im Profil des „Zahlungssystems 2“ in Abbildung 5 mehr Musskriterien nicht erfüllt sind als im Profil des „Zahlungssystems 1“, würde „Zahlungssystem 2“ für diese Transaktion nicht berücksichtigt und der Nutzer der Reihe nach die beiden nicht erfüllten Musskriterien des „Zahlungssystems 1“ abgefragt bekommen (vgl. Abbildung 6). Diese Strategie hat den Nachteil, dass Präferenzen des Nutzers bezüglich einzelner Musskriterien vor der Aussonderung von Zahlungssystemen nicht berücksichtigt werden.
- Eine weitere Möglichkeit wäre es, dem Nutzer vor der Aussonderung von Zahlungssystemen die nicht erfüllten Musskriterien anzuzeigen und ihn nach denjenigen Musskriterien zu fragen,

auf deren Erfüllung er im Zweifelsfalle verzichten würde, um die Zahlung trotzdem noch durchführen zu können. Diese Strategie hat den Vorteil, dass Präferenzen des Nutzers bezüglich einzelner Musskriterien vor der Aussonderung von Zahlungssystemen berücksichtigt werden.

Abkürzung des Verfahrens

Der Virtual Internet Payment Assistant kann sich, um das Verfahren abzukürzen und möglichst schnell zur Zahlung zu gelangen, vom Nutzer lediglich diejenigen nicht erfüllten Musskriterien bestätigen lassen, bei deren Verzicht am ehesten ein Zahlungssystem zur Verwendung bereit stehen würde.

Präferierte Musskriterien

Da bei der zweiten Variante die Präferenzen des Nutzers bezüglich einzelner Musskriterien berücksichtigt werden können, erscheint diese Variante deshalb als die Sinnvollere.

Nichterfüllung akzeptieren – Risiko bewusst eingehen

Der Nutzer hat dadurch die Möglichkeit, bewusst etwa die Nichterfüllung bestimmter Sicherheitskriterien zu akzeptieren, um trotzdem die Zahlungstransaktion durchführen zu können. Diese Möglichkeit für den Nutzer, in so einem Fall selbst entscheiden zu können, ob er das Risiko eingehen will, ist im Vergleich zum gegenwärtigen Zustand ohne Virtual Internet Payment Assistant ein Vorteil, da dem Nutzer die potenzielle Gefahr bzw. Auswirkung seiner Zahlungssystemwahl mit dem Virtual Internet Payment Assistant deutlich gemacht wird.

6.4.2.3
Priorisierung elektronischer Zahlungssysteme

Gesamtnutzwerte der elektronischen Zahlungssysteme

Unterschiedliche Zahlungssysteme werden zu unterschiedlichen Teilnutzen führen. Der Nutzer liefert durch seine Gewichtung im Anforderungsprofil zusätzliche Anhaltspunkte dafür, welche Eigenschaften ein Zahlungssystem besitzen soll (die horizontale Linie gepunktete Linie in Abbildung 7 drückt dieses Anforderungsprofil aus). Zusammen ergeben sich die Gesamtnutzwerte der elektronischen Zahlungssysteme. Die Ermittlung des Gesamtnutzwertes erfolgt unter Verwendung der Additionsregel. Dieser Wert drückt aus, in welchem Ausmaß die Zahlungssysteme die durch die Kannkriterien ausgedrückten Anforderungen insgesamt erfüllen.

Abbildung 7
Empfehlung des optimalen Zahlungssystems

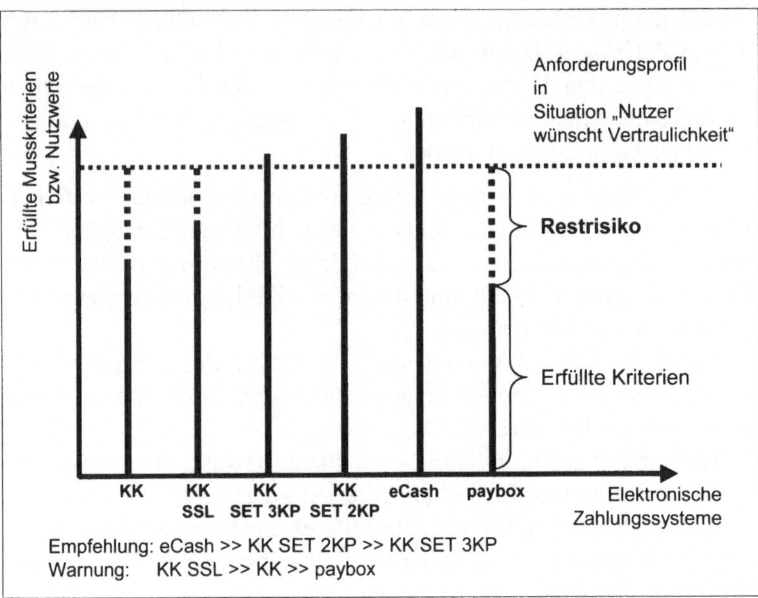

Reihen- oder Rangfolge

Nachdem die Gesamtnutzwerte ermittelt worden sind, können die dem Nutzer verfügbaren Zahlungssysteme anhand dieser Werte in eine Reihen- oder Rangfolge gebracht werden. Aus denjenigen Zahlungssystemen, die nicht bereits wegen der Nichterfüllung von Musskriterien ausgesondert wurden, wird nun das Zahlungssystem mit dem höchsten Gesamtnutzwert ausgewählt und dem Nutzer zur Durchführung der Zahlungstransaktion angeboten (vgl. Abbildung 7).

6.4.3 Identifizierung des Restrisikos

Nicht erfüllte Musskriterien = Restrisiken

Nicht erfüllte Musskriterien entsprechen den in 6.2.1 angesprochenen nicht erfüllten Anforderungen an Eigenschaften elektronischer Zahlungssysteme, die den Begriff Risiko für den Nutzer ausmachen. Wenn keine Risiken bestehen, kann der Nutzer das empfohlene elektronische Zahlungssystem demnach bedenkenlos verwenden.

Umgang mit Restrisiken

Wenn jedoch Risiken bestehen bzw. wenn im Anforderungsprofil gesetzte Musskriterien nicht erfüllt sind, hat der Nutzer die folgenden Reaktionsmöglichkeiten: Entweder er verzichtet darauf, diese Zahlungssysteme in der Transaktionssituation zur Bezahlung einzusetzen. Oder er verwendet das am ehesten geeignete Zahlungssystem[2] eben doch und geht das Risiko der von diesem Zahlungssystem nicht erfüllten Musskriterien bewusst ein.

In diesem Fall kann man auch davon sprechen, dass der Nutzer die nicht erfüllten Musskriterien als Restrisiken akzeptiert.

Akzeptanz der Restrisiken

6.4.4 Weitergehende Absicherung des Restrisikos

Im Hinblick auf eine weitergehende Absicherung des Restrisikos gälte es zu untersuchen, wie die theoretischen Vorschläge zur Risikoüberwälzung und Risikoverminderung praktisch in der Beratungs- und Entscheidungsunterstützungskomponente umgesetzt werden könnten.

Absicherung des Restrisikos

Um eine Risikoüberwälzung zwischen den Beteiligten per Vertrag zur ermöglichen, müssten beispielsweise Vertragsinhalte bestimmt werden. Für eine Überwälzung des Risikos auf eine Versicherung oder sogenannten „Liability Cover Service" müssten entsprechende Angebote für den Nutzer handhabbar in den Virtual Internet Payment Assistant integriert werden. Erste Ansätze für die Versicherung von Risiken beim Online-Einkauf finden sich etwa in der Verbraucherinitiative „s@fer-shopping" der TÜV Management Service GmbH und DBV-Winterthur Versicherungen, deren Leistung in der Vergabe einer vollen „Geld-zurück-Garantie" des Kaufpreises an Internet-Kunden bei Nicht-Lieferung der Ware besteht.

Risikoüberwälzung

Eine Vertiefung dieser Thematik würde den Rahmen dieses Beitrages sprengen. In diesem Zusammenhang sei u.a. auf [E01] verwiesen, der zentrale und dezentrale Lösungsansätze zur Schaffung von Vertrauen im Electronic Commerce identifiziert und damit weitere Ansätze zur Risikohandhabung aufzeigt.

Lösungsansätze zur Schaffung von Vertrauen

6.5 Lernfähigkeit des Virtual Internet Payment Assistants

Der Virtual Internet Payment Assistant sollte in dem Maße lernfähig sein, dass er aus dem bisherigen Verhalten des Nutzers, die Änderungen seiner Konfiguration oder die Wahl von Anforderungsprofilen für bestimmte Situationen betreffend, Rückschlüsse auf die Eig-

Rückschlüsse aus dem bisherigen Verhalten des Nutzers

[2] Das Zahlungssystem aus dem Zahlungssystemportfolio des Nutzers mit den wenigsten nicht erfüllten Musskriterien bzw. den von ihm nachträglich bewusst akzeptierten Musskriterien (vgl. Strategien zur Handhabung nicht erfüllter Musskriterien in 6.4.2.2).

nung der vordefinierten Anforderungsprofile ziehen und dem Nutzer in Zukunft situationsbezogene Änderungen seiner Voreinstellungen vorschlagen kann.

Entwicklungen der Zahlungssysteme berücksichtigen

Die Zahlungssystemprofile werden von Experten den Entwicklungen der Zahlungssysteme und den Einflüssen auf elektronische Zahlungssysteme entsprechend angepasst und auf dem Experten-Server bereitgestellt. Dabei können Informationen aus neutralen Quellen, etwa von Verbraucherzentralen, Technischen Überwachungsvereinen, BSI, Zertifizierungsstellen und weiteren mit einbezogen werden.

Negative Erfahrungen berücksichtigen

Erfahrungen in die Gestaltung der Anforderungsprofile einzubeziehen, dürfte grundsätzlich sehr schwierig sein, da die Zeiträume zwischen Durchführung der Zahlungstransaktion und dem Zeitpunkt der negativen Erfahrungen groß sein können. Abrechnungen und Kontoauszüge der Zahlungssystembetreiber erhält der Nutzer oft erst Wochen nach der Zahlungsdurchführung, demnach merkt der Kunde Unregelmäßigkeiten oder fehlerhafte Buchungen erst spät oder gar nicht. Bis sich die negative Erfahrung mit betrügerischen Händlern in einer Änderung der Anforderungsprofile niedergeschlagen hat, vergeht somit viel Zeit, in der ein Nutzer weiterhin das falsche Zahlungssystem benutzen kann.

Zurückhaltende Veröffentlichung von Betrugsfällen

Ein weiterer Aspekt, der sich auf die Lernfähigkeit des Virtual Internet Payment Assistants auswirkt, ist die fehlende Bereitschaft der Banken und Zahlungssystembetreiber, Angriffe, Probleme, Fehlerzustände in Hard- und Software der Serversysteme sowie Betrugsfälle bekannt werden zu lassen. Banken und Versicherungen halten sich aus Publicity-Gründen mit der Veröffentlichung von erfolgreichen Angriffen zurück.

6.6 Ausblick

Weiterentwicklung des Konzeptes

Im Konzept des Virtual Internet Payment Assistant sind die Ergebnisse der Risikoanalyse elektronischer Zahlungssysteme für das Internet mit dem Entwurf einer Beratungs- und Entscheidungsunterstützungskomponente vereint, die den Nutzern die eigenverantwortliche Risikohandhabung bei der Zahlungssystemwahl ermöglichen wird. Die Weiterentwicklung des Konzeptes und der Kriterien wird weiterhin nötig sein, sei es wegen der Entwicklung der Informationstechnik allgemein, wegen Fortschritten in der Sicherheitstechnik oder auch wegen neu entwickelter Zahlungssysteme.

Mit der Realisierung des Virtual Internet Payment Assistants als Dienstleistung für Kunden können Banken, Zahlungssystembetreiber, Payment Gateways, Portalbetreibern und Telekommunikationsdiensteanbieter gegenüber ihren Mitbewerbern ein Alleinstellungsmerkmal bei der Bewerbung der Kunden erlangen. Da den Banken und Zahlungssystembetreibern allerdings im Hinblick auf die Bewertung der Zahlungssysteme möglicherweise die dazu erforderliche Unabhängigkeit und Unparteilichkeit fehlt, sind sie als Anbieter eines Virtual Internet Payment Assistants in Bezug auf die Glaubwürdigkeit der Zahlungssystemprofile zumindest fragwürdig. Eine größere Glaubwürdigkeit bei der Erstellung und Prüfung der Zahlungssystemprofile lässt sich eher den bereits oben angesprochenen Institutionen zum Verbraucherschutz zusprechen. Abhängig davon, von welchem Dienstleister und für welches Anwendungsszenario der Virtual Internet Payment Assistant angeboten wird, sind dabei unterschiedliche Lösungsansätze für die Implementierung denkbar.

Wettbewerbsvorteil

Der Virtual Internet Payment Assistant für die Zahlungssystemwahl beim Portfolioaufbau (vgl. 6.2.3.1) als erstes Anwendungsszenario würde interaktiv zusammen mit dem Nutzer dessen Anforderungen plausibel und konfliktfrei bestimmen und dementsprechend für verschiedene Transaktionssituationen geeignete Zahlungssysteme empfehlen. Ergebnisse dieser Empfehlung könnten etwa „Links" zum jeweiligen Zahlungssystembetreiber, die Online-Bereitstellung von Anmeldungsformularen bis hin zur Unterstützung bei der Anmeldung des Nutzers beim Zahlungssystembetreiber und bei der Installation der für den Betrieb des Zahlungssystems auf dem Rechner des Nutzers notwendigen Soft- und Hardware sein. Der Assistant für dieses Anwendungsszenario ließe sich am einfachsten über eine gesicherte Web-Verbindung als Anwendung auf dem Server des Dienstleisters realisieren. Dieser Lösungsansatz hätte den Vorteil, dass keine Installation eines Virtual Internet Payment Assistants auf dem Rechner des Nutzers notwendig wäre und dass er damit am einfachsten und schnellsten zu realisieren wäre.

Der Virtual Internet Payment Assistant als Anwendung auf dem Server des Dienstleisters

Der Virtual Internet Payment Assistant für die Zahlungssystemwahl in konkreten Transaktionssituationen (vgl. 6.2.3.2) als zweites Anwendungsszenario kommt transaktionsbegleitend zum Einsatz, indem er den Nutzer bei der Erstellung und Bestimmung seiner Anforderungsprofile und bei der Auswahl des für ihn optimalen Zahlungssystems zur Abwicklung der Transaktion unterstützt. Der Assistant für dieses Anwendungsszenario ist aus Verfügbarkeitsgründen idealerweise im Wirkungsbereich bzw. auf dem Rechner des Nutzers installiert, da er ohne zeitliche Verzögerung beim Durchführen von Zahlungstransaktionen einsatzbereit sein muss. Der Wirkungsbereich des Nutzers kann außer dem stationären Rechner des Nut-

Der Virtual Internet Payment Assistant im Wirkungsbereich des Nutzers

zers selbstverständlich auch über Settop-Boxen ans Internet angeschlossenen Fernseher, Laptops, Notebooks, Handhelds, Palmtops, Mobiltelefone und weitere Geräte, die den Nutzer zur Teilnahme am ECommerce befähigen, umfassen. Dieser Lösungsansatz erfordert einen hohen Aufwand zur Integration sowohl der unterschiedlichen ECommerce-Umgebungen der Händler als auch der im Portfolio des Nutzers potenziell vorhandenen Zahlungssysteme. Ideal wäre dieser Ansatz deshalb als Erweiterung von ECommerce-Systemarchitekturen zu realisieren, da hier per se bereits ein großer Teil des Integrationsaufwandes betrieben wurde.

Der Virtual Internet Payment Assistant als Serverwallet

Die Realisierung des Virtual Internet Payment Assistants als Serverwallet auf einem Server des Dienstleisters wäre ein weiterer Lösungsansatz für dieses zweite Anwendungsszenario. Der Aufwand zur Integration sowohl von ECommerce-Umgebungen, Shop-Systemen und Zahlungssystemen ließe sich zusätzlich reduzieren, falls auch das Zahlungssystemportfolio des Nutzers auf dem Server des Dienstleisters läge. Dieser Lösungsansatz ist durch die zentrale Verwaltung von Zahlungssysteminformationen und den Anforderungsprofilen des Nutzers auf einem nicht im Wirkungsbereich des Nutzers liegenden Server jedoch zumindest im Hinblick auf den Schutz seiner Privatsphäre fragwürdig.

Kontrolle über die Privatsphäre

Mit dem vorgestellten Konzept werden die Voraussetzungen für die Realisierung eines Virtual Internet Payment Assistants geschaffen, der den Nutzern das Vertrauen in die korrekte Funktionsweise der elektronischen Zahlungssysteme und damit die Kontrolle über ihre Privatsphäre zurückgeben wird. Weitere Arbeit lohnen vertiefte Untersuchungen, welche Anforderungen Nutzer in typischen Situationen an die Durchführung der Zahlungstransaktion stellen. Dies gilt besonders für die hier nur kurz angerissene Erstellung plausibler, die Wechselwirkungen und Beziehungen zwischen den Kriterien berücksichtigender Musteranforderungsprofile für typische Situationen im ECommerce.

Literatur

[AS98] J.L. Abad Peiro, P. Steiger: Making Electronic Commerce easier to use with novel user interfaces. In: Electronic Markets, S. 8-12, 1998.

[CR98] L. Faith Cranor, J. Reagle Jr.: Designing a Social Protocol: Lessons Learned from the Platform for Privacy Preferences Project. April 1998, www.research.att.com/~lorrie/pubs/dsp/dsp.html.

[DPR99] H. Damker, U. Pordesch, M. Reichenbach: Personal Reachability and Security Management – Negotiation of Multilateral Security. In: [MR99], S. 95-111.

[DFAB98] A.J. Dix, J.E. Finlay, G.D. Abowd, R. Beale: Human-Computer Interaction. Second Edition. Prentice Hall Europe, 1998.

[EE00] H. Eggs, J. Englert: Electronic Commerce Enquête II - Business-to-Business Electronic Commerce, Empirische Studie zum Business-to-Business Electronic Commerce im deutschsprachigen Raum. Executive Research Report, Konradin-Verlag, Stuttgart 2000.

[F00] S. Fox: Trust and privacy online – Why Americans want to rewrite the rules. The Internet Life Report, The Pew Internet & American Life Project, August 2000.

[JECF00] „Java Electronic Commerce Framework“ von Sun; vgl. http://java.sun.com/products/commerce/.

[JM00] U. Jendricke, D. G. t. Markotten: Usability meets Security – The Identity-Manager as your Personal Security Assistant for the Internet. In: Proceedings of the ACSAC 2000, New Orleans, USA, 11.-15. Dezember, 2000.

[JEPI00] „Joint Electronic Payments Initiative“ von der W3C; vgl. http://www.w3.org/TR/NOTE-jepi.

[K00] T. Kiefer: Trust Mediation durch Banken im Electronic Commerce. Dissertation, Universität Freiburg, November 2000.

[M86] M. Meyer: Operations Research/Systemforschung. Eine Einführung in die praktische Bedeutung. 2. Auflage, Stuttgart 1986.

[MR99] G. Müller, K. Rannenberg (Hrsg.): Multilateral Security for Global Communication – Technology, Application, Business. Vol. 3, Addison-Wesley-Longman, 1998, Bonn; Reading, Massachusetts, Juli 1999.

[NCL01] „National Consumers League Warns Consumers Millions are Lost to Internet Fraud"; vgl. http://www.fraud.org/internet/intset.htm.

[OTP00] „Open Trading Protocol" von IETF's Internet Open Trading Protocol (TRADE) Working Group; vgl. http://www.ietf.cnri.reston.va.us/html.charters/trade-charter.html.

[RGKP00] M. Reichenbach, T. Grzebiela, T. Költzsch, I. Pippow: Individual Risk Management for Digital Payment Systems. In: Proceedings of the ECIS 2000, 8th European Conference on Information Systems, 3.-5. Juli 2000 in Wien, Österreich.

[R01] M. Reichenbach: Individuelle Risikohandhabung elektronischer Zahlungssysteme. Dissertation, Universität Freiburg, Februar 2001.

[R94] F.-M. Reisin: Software-Ergonomie braucht Partizipation. In: E. Eberleh, H. Oberquelle, R. Oppermann (Hrsg.): Einführung in die Software-Ergonomie, 2. Auflage, Berlin – New York, Walter de Gruyter, 1994, S. 299-333.

[RKN00] S. Röhrig, Konstantin Knorr, Hansrudi Noser: Sicherheit von E-Business-Anwendungen – Struktur und Quantifizierung. In: Wirtschaftsinformatik, Verlag Vieweg, Dezember 2000.

[SSW98] D. Schoder, R. Strauß, P. Welchering: Electronic Commerce Enquete 1997/98, Empirische Studie zum betriebswirtschaftlichen Nutzen von Electronic Commerce für Unternehmen im deutschsprachigen Raum. Executive Research Report, Stuttgart, Konradin-Verlag, 1998.

[SEMPER00] „Secure Electronic Marketplace for Europe", von der Europäischen Kommission gefördertes Forschungsprojekt; vgl. http://www.semper.org/.

[Z76] C. Zangemeister: Nutzwertanalyse in der Systemtechnik – Eine Methodik zur multidimensionalen Bewertung und Auswahl von Projektalternativen. 4. Aufl., München, 1976.

7 Benutzbare Sicherheit – Der Identitätsmanager als universelles Sicherheitswerkzeug

Daniela Gerd tom Markotten
Uwe Jendricke
Günter Müller

Umfragen unter Internet-Nutzern machen deutlich, dass Sicherheitswerkzeuge zum Schutz der Kommunikation und der eigenen Privatsphäre kaum genutzt werden.[1] Gründe dafür zeigen Benutzbarkeitstests von Sicherheitswerkzeugen wie PGP [WhTy1999] und F-Secure [Kr1999] auf. Die Benutzungsoberflächen sind häufig zu komplex und zu technikorientiert gestaltet, so dass sie für den Benutzer kaum zu überschauen und damit oft nicht fehlerfrei zu bedienen sind. Außerdem gibt es zwei Eigenheiten der IT-Sicherheit, die die Akzeptanz der Benutzer für Sicherheitsanwendungen weiter reduzieren:

Sicherheit ist *kein* Primärziel

1. *Sicherheit ist kein Primärziel*, d.h. Benutzer arbeiten nicht mit Sicherheitswerkzeugen, um produktiv zu sein. Sie arbeiten primär mit Anwendungen, wie Word und iExplorer, und wollen dabei sich und ihre Daten geschützt wissen. Es ist daher davon auszugehen, dass Benutzer generell wenig Motivation besitzen, Sicherheitsanwendungen zu nutzen bzw. den Umgang mit ihnen zu erlernen. Deshalb kann nur mit dem Einsatz einer adaptiven Benutzungsoberfläche, die überschaubar gestaltet und intuitiv bedienbar ist, gewährleistet werden, dass dieses Sicherheitswerkzeug auch genutzt und im Alltagsbetrieb eingesetzt wird. Bereits während des Entwicklungsprozesses eines Sicherheitswerkzeugs sollte deshalb die spätere Zielgruppe durch Benutzbarkeitstests einbezogen werden.

[1] http://www.fvit-eurobit.de/PAGES/FVIT/Arbeitskreise/ITSicherheit/ITSich.html

Sicherheit ist ein Technikfolger

2. *Sicherheit ist ein Technikfolger*. Wird eine neue Technologie entwickelt, zeigen sich häufig erst beim Einsatz Sicherheitslücken und -probleme. In den meisten Fällen wird erst dann mit der Entwicklung von Sicherheitskonzepten, -policies und -anwendungen begonnen, so dass Sicherheitsmechanismen immer nur reaktiv auf die jeweils aktuelle Technik angepasst werden. Es ist daher hilfreich, die erforderlichen Sicherheitsmechanismen mit einer modularen Architektur zu beschreiben, die die Migration und Skalierung auf zukünftige Systeme erleichtert.

Der Identitätsmanager als universelles Sicherheitswerkzeug

In den folgenden Kapitel wird gezeigt, dass Identitätsmanagement ein adäquates Konzept für benutzbare Sicherheit im Internet ist. Der Identitätsmanager als universelles Sicherheitswerkzeug unterstützt den Endbenutzer dabei, seine individuellen Sicherheitsinteressen im Internet wirkungsvoll durchzusetzen.

7.1 Komplexitätsreduzierung der Benutzungsoberfläche

Da Sicherheit kein Primärziel ist, müssen die Benutzungsoberflächen von Sicherheitswerkzeugen für den Benutzer ohne großen Lernaufwand korrekt bedienbar sind. Dazu muss die adaptive Benutzungsoberfläche in ihrer Komplexität reduziert werden. Diese Komplexitätsreduzierung wird durch folgende Ansätze erreicht:

Benutzer- und systemkontrollierte Schutzziele

1. Die Trennung in benutzer- und systemkontrollierte Schutzziele [JeMa2000] ermöglicht es, die meisten Sicherheitsmechanismen direkt vom System kontrollieren zu lassen, so dass der Benutzer kaum noch Sicherheitseinstellungen im Alltagsbetrieb des Sicherheitswerkzeugs vornehmen muss (siehe Kapitel 7.1.1).

Intuitive Bedienbarkeit

2. Eine Komplexitätsreduzierung kann auch durch intuitive Bedienbarkeit unterstützt werden. Je mehr die Benutzungsoberfläche auf Erfahrungen und Abbildern aus der realen Welt aufbaut, um so einfacher ist es für den Benutzer, die Konsequenzen im Umgang mit dem Sicherheitswerkzeug zu verstehen (siehe Kapitel 7.1.2).

7.1.1 Mehrseitige Sicherheit und Schutzzielimplikationen

Schutzziele und Benutzerperspektiven

Ausgangspunkt für die Untersuchung zur Komplexitätsreduzierung der Benutzungsoberfläche waren die Schutzziele der mehrseitigen Sicherheit [RaPfMu1997] und die Common Criteria [CC1999]. Diese Schutzziele sind nicht in Bezug auf eine adaptive Benutzungsoberfläche in ihren Abhängigkeiten geordnet. In [WoPf1999] wurden Beziehungen zwischen den einzelnen Schutzzielen beschrieben, allerdings ohne dabei verschiedene Benutzerperspektiven zu berücksichtigen. Als Benutzerperspektive wird die spezielle Sicht auf die Gruppe der potentiellen Angreifer bezeichnet, gegen die sich der Benutzer schützen will. Während einer Kommunikation will sich der Benutzer nicht immer gegen alle potentiellen Angreifer (d.h. Kommunikationspartner und unbeteiligte bzw. unautorisierte Dritte) schützen. In den meisten Situationen reicht der Schutz gegen unbeteiligte bzw. unautorisierte Dritte aus, da der Benutzer seinem Kommunikationspartner vertraut. Somit können die Schutzziele in zwei Gruppen unterteilt werden:

1. Schutz gegen unbeteiligte bzw. unautorisierte Dritte;
2. Schutz gegen Alle.

Schutzziel-implikationen

Diese Unterscheidung ermöglicht ein System von Implikationen zwischen den einzelnen Schutzzielen, die mit Hilfe eines mathematischen Modells in [JeMa2000] nachgewiesen wurden (vgl. Abbildung 1). Eine verbale Beschreibung der Implikationen von Unbeobachtbarkeit nach Verdecktheit und von Verdecktheit nach Vertraulichkeit findet sich in [WoPf1999].

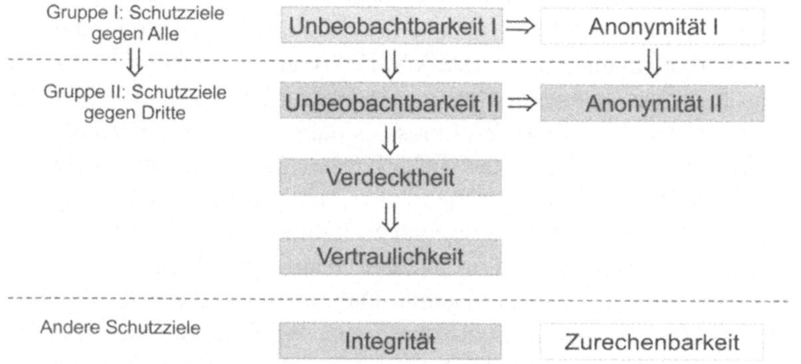

Abbildung 1 Schutzziel-implikationen

Trennung der Schutzziele

Mit diesen erweiterten Benutzerperspektiven und den Schutzzielimplikationen ergeben sich Folgen für die Gestaltung der adaptiven Benutzungsoberfläche. Es ist nun möglich, zwischen system- und benutzerkontrollierten Schutzzielen zu unterscheiden und somit Funktionen aus der Benutzungsoberfläche herauszunehmen, was zu einer Komplexitätsreduzierung führt.

Systemkontrollierte Schutzziele

1. *Systemkontrollierte Schutzziele:* Damit niemand außer den Kommunikationspartnern Informationen über die jeweilige Kommunikation erhält, sollten alle Schutzziele, die sich gegen unautorisierte Dritte richten, jederzeit direkt vom System geprüft und um-

gesetzt werden (in Abbildung 1 grau unterlegt). Dafür reicht es aufgrund der Implikationen aus, die Durchsetzung des Schutzziels *Unbeobachtbarkeit (gegen Dritte)* jederzeit zu gewährleisten. Die technische Realisierung von Unbeobachtbarkeit lässt sich mit einem vertretbaren Aufwand erreichen, wie unterschiedliche Lösungsansätze bei [BeFeKo2000; Ch1981] zeigen.

Benutzerkontrollierte Schutzziele

2. *Benutzerkontrollierte Schutzziele:* Die verbleibenden Schutzziele Anonymität (gegen alle) und Zurechenbarkeit (beide in Abbildung 1 weiß unterlegt) verbleiben unter der Kontrolle des Anwenders, da deren Konfiguration sowohl von der aktuellen Situation als auch von den persönlichen Sicherheitsinteressen des Benutzers abhängt [JeMa2000]. Diese Schutzziele sollten auf der Benutzungsoberfläche so abgebildet werden, dass sie die Sicherheitseinstellungen erleichtern und fehlerhafte Konfigurationen von Benutzerseite vermeiden.

7.1.2 Die Teil-Identität

Problem: Auslegung der Schutzzielbegriffe

Einige Forschungsprojekte haben sich u.a. bereits mit der Darstellung von Schutzzielen und Sicherheitsmechanismen auf der Benutzungsoberfläche befasst. Beispielsweise haben Arbeiten zum Erreichbarkeitsmanagement [DaPoSc1999] gezeigt, dass Schutzziele vom Benutzer unterschiedlich ausgelegt werden, was zur Fehlbedienung des Systems führt. Ziel muss es daher sein, ein auf Analogien zur realen Welt aufbauendes Sicherheitswerkzeug zu entwickeln.

Definition der Teil-Identität

In der realen Welt gibt man rollen- und situationsabhängig verschiedene Ausprägungen der eigenen Identität preis. So ist man beispielsweise beim Einkaufen annähernd anonym, beim Besuch bei Freunden jedoch sehr gut bekannt. Dieser (oft unbewusste) Wechsel der offenbarten Identität wird durch den Wechsel von situationsabhängigen Rollen modelliert, die *Teil-Identitäten* genannt werden. Eine *Teil-Identität* ist eine Menge von persönlichen Daten eines Benutzers, wobei jeder Benutzer über mehrere Teil-Identitäten verfügen kann.

Ähnlich wie in der realen Welt wechselt der Benutzer im Internet seine Teil-Identität, wodurch er sich – je nach Situation und Rolle – im Spektrum zwischen Anonymität und Identifikation bewegt.

7.2 Identitätsmanagement

Um im Internet mit Teil-Identitäten arbeiten zu können, benötigt der Benutzer ein einfach und sicher zu bedienendes Werkzeug – den Identitätsmanager. Dieser kann mit der aktuellen Technologie auf einem PC implementiert sein, in Zukunft ist sein Einsatz im Mobile und Ubiquitous Computing denkbar.

7.2.1 Generische Einheiten

Modularer Aufbau des Identitätsmanagers

Die ständige Weiterentwicklung der Technologie verlangt eine modulare Architektur, um zu vermeiden, dass für jedes System im software-technischen Sinne ein neues Konzept für Identitätsmanagement entwickelt werden muss.

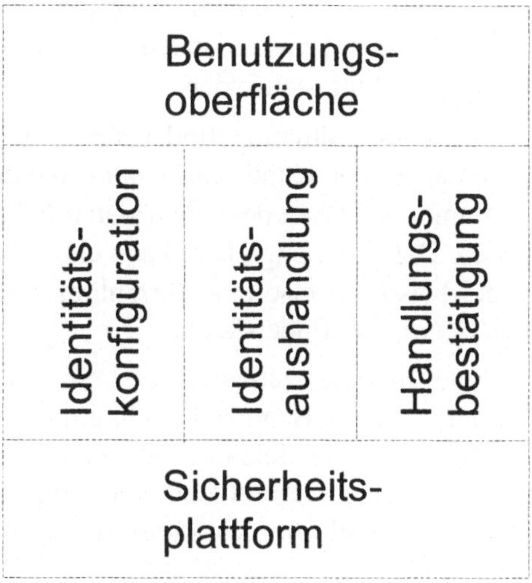

Benutzungs-oberfläche

Identitäts-konfiguration

Identitäts-aushandlung

Handlungs-bestätigung

Sicherheits-plattform

Abbildung 2
Einheiten des Identitätsmanagements

Das Identitätsmanagement besteht aus den folgenden fünf generischen Einheiten (vgl. Abbildung 2):

Identitäts-konfiguration

1. *Identitätskonfiguration* ermöglicht dem Benutzer, situationsgerecht eine Teil-Identität auszuwählen, mit der er sich seinem Kommunikationspartner gegenüber zeigen möchte. Dieser Auswahlvorgang ist größtenteils automatisierbar, da das System eine erneute Kommunikation mit einem schon bekannten Partner erkennen und die früher mit diesem Partner genutzte Teil-Identität auswählen kann. Wechselt der Benutzer nachträglich innerhalb dieser Situation die Teil-Identität, so muss das System prüfen, ob

der Grad der Anonymität der neuen Teil-Identität noch erreichbar ist. Da man gegenüber einem Partner seinen Grad der Anonymität nicht nachträglich erhöhen kann (Monotonie der Anonymität [WoPf2000]), ist die Teil-Identität innerhalb einer Situation nicht beliebig wechselbar.
Des weiteren ermöglicht die Identitätskonfiguration die Erstellung und Bearbeitung von Teil-Identitäten. Eine Sammlung von vordefinierten und zertifizierten Teil-Identitäten kann den Arbeitsaufwand für den Benutzer erheblich reduzieren.

Identitätsaushandlung

2. *Identitätsaushandlung* ist dann notwendig, wenn ein Teilnehmer über seinen Kommunikationspartner mehr wissen möchte, als dieser anfangs preiszugeben bereit ist oder ein Konflikt über den Grad der Verbindlichkeit dieser Kommunikation besteht. Deshalb muss den Kommunikationspartnern die Möglichkeit gegeben werden, die Teil-Identitäten untereinander auszuhandeln. Dabei müssen drei verschiedenen Arten der Aushandlung berücksichtigt werden:

- Mensch-Mensch: Zwei Kommunikationspartner müssen sich über die auszutauschenden Teil-Identitäten einigen. Es kann eine mehrstufige Aushandlung stattfinden.
- Mensch-Maschine: Diese Situation findet sich häufig im Bereich des E-Commerce. Der Kunde muss dem Server persönliche Daten wie Name, Adresse oder Finanzdaten bekanntgeben. Oft werden weitere Daten verlangt. Hier kann eine Aushandlung stattfinden, wobei beispielsweise eine Bezahlung von weiteren Daten durch den Server stattfinden kann.
- Maschine-Maschine: In vielen Situationen ist eine automatische Aushandlung ohne direkte Benutzerbeteiligung möglich. So wird beispielsweise im Erreichbarkeitsmanagement [DaPoRe1999] zwischen dem angerufenen und dem anrufenden Gerät ausgehandelt, ob und wie der Anruf signalisiert werden soll.

Handlungsbestätigung

3. *Handlungsbestätigung*: Der Benutzer muss für jede Teil-Identität bestimmen können, ob seine Handlungen oder die Handlungen seines Partners zurechenbar sein sollen. Dabei müssen die vier Fälle der Zurechenbarkeit [JeMa2000] berücksichtigt werden (z.B. für eine Kommunikation zwischen Alice und Bob):

- Alice signiert.
- Bob signiert.
- Alice schickt eine Empfangsbestätigung.
- Bob schickt eine Empfangsbestätigung.

Die Einheit Handlungsbestätigung stellt dafür die nötigen Werkzeuge wie Signierwerkzeug und Ortsstempeldienst [ZuKrKa2001] zur Verfügung.

4. Die *Sicherheitsplattform* beinhaltet die Schnittstelle zum Anonymitätsnetzwerk, aktuelle Sicherheitsmechanismen und eine gesicherte Datenbank für die Verwaltung der Teil-Identitäten. Alle zuvor genannten Bestandteile bauen auf dieser modularen Sicherheitsplattform auf, da sie die erforderlichen Sicherheitsfunktionalitäten zur Verfügung stellt und die vom Benutzer ausgewählten Sicherheitseinstellungen garantieren kann. Sicherheitsplattform
Das Anonymitätsnetzwerk ist die Grundlage des Identitätsmanagements. Es garantiert dem Benutzer ein anonymes Auftreten im Netz, wobei sich der Benutzer gegenüber seinem Kommunikationspartner durch die Auswahl von Teil-Identitäten nach Wunsch identifizieren kann.
Die Datenbank ist der persönliche Teil des Identitätsmanagers, da hier die persönlichen Daten und die Teil-Identitäten des Benutzers gespeichert sind. Dieser Teil muss sich in einem vertrauenswürdigen Sicherheitsbereich des Benutzers, beispielsweise auf einem PDA, befinden. Ein mobiler persönlicher Teil des Identitätsmanagers kann mit dem nicht-persönlichen Teil auf einem PC kommunizieren, wodurch der Benutzer jeden PC mit Identitätsmanager nutzen kann, ohne auf seine persönlichen Daten verzichten zu müssen.

5. Die *Benutzungsoberfläche* muss entsprechend dem Modell der Teil-Identität adaptiv an das Benutzerwissen anpassbar sein (Multi-User-Model [MaKa2000]). Von ihrer Gestaltung hängt die Akzeptanz des Sicherheitswerkzeugs hauptsächlich ab. Sicherheitskritische Teile der Benutzungsoberfläche, wie beispielsweise das Signierwerkzeug, müssen im persönlichen Vertrauensbereich des Benutzers lokalisiert sein [PfPfScWa1999]. Die Benutzungsoberfläche muss die Sicherheit des Identitätsmanagers in verständlicher Weise widerspiegeln, da Laien und viele Normalbenutzer die Sicherheitsmechanismen des Identitätsmanagers nicht überprüfen und einschätzen können. Dabei darf das Vertrauen, das der Benutzer mit der Zeit zum Identitätsmanager aufbaut, nicht durch Sicherheitslücken im System gefährdet werden. Benutzungsoberfläche

7.2.2 Funktionen und Eigenschaften des Identitätsmanagers

Schutz vor Dritten

Der Identitätsmanager ermöglicht es dem Benutzer, durch den Einsatz adäquater Schutzmechanismen (wie derzeit dem Mix-Netzwerk), von unautorisierten Dritten unbeobachtet zu kommunizieren. Dritte erhalten so weder personenbezogene Daten des Nutzers noch wissen sie, wo er sich im Internet bewegt bzw. mit wem er welche Daten austauscht.

Individuelle Behandlung des Kommunikationspartners

Unabhängig davon legt der Benutzer mit Hilfe des Identitätsmanagers individuell fest, welche Menge an personenbezogenen Daten er seinem jeweiligen Kommunikationspartner zur Verfügung stellen möchte. Grundsätzlich sollte der Benutzer möglichst wenig persönliche Daten herausgeben, um Verkettbarkeit zu vermeiden und datensparsam zu kommunizieren. Besucht der Benutzer zum ersten Mal eine Webseite, verwendet er entweder die voreingestellte (möglichst anonyme) Teil-Identität oder wählt selbst eine andere aus. Die Kombination der URL der besuchten Webseite und der verwendeten Teil-Identität wird in einer Datenbank gespeichert, so dass der Identitätsmanager dem Benutzer bei einem späteren Besuch derselben Webseite, die zugehörige Teil-Identität automatisch vorschlagen kann. Daher weiß der Benutzer wem er welche Daten bereits zur Verfügung gestellt hat. So behält er die Kontrolle über seine persönlichen Daten und kann seine Privatsphäre effektiv schützen.

7.2.3 Migration des Identitätsmanagers

Vertrauenswürdiger Sicherheitsbereich

Der Einsatz mobiler Endgeräte bietet den Vorteil, sensible benutzerbezogene Daten in einem vertrauenswürdigen Sicherheitsbereich abzulegen, der der Benutzerkontrolle unterliegt. Beispielsweise enthalten die Datenbanken der Identitätskonfiguration u.a. die Teil-Identitäten und die persönlichen Daten des Benutzers und müssen daher besonders geschützt werden. Zudem muss dieser persönliche Teil des Identitätsmanagers mobil sein, da ein Benutzer sein System u.U. an verschiedenen Orten einsetzen möchte. Aus diesen Gründen sollten die Datenbanken auf einem persönlichen mobilen Endgerät implementiert werden, der mit dem nicht-persönlichen Teil des Identitätsmanagementsystems auf einem PC (z.B. über Bluetooth) kommuniziert.

7.3 Identitätsmanagement und Schutz der Privatsphäre

Da Sicherheitswerkzeuge insbesondere dem Zweck dienen sollen, die Kommunikation und die Privatsphäre des Benutzers zu schützen, stellt sich die Frage, in weit der Identitätsmanager zum Schutz dieser Sicherheitsbedürfnisse beitragen kann.

Zweckbezogene Datenspeicherung

Das derzeitige Datenschutzgesetz geht von dem Modell aus, dass Daten zweckbezogen gesammelt und gespeichert werden. Möchte jemand personenbezogene Daten zu einem bestimmten Zweck speichern, unterliegt er damit den Anforderungen und Auflagen des Datenschutzgesetzes.

Im Internet werden Daten allerdings nicht mehr allein zweckbezogen erhoben, sondern häufig mittels Zusammenführung verschiedener Datenbanken und Data-Mining Methoden ausgewertet. Mit Hilfe dieser Methoden lassen sich unabhängige Aktionen eines Benutzers miteinander verketten und die ausgewerteten Daten für neue Zwecke einsetzen. Der Benutzer verliert so den Überblick, wer welche Informationen über ihn besitzt und damit die Möglichkeit zur informationellen Selbstbestimmung.

Kontrolle der persönlichen Daten

Der Identitätsmanager kann zwar nicht verhindern, dass personenbezogene Daten vom Empfänger weitergegeben oder für andere Zwecke genutzt werden, aber er gibt dem Benutzer die Möglichkeit, auf einfache Weise die Herausgabe seiner personenbezogenen Daten zu kontrollieren und auf ein minimales Maß zu beschränken. Beispielsweise kann der Benutzer seinen Identitätsmanager so konfigurieren, dass dieser nur dann personenbezogene Daten herausgibt, wenn sich die Kommunikationspartner verpflichtet haben, diese Daten nicht an Dritte weiterzugeben. Somit kann die Verkettung unabhängiger Aktionen erschwert und der Schutz der Privatsphäre gewahrt werden.

7.4 Ausblick

Implementierung des Identitätsmanagers

Derzeit wird im Projekt ATUS[2] der Prototyp eines Identitätsmanagers für den PC implementiert, der in [JeMa2000] funktional beschrieben ist. Dieser Prototyp wird zunächst aus den Einheiten Iden-

2 Das Projekt „ATUS – A Toolkit for Usable Security“ ist ein Projekt in dem von der DFG geförderten Schwerpunktprogramm „Sicherheit in der Informations- und Kommunikationstechnik“ http://www.iig.uni-freiburg.de/telematik/atus/.

titätskonfiguration, Handlungsbestätigung, Sicherheitsplattform und Benutzungsoberfläche bestehen. Für die Identitätskonfiguration wird eine Benutzungsoberfläche zur Erstellung und Bearbeitung für Teil-Identitäten implementiert. Als Instrument der Handlungsbestätigung wird ein Signierwerkzeug eingesetzt, das mit der handschriftlichen Unterschrift den privaten Schlüssel für die digitale Signatur frei schaltet. Die Sicherheitsplattform greift auf bestehende Krypto-Bibliotheken und Anonymitätsdienste zurück, während die Datenbank mit den personenbezogenen Daten auf einen PDA portiert wird, um einen mobilen vertrauenswürdigen Sicherheitsbereich für den Benutzer zu schaffen.

Literatur

[BeFeKo2000] Berthold, Oliver, Hannes Federrath und Marit Köhntopp: Project 'Anonymity and Unobservability in the Internet'. In: Workshop on Freedom and Privacy by Design / Conference on Freedom and Privacy 2000, Seiten 57-65, Toronto/Canada, April 2000.

[CC1999] Common Criteria for Information Technology Security Evaluation V 2.1, August 1999. Version 2.1/ISO IS 15408.

[Ch1981]Chaum, David: Untraceable Electronic Mail, Return Addresses, and Digital Pseudonyms. Communications of the ACM, 24(2):84-88, 1981.

[DaPoSc1999] Damker, Herbert, Ulrich Pordesch und Michael Schneider: Erreichbarkeits- und Sicherheitsmanagement praktisch erprobt, Band 2, Seiten 367-380. Addison-Wesley, 1999.

[JeMa2000] Jendricke, Uwe und Daniela Gerd tom Markotten: Usability meets Security - The Identity-Manager as your Personal Security Assistant for the Internet. In: Proceedings of the 16th Annual Computer Security Applications Conference, Dezember 2000.

[Kr1999] Kröger, Veli-Pekka: Security of User Interfaces - A Usability Evaluation of F-Secure SSH, Dezember 1999.

[MaKa2000] Daniela Gerd tom Markotten und Johannes Kaiser: Benutzbare Sicherheit - Herausforderungen und Modell für E-Commerce-Systeme. Wirtschaftsinformatik, 6:531-538, Dezember 2000.

[PfPfScWa1999] Pfitzmann, Andreas, Birgit Pfitzmann, Matthias Schunter und Michael Waidner: Trustworthy User Devices. In: Müller, Günter und Kai Rannenberg (Herausgeber): Technology, Infrastructure, Economy, Band 3 der Reihe Multilateral Security in Communications, Seiten 137-156. Addison Wesley Longman Verlag GmbH, 1999.

[RaPfMu1997] Rannenberg, Kai, Andreas Pfitzmann und Günter Müller: Sicherheit, insbesondere mehrseitige IT-Sicherheit. In: Müller, Günter und Andreas Pfitzmann (Herausgeber): Mehrseitige Sicherheit in der Kommunikationstechnik, Seiten 21-29. Addison-Wesley Longman Verlag GmbH, 1997.

[WhTy1999] Whitten, Alma und J.D. Tygar: Why Johnny Can't Encrypt: A Usability Evaluation of PGP 5.0. In: Proceedings of the 8th USENIX Security Symposium, August 1999.

[WoPf1999] Wolf, Gritta und Andreas Pfitzmann: Empowering Users to Set Their Security Goals. In: Müller, Günter und Kai Rannenberg (Herausgeber): Technology, Infrastructure, Economy, Band 3 der Reihe Multilateral Security in Communications, Seiten 113-135. Addison Wesley Longman Verlag GmbH, 1999.

[WoPf2000] Wolf, Gritta und Andreas Pfitzmann: Properties of protection goals and their integration into a user interface. Computer Networks, 32:685-699, 2000.

[ZuKrKa2001] Zugenmaier, Alf, Michael Kreutzer und Matthias Kabatnik: Enhancing Applications with Approved Location Stamps. In: 2001 IEEE Intelligent network workshop proceedings, 2001.

8 „Wer ist mein Nächster?" Zur Authentifikation des Kommunikationspartners

Dieter Gollmann

Mehr Vertrauen in E-Commerce durch schärfere Identitätskontrollen?

In vielen Diskussionen zum Thema E-Commerce findet man Bemerkungen der Art, dass mangelnde Sicherheit ein wesentliches Hemmnis für das Wachstum Internet-orientierter Geschäftsbeziehungen darstelle und dass es in diesem Hinblick erforderlich sei, die Identität seines Geschäfts- oder Kommunikationspartners genau überprüfen zu können, um so das erforderliche Vertrauen (worin?) zu gewinnen. Diese Annahme führt zum Schluss, dass es zumindest wünschenswert, wenn nicht sogar notwendig sei, dem E-Commerce mit der Einrichtung einer Public Key Infrastructure (PKI) unter die Arme zu greifen, auf der dann entsprechende Authentifikationsmechanismen aufsetzen könnten. PKI-Produkte finden sich zur Genüge am Markt und auch die relevante Gesetzgebung (deutsches Signaturgesetz, europäische Direktive zu elektronischen Unterschriften) legt ihr Hauptaugenmerk auf die Einbettung kryptographischer Mechanismen in bestehende Rechtssysteme.

Diese einführenden Bemerkungen stellen die Themen dieses Beitrags vor, die Authentifikation von Kommunikationspartnern im Speziellen und die Rolle von kryptographischen Diensten im E-Commerce im Allgemeinen. Es stellt sich die Frage, inwieweit diese Aspekte tatsächlich zur Sicherheit im E-Commerce beitragen oder ob es sich dabei um Modeerscheinungen handelt, deren Popularität auf ein unzulängliches Verständnis des Problems und ein unzulängliches Verständnis der Eigenschaften kryptographischer Sicherheitsmechanismen zurückzuführen ist. Wer kann wirklich mit kryptographischen Methoden authentifiziert werden? Muss man im E-Commerce seinen Nächsten kennen?

8.1 Grundlagen

Im Folgenden gehen wir davon aus, dass die Leser mit den Grundlagen der Kryptographie vertraut sind und hoffen, dass dieses Vertrauen in dem einen oder anderen Fall nach der Lektüre etwas geschwächt ist.

Der öffentliche und der private Schlüssel einer Partei A in einem asymmetrischen Chiffrierverfahren (engl. public key cryptography) werden mit P_B und S_B bezeichnet. Verschlüsselung einer Nachricht M unter einem Schlüssel K wird als eK(M) geschrieben, die digitale Unterschrift einer Nachricht M unter einem Schlüssel K als sK(M).

8.2 Authentifikation

Authentifikation als Verifizieren einer Identität

Technische Begriffe mögen durchaus ihr Eigenleben entfalten, die Forschungsliteratur birgt dazu genügend Beispiele. Wenn aber Technik erfolgreich zur Lösung realer Probleme eingesetzt werden soll, so ist es erforderlich, dass die technischen Begriffe eingängige intuitive Entsprechungen haben, und dass die präzise Bedeutung eines Begriffs nicht zu weit von der konventionellen Intuition abweicht. Wie wird also Authentifikation (Authentifizierung, Authentisierung, engl. authentication) intuitiv erklärt? Üblicherweise versteht man darunter das Verifizieren einer Identität, wie etwa im folgenden Zitat aus dem internationalen Standard IS 9798-1:

Entity authentication mechanisms allow the verification, of an entity's claimed identity, by another entity. The authenticity of the entity can be ascertained only for the instance of the authentication exchange.

Authentifikation und Autorisierung

Zur allgemeinverständlichen Erläuterung dieses Konzepts wird gerne die Identitätskontrolle an Staatsgrenzen als Beispiel bemüht. Reisende präsentieren ihren Pass, und ein Kontrollorgan prüft, ob Person und Pass zusammengehören, ob der Pass echt ist und ob der Pass zur Einreise berechtigt (Autorisierung). In diesem Beispiel ist die Entität eine Person, die Identität der Name, und die Verifikation ein visueller Vergleich zwischen Erscheinungsbild und Passfoto samt einer Überprüfung der Echtheit des Passes.

Begriffe wie Identität und Entität bedürfen präziser Erklärungen

Um die obige Definition auf technischer Ebene für eine gegebene Anwendung zu präzisieren, muss zentralen Begriffen wie Entität und Identität weiter nachgegangen werden. Wird das Beispiel der Passkontrolle in die digitale Welt übertragen, ersetzt man gerne den

Pass durch ein Zertifikat, mit dem man sich gegenüber seinen Kommunikationspartnern ausweist. Die Entitäten sind Teilnehmer in einem Kommunikationssystem, die Identitäten sind Namen, die im Zertifikat vermerkt sind. Die eigentliche Bedeutung dieser Namen ist wiederum ein Gebiet erbitterter Glaubenskriege. Muss sich ein Zertifikat auf den Namen einer Person beziehen, oder kann der Name ein beliebiges Sicherheitsattribut oder einfach ein kryptographischer Schlüssel sein? Die Suche nach einer allgemeingültigen Antwort würde das Ziel verfehlen, denn die „richtige" Antwort hängt von der jeweiligen Anwendung ab und ist nicht im Wesen der Authentifikation verankert.

Authentifikation als Verifizieren der Quelle von Nachrichten

An dieser Stelle beachte man, dass in der digitalen Welt kein visueller Kontakt zwischen Verifizierendem und Verifizierten besteht. Das Zertifikat wird vielmehr dazu benutzt, die Quelle von Nachrichten zu überprüfen. Dies führt zur Auslegung von Authentifikation als „Verifizieren des Ursprungs", oder als „Wissen mit wem man spricht", reflektiert im internationalen Standard IS 7498-2:

Peer entity authentication: The corroboration that a peer entity in an association is the one claimed. This service is provided for use at the establishment of, or at times during, the data transfer phase of a connection to confirm the identities of one or more of the entities connected to one or more of the other entities.

Peer entity authentication authentifiziert Verbindungen

Die Entitäten (engl. peer entities) sind nicht mehr Personen, sondern die Endpunkte einer Verbindung. Man könnte nun meinen, dass die zweite Definition ein Spezialfall der ersten sei, da Entität als Endpunkt einer Verbindung enger als in der allgemeinen Definition gefasst ist. Diese Interpretation würde aber der Absicht der Autoren von IS 7498-2 und dem Wesen einer Verbindung widersprechen. Wenn der Endpunkt einer Verbindung authentifiziert wurde, dann kommen alle Nachrichten, die auf dieser Verbindung ankommen, von diesem Endpunkt. Andernfalls hätte man den Endpunkt eben nicht erfolgreich authentifiziert.

Entity authentication prüft, ob die Entität am Leben ist

Mit der Authentifizierung einer Verbindung gerät man aber in einen Konflikt mit der ersten Definition, die explizit aussagt, dass nach Beendigung der Authentifizierung nichts mehr über die eben authentifizierte Entität ausgesagt werden kann. In diesem Sinn stellt Authentifikation nur fest, ob die überprüfte Entität am Leben ist, oder, weniger dramatisch ausgedrückt, ob die überprüfte Entität reagiert. Ein einfaches kryptographisches Protokoll, das dieses Ziel erfüllt, wäre:

1. $A \rightarrow B: eP_B(N_A)$

2. $B \rightarrow A: N_A$

Der Wert N_A wird mit dem öffentlichen Schlüssel P_B von B verschlüsselt. Daher ist nur B, oder genauer nur der private Schlüssel S_B, in der Lage, den Wert N_A aus der ersten Nachricht zu entnehmen. Erhält A die Antwort N_A, so kann sie schließen, dass der Schlüssel S_B in der Zeit zwischen dem Senden der ersten Nachricht und dem Erhalten der zweiten Nachricht benutzt wurde. Protokolle dieser Art könnten in einem Netzwerk verwendet werden, um von einer Zentrale aus die momentane Verfügbarkeit von Netzknoten zu kontrollieren. Protokolle dieser Art sind nicht dazu geeignet, festzustellen, mit wem man „spricht". In unserem Protokoll hat A keine Garantie und sucht keine Garantie, dass die zweite Nachricht direkt von B kommt.

Der Begriff Authentifikation ist mehrdeutig und hat inkompatible Interpretationen

Damit ist ein erstes Dilemma vorgestellt, vor dem Sicherheitsverantwortliche in der Praxis stehen. Standardmäßige – im eigentlichen Sinn des Wortes – Definitionen des Begriffs Authentifikation sind inkompatibel und entsprechen ebenso inkompatiblen Intuitionen. Es besteht somit die reale Gefahr, dass zur Abdeckung der Sicherheitsanforderung „Authentifikation des Kommunikationspartners" ein sogenanntes Authentifikationsprotokoll verwendet wird, das nicht den erwünschten Zweck erfüllt, obwohl es beweisbar den Anforderungen einer gegebenen technischen Definition entspricht, aber eben einer, die in der gegebenen Situation ungeeignet ist.

Meldungen über gebrochene Protokolle sind mit Vorsicht zu genießen

Selbst die Forschung kämpft in diesem Gebiet noch um Klarheit. Die formalen Anforderungen, gegen die Protokolle verifiziert werden, werden meist aus Gründen historischer Präzedenz gewählt, denn der Vergleich mit anderen Forschungsergebnissen steht im Vordergrund. Man findet allzu selten Versuche, die Verbindung zwischen Intuition und formaler Definition aufrecht zu erhalten. Der mangelnde Realitätsbezug kann dazu führen, dass mit einem Angreifermodell und mit formalen Sicherheitseigenschaften gearbeitet wird, die nicht kompatibel sind. Wird beispielsweise angenommen, dass sich ein Angreifer in bestehende Verbindungen einschalten kann, dann sollte nicht die jeweilige Verbindung authentifiziert werden, sondern die einzelnen auf der Verbindung übermittelten Nachrichten. Wenn daher in der Literatur behauptet wird, ein Protokoll sei gebrochen, so heißt das noch lange nicht, dass dieses Protokoll unter keinen Umständen verwendet werden kann. Es wurde nur gezeigt, dass das Protokoll eine bestimmte Eigenschaft nicht erfüllt, die als Authentifikation bezeichnet wurde und hoffentlich zu recht so bezeichnet werden kann.

Authentifikation: Ein Vorschlag zur Begriffsfindung

In dieser Situation wäre es einfach zu empfehlen, einen derart überladenen sowie gleichzeitig unterspezifizierten Begriff wie Authentifikation völlig zu vermeiden und durch eine neue Terminologie zu ersetzen. Diese Strategie ist jedoch unrealistisch und es erscheint ein besserer Rat, mit Authentifikation die Verifikation einer Assoziation von zwei benannten Objekten (unterschiedlichen Typs) zu bezeichnen, wobei der Typ der Objekte explizit erwähnt werden sollte. Beispiele dafür sind:

- Die Authentifikation einer Verbindung: Eine präzisere Definition von peer entity authentication müsste die authentifizierte Verbindung beim Namen nennen und sich auf die Verifikation einer Assoziation von Verbindung und Endsystem beziehen. Ein gutes Beispiel ist die Authentifikation eines Benutzers an einem Computerterminal, wo das Betriebssystem einen Bezug zwischen Benutzer und Terminalverbindung herstellt.
- Der Aufbau einer authentifizierten Verbindung (Schlüsselaustausch, engl. key establishment): In gewisser Weise ist das die duale Situation zum vorigen Fall, in dem die Verbindung bekannt war und die Identität (der Name) des korrespondierenden Endsystems verifiziert wurde; nun ist das Endsystem bekannt, mit dem die Verbindung aufgebaut werden soll.
- Die Authentifikation einer Nachricht (engl. data origin authentication IS 7498-2): Verifiziert die Assoziation von Nachricht und Quelle.
- Die Authentifikation eines Zugriffs (Betriebssystem): Verifiziert die Assoziation von Zugriff (engl. access request) und Urheber (engl. principal), wie im folgenden Zitat ausgedrückt [LABW92]: *Authentication answers the question "Who said this?", and authorization answers the question "Who is trusted to access this?"*.
- Auch die Passkontrolle fällt in den vorgeschlagenen Rahmen. Die Assoziation von Pass und Person wird – visuell – überprüft. In diesem Sinn geht es weniger darum, festzustellen, wer der Reisende ist, als festzustellen, dass er einen gültigen Pass besitzt.

Entity authentication fällt aus unserem Begriffsrahmen

Unser Versuch, das Begriffsgewirr zu entflechten, würde sein Ziel nicht erreichen, wenn er nicht manche Usancen im Gebrauch des Worts Authentifikation als unangebracht klassifizieren würde. Insbesondere trifft das auf die Definition in IS 9798-1 zu, die keine Assoziation zwischen Objekten herstellt, sondern eine temporäre Aussage über ein Objekt macht.

E-Commerce: Autorisieren von Transaktionen oder authentifizieren von Geschäftspartnern?

Eine weitere „falsche" aber im E-Commerce nicht ungeläufige Ausdrucksweise wäre, die Genehmigung einer Transaktion (zum Beispiel einer Kreditkartentransaktion durch die Kreditkartenfirma) als Authentifikation der Transaktion zu bezeichnen. Hier wäre es passender, von der Autorisierung der Transaktion zu sprechen. In unserem Sinn könnte sich „Authentifikation der Transaktion" auf die Überprüfung der Identität der an der Transaktion beteiligten Geschäftspartners beziehen.

Es ist unbestritten, dass Authentifikation nach anderen Kriterien klassifiziert werden könnte, beispielsweise nach dem Typ der Entität, die authentifiziert wird, und es wird kein Anspruch erhoben, dass die hier gewählte Definition die bestmögliche sei. Sie hat jedoch den Vorteil einer relativen Allgemeinheit. Insbesondere muss man sich nicht damit herumschlagen, das eigentliche Wesen der Identität auf allgemein-philosophischer Ebene zu klären, und kann es den jeweiligen Anwendungen überlassen, diesen Begriff passend zu besetzen. Für weiteres Material zu diesem Thema sei auf [Gol00] verwiesen.

8.3 Public Key Infrastructures

Authentifikation mit asymmetrischen Chiffrierverfahren beruht auf dem Prinzip, dass mit Hilfe des öffentlichen Schlüssels verifiziert werden kann, ob eine Nachricht mit dem privaten Schlüssel erzeugt wurde. Im Fall einer digitalen Unterschrift wird der öffentliche Schlüssel direkt bei der Prüfung der Unterschrift verwendet, im Fall des Protokolls in Abschnitt 8.2 wird er zur Erzeugung einer Nachricht verwendet, die nur mit dem privaten Schlüssel korrekt beantwortet werden kann.

PKI: Zertifikate binden öffentliche Schlüssel an Namen

Die primäre Assoziation, die so ein kryptographisches Authentifikationsprotokoll herstellt, bindet also eine Entität (deren Typ wir hier offen lassen) an einen öffentlichen Schlüssel. In manchen Fällen mag das ausreichen, aber oft wird die Assoziation mit einem Namen anderer Art gewünscht, zum Beispiel mit dem Namen einer Person. Die Verbindung zwischen einem solchen Namen und einem öffentlichen Schlüssel kann durch ein sogenanntes Zertifikat hergestellt werden. Dies ist nicht die einzig mögliche Methode: Eine geschützte Datei, die öffentlichen Schlüsseln Namen zuordnet, würde den selben Zweck erfüllen, aber Zertifikate nehmen in den heutigen Sicherheitsdiskussionen einen breiten Raum ein. Arbeitet man mit Zertifikaten, braucht man eine Stelle, die Zertifikate ausgibt, eine sogenannte Zertifizierungsstelle (engl. certification authority). Damit sind die Grundelemente einer Public Key Infrastructure (PKI) grob umrissen.

Am Beispiel der Simple Distributed Security Infrastructure (SDSI) soll nun skizziert werden, was eine PKI leisten kann. Das erklärte Ziel von SDSI ist Zugriffskontrolle [RL96]:

SDSI's groups provide simple, clear terminology for defining access control lists and security policies. Think of a principal as a public key, and concurrently as one who 'speaks' (by signing statements that can be verified with that public key).

Die Akteure sind öffentliche Schlüssel, die Regeln erklären, wie unterschriebene Aussagen – im wesentlichen Zertifikate – zu interpretieren sind. In der Forschung wurden diese Regeln (SDSI name resolution) mit formalen Methoden untersucht. Zwei Arbeiten, welche die Regeln für Gruppenzertifikate behandeln, werden nun kurz vorgestellt.

In einer Logik für Zugriffskontrolle ist der Einzelne mehr als die Gruppe

Abadi [Aba98] entwirft eine Logik für Zugriffskontrolle mit einer zugehörigen formalen Semantik. Die Namen (Identitäten) sind dementsprechend als Zugriffsrechte zu interpretieren. Die Ausstellung eines Gruppenzertifikats $n \rightarrow p$ bewirkt, dass p die Zugriffsrechte der Gruppe n erhält. In der Terminologie von [LABW92] „spricht p für die Gruppe n". Da Gruppenmitglieder zusätzlich zu den Gruppenrechten individuelle Rechte haben können, sind die Rechte eines Gruppenmitglieds stets eine Obermenge der Rechte der Gruppe.

In der formalen Semantik haben n und p Interpretationen, bezeichnet mit $[[n]]$ und $[[p]]$. Betrachtet man diese Interpretationen als die Menge der zugeordneten Rechte, so leuchtet das folgende Theorem ein.

Satz. Genau dann wenn $n \rightarrow p$ in der Logik ableitbar ist, gilt $[[n]] \subseteq [[p]]$.

Abadis Logik ist mächtiger als SDSI. Spricht das gegen die Logik?

Es ist jedoch der Fall, dass Abadis Logik Ableitungen erlaubt, die in den Regeln von SDSI nicht möglich sind. Zu einer genauen Darlegung des Sachverhalts müssten wir tiefer in die technischen Grundlagen eindringen, und so beschränken wir uns auf einen recht informellen Überblick. Sind p_1 und p_2 Mitglieder der Gruppe n, d.h. $n \rightarrow p_1$, $n \rightarrow p_2$, stellt p_1 ein Zertifikat aus, das m_2 in die Gruppe m_1 aufnimmt, und stellt p_2 ein Zertifikat aus, das h in die Gruppe m_2 aufnimmt, d.h. p_1 *says* $(m_1 \rightarrow m_2)$, p_2 *says* $(m_2 \rightarrow h)$, dann folgt in der Logik $(n\text{'s } m_1) \rightarrow h$, d.h. im lokalen Namensbereich von n ist h Mitglied der Gruppe m_1. Da p_1 und p_2 für die Gruppe sprechen, ist diese Verkettung nicht unlogisch, sie ist aber in SDSI nicht vorgesehen.

Ist es nun ein Manko der Logik, dass sie SDSI nicht völlig treu ist, oder ist es ein Manko von SDSI, dass die Auswertung von Zertifikaten Rechte nicht so zuweist, wie es eine Logik für Zugriffskontrolle erwarten ließe?

In einer Logik für SDSI ist die Gruppe mehr als der Einzelne

Im Gegenzug präsentieren Halpern und van der Meyden [HM99] eine Logik und eine formale Semantik mit dem Ziel, die Regeln in SDSI genau zu modellieren. So ist es ganz natürlich, dass keine weiterführenden Annahmen darüber gemacht werden, zu welchen Zwecken SDSI Gruppenzertifikate verwendet werden könnten. Es wird nur gesagt, dass ein Zertifikat n→p als „*n contains principal p*" oder als „*p is member of n*" zu lesen sei.

Die folgenden Ausführungen lassen sich leicht veranschaulichen, wenn man Gruppenzertifikate konkret zur Definition von e-mail Verteilerlisten verwendet. Die Ausstellung eines Gruppenzertifikats n→p bewirkt, dass die Adresse p in die Liste n aufgenommen wird. Die Adresse p kann wiederum eine Verteilerliste sein. Man könnte „sprechen" vielleicht mit dem Senden von e-mail-Nachrichten gleichsetzen. Stellt man sich unter der Interpretation von n und p in der formalen Semantik die Adressen vor, die in n und p zusammengefasst sind, so ist der folgende Satz naheliegend:

Satz. Genau dann wenn n → p in der Logik ableitbar ist, gilt $[[n]] \supseteq [[p]]$.

Die beiden formalen Interpretationen von SDSI ziehen gegensätzliche Schlüsse

Damit haben wir eine Logik, die genau zum umgekehrten Schluss der zuerst vorgestellten kommt. In der neuen Logik entsprechen die Ableitungen aber genau den Zertifikatsauswertungen, die in SDSI möglich sind. Das Ziel einer präzisen formalen Beschreibung ist erreicht, aber handelt es sich noch um eine Logik für Zugriffskontrolle, und ist es vielleicht sogar der Fall, dass die Regeln in SDSI nicht ganz mit dem angestrebten Ziel kompatibel sind?

Die Anwendung gibt vor, was ein Mechanismus erreichen soll, nicht umgekehrt

Die Beobachtung, dass ein und derselbe Mechanismus (Gruppenzertifikate) in so diametral entgegengesetzter Weise interpretiert werden kann, möge als Warnsignal dienen. Diskussionen über die Bedeutung von Begriffen und Mechanismen, etwa darüber ob die Namen in einem Zertifikat Attribute oder Personen bezeichnen, sind selten zielführend, solange sie sich nicht an einer Anwendung orientieren, ganz einfach deshalb, weil es zu viele verschiedene Anwendungen gibt, in denen Kernfragen unterschiedlich beantwortet werden. In diesem Sinn zeigt das obige Beispiel, dass es im Vergleich nicht so wichtig ist, zu entscheiden, ob der Name in einem Zertifikat ein beliebiges Attribut sein kann oder der Name einer Person sein muss, als zu entscheiden, ob der Name als Adresse zum Versenden von Nachrichten oder als Parameter in einer Zugriffskontrollregel verwendet werden soll.

In der Informatik gibt es eine berufsbedingte Neigung, den Mechanismen das ungeteilte Augenmerk zu widmen, wobei die Anwendungen im Hintergrund bleiben. In der Praxis findet man Strategien zur Softwareentwicklung, in denen ein Programm seine eigene Spezifikation ist. In der Forschung findet man sogenannte intensionale Spezifikationen von Sicherheitsanforderungen. Dieser Begriff wurde von Roscoe geprägt [Ros96], um Anforderungen an einen Mechanismus zu charakterisieren, die unter Bezug auf den Mechanismus selbst ausgedrückt werden. Ein Beispiel wären Definitionen von Authentifikation, die verlangen, dass die Protokollteilnehmer am Ende eines Laufes im Besitz übereinstimmender Aufzeichnungen sein müssen. Die Alternative zu intensionalen Spezifikationen sind extensionale Spezifikationen, welche die Wirkung eines Mechanismus auf sein Umfeld beschreiben. Intensionale Spezifikationen sind in der Forschung beliebt, obwohl sie eigentlich nichtssagend sind, wie es das folgende Zitat aus [Ros96] zum Ausdruck bringt.

Die Nabelschau der Technik: Intensionale Spezifikationen sind kein Ersatz für extensionale Spezifikationen

Intensional specifications tell us nothing in any abstract sense about what the protocol does and should not be thought of as a substitute for an extensional specification, except perhaps in the area of authentication.

Dieser Meinung ist zuzustimmen, mit dem Zusatz, dass Authentifikation keine Ausnahme ist, außer wenn man sie als einen Hinweis auf ein unvollständiges Verständnis des Problems betrachtet.

Wir haben den in der PKI-Welt üblichen Streit über das Wesen der Namen in Zertifikaten nur am Rande erwähnt und den ebenso üblichen Streit über Zertifikatformate völlig unter den Tisch fallen lassen. Es ist unsere These, dass solche Fragen nur die Oberfläche betreffen, und es ist unsere Hoffnung, dass das obige Beispiel die tiefen Risse gezeigt hat, die ein unkritischer Einsatz von PKI-Produkten übertünchen mag. Es ist daher nicht weiter verwunderlich, dass sich die Geister über die Zukunft der PKI-Produkte scheiden. Eine nicht sonderlich optimistische – oder vielleicht weniger euphorische – Stimme fasst die heutige Marktsituation wir folgt zusammen:

PKI, ein Konzept ohne eigentliche Bedeutung und daher ohne Anwendungen?

Ohne Killer Application wird die PKI zum Application Killer.

8.4 Identität und E-Commerce

Wir haben einige der Hürden vorgestellt, die aus dem Weg zu räumen sind, wenn Authentifikation wirklich zur Sicherung von E-

Commerce beitragen soll. Der Begriff Authentifikation kann in unterschiedlichster Weise interpretiert werden, und es gibt keine universellen Spielregeln für den korrekten Gebrauch von Zertifikaten in einer PKI. Man könnte nun diesen Hinweis auf die terminologische und technische Problematik dankbar aufnehmen, eine geeignete Definition von Authentifikation sowie eine PKI mit Regeln, die der gegebenen Anwendung entsprechen, wählen, und sich so auf solider Basis der Authentifikation von Kommunikationspartnern zuwenden.

Wie sollen E-Commerce Transaktionen gesichert werden?

Damit stehen wir wieder vor der Ausgangsfrage: Wie soll eine E-Commerce Transaktion gesichert werden? Muss bei jeder Transaktion die Identität des Partners überprüft werden, oder können andere Aspekte relevanter sein? Müssen sich etwa bei einer Kreditkartentransaktion Kunde und Händler gegenseitig authentifizieren, oder genügt die Autorisierung der Transaktion durch die Kreditkartenfirma? In seinem jüngsten Buch [Sch00] macht Schneier die Probe aufs Exempel und überprüft die Zertifikate, die in „sicheren" Geschäftsvorgängen vorgelegt worden waren. In der überwiegenden Zahl der Fälle waren die Zertifikate abgelaufen oder nicht für den augenscheinlichen Geschäftspartner ausgestellt. Theoretisch hätte man alle diese Vorgänge abbrechen müssen, praktisch waren sie ohne Beanstandungen abgewickelt worden.

Wer benötigt die Identität von Personen?

Wenn es also nicht axiomatisch wahr ist, dass im E-Commerce Identitäten verifiziert werden müssen, benötigt sonst jemand die Namen von Personen? Ein Kandidat ist die öffentliche Verwaltung, die im Parteienverkehr Namen und Identifikatoren wie Sozialversicherungsnummern benutzt. Das Beispiel Englands, wo Identitätsausweise verpönt sind, zeigt, dass man dabei ohne eigentliche Authentifikation (in unserem Sinn) auskommt.

Öffentliche Verwaltung und E-Commerce haben unterschiedliche Randbedingungen

Eine gründliche Untersuchung gegenwärtiger und möglicher künftiger englischer Authentifikationsverfahren, zumeist Konsistenzprüfungen, bei denen Strom- und Gasrechnungen beliebt sind, wird in [JoLe00] vorgelegt. Diesen Bericht durchzieht als roter Faden die Annahme, dass die Verwaltung eines Landes ausschließlich mit seinen Bewohnern zu tun hat. Bürger sind entweder im Land geboren oder sie sind Einwanderer, andere Möglichkeiten werden nicht erwogen. Die im Bericht aufgestellte These, dass Identitäten sowohl im amtlichen Parteienverkehr als auch im E-Commerce verifiziert werden müssen, übersieht, dass diese zentrale Annahme im E-Commerce nicht zutrifft. Die Überwindung staatlicher Grenzen ist gerade eine der meist zitierten Eigenschaften des Internets. Weiterhin geht die öffentliche Verwaltung davon aus, dass jede Person in der Regel genau einen Namen hat. Im E-Commerce ist es dagegen im allgemeinen unproblematisch, wenn eine Person mehrere Identitäten (Kreditkartennummern) verwendet. Diese Unterschiede dürfen nicht aus den Augen verloren werden und können Träumen, eine kryptographische Infrastruktur (PKI) zu schaffen, die gleichzeitig der öffentlichen Verwaltung und dem E-Commerce dient, ein böses Erwachen bescheren.

Authentifikation zur Beweissicherung: Gibt es ein zuständiges Gericht?

Es ist natürlich nicht so, dass Authentifikation im E-Commerce überhaupt keine Rolle spielt. Will man beispielsweise einen Streitfall vor Gericht bringen, ist es äußerst nützlich, wenn man geeignetes Beweismaterial vorlegen kann, das sich wiederum auf eine rechtsfähige Person und nicht auf eine beliebige E-Commerce-Identität beziehen sollte. Der oft vorgebrachte fromme Wunsch, dass elektronische (digitale) Unterschriften vor jedem Gericht rechtssicheres Beweismittel sein sollten, ist aus diesem Gesichtspunkt verständlich, übersieht aber eine wesentliche Vorbedingung. Gibt es in einem gegebenen E-Commerce Streitfall ein zuständiges Gericht? Nach welcher Gesetzeslage wird der Streitfall entschieden? Selbst wenn die beteiligten Parteien im selben Land residieren, können Probleme auftreten. Sind Bestellungen durch E-Mail oder aus einem Internetkatalog (gesicherte SSL-Verbindung) wie eine Postbestellung oder eine Telefonbestellung zu behandeln? Bei internationalen Transaktionen kommt die Frage nach dem Gerichtsort dazu, mit der Möglichkeit, dass unterschiedliche Rechtssysteme sich gleichzeitig für zuständig erklären.

E-Commerce verlangt Rechtssicherheit, technische Mittel helfen, sind aber kein Ersatz

Der zu Beginn angesprochene Wunsch nach sicherem E-Commerce ist in erster Linie ein Wunsch nach Rechtssicherheit. Technische Sicherheit ist ein Hilfsmittel aber kein Ersatz für Rechtssicherheit.

8.5 Schlussbemerkungen

Die Schwierigkeit, Konzepte wie Authentifikation oder PKI sicher zu verwenden, ist symptomatisch für allgemeine Probleme der Informationssicherheit. Die augenscheinliche Fehlerhaftigkeit von Sicherheitsprodukten ist ein beliebtes Konversationsthema und zeigt, dass vielleicht ein Handlungsbedarf und garantiert ein Erklärungsbedarf besteht. Es braucht keine besonders tiefschürfende Analyse, um mangelnden Bezug zwischen Anwendungsanforderungen und technischen Diensten als einen der Schuldigen auszumachen. Interessanter ist es schon, den Gründen für diesen Zustand nachzugehen.

Vermenschlichende Erklärungen sind leichter verständlich und leichter irreführend

Auf der Seite der Anwendungen finden wir in Problembeschreibungen vermenschlichende Ausdrucksweisen, die zwar einprägsame und dem Laien verständliche Erklärungen ermöglichen, aber zugleich in die Irre leiten, wenn die Diskrepanz zu den technischen Abläufen zu stark wird. Die Beschreibung von Authentifikation als „Wissen, mit wem man spricht" fällt in diese Kategorie. Ein anderes Beispiel ist Vertrauen (engl. trust), hinter dem sich ziemlich alles zwischen dem emotionalen Wohlbefinden des Benutzers und einem Verfahren zur Zugriffskontrolle verbergen kann. Eine schwammige Begriffswelt ist eine denkbar unsichere Basis für die Verankerung technischer Lösungen.

Mechanismen haben kein eindeutiges Ziel, das es logisch herzuleiten gilt; die jeweilige Anwendung bestimmt das Ziel

Auf der Gegenseite gibt es im technischen Bereich eine mechanismenbezogene Nabelschau, die den Blick auf die Anwendung verliert oder meint, dass der Mechanismus die Anwendung festlegt. Ein Sicherheitsmechanismus hat kein eindeutiges inhärentes Ziel, das es logisch herzuleiten gilt. In Abhängigkeit von Umfeld und Anwendung kann er verschiedene Ziele erfüllen. Ein Feld „Ablaufdatum" in einem Zertifikat zwingt niemanden, das Zertifikat nicht mehr zu verwenden, wenn das darin vermerkte Datum überschritten ist. Auch ein abgelaufener Pass kann zur Einreise gültig sein. Ebenso hat ein Begriff kein „ureigenes Wesen", er hat Bedeutungen, und man kann nur anstreben, ein gewisses Maß an Konsistenz zwischen den verschiedenen Bedeutungen zu bewahren (siehe wieder einmal „Authentifikation").

Damit ist dieses Thema noch nicht erschöpft. Im Forschungsbereich sieht man eine Vorliebe für formale Untersuchungen, die kaum Rechenschaft darüber ablegen, warum die untersuchten Eigenschaften relevant sind (intensionale Spezifikationen). Die Praxis kennt das Phänomen von Produkten, die noch auf der Suche nach der Anwendung sind.

Getrennt durch die gemeinsame Sprache: Gleichnamige Anforderungen in verschiedenen Bereichen haben nicht notwendigerweise gleiche Lösungen

Selbst wer in einem spezifischen Anwendungsbereich erfolgreich die Brücke zwischen Anwendung und Sicherheitstechnik geschlagen hat, wer also die Sicherheitsanforderungen korrekt identifiziert und die richtigen Mechanismen gewählt hat, darf trotzdem nicht der Versuchung erliegen, die gewonnenen Erkenntnisse und erprobten Lösungen kritiklos auf eine andere Anwendung zu übertragen. Vertraute Begriffe können ihre Bedeutung verändern, so dass ein zuvor adäquater Mechanismus nun das „falsche" Problem löst. Annahmen über das Umfeld mögen nicht mehr zutreffen, so dass ein zuvor adäquater Mechanismus nun das Problem nicht mehr löst. Leider wird in der Praxis aber oft nach dem Motto *„If it's not broken, don't fix it"* vorgegangen, wobei übersehen wird, dass zwar nicht die Mechanismen selbst, aber sehr wohl Annahmen über ihre Anwendung gebrochen wurden. Diese Brüche werden oft durch die in Sicherheitskreisen übliche (un)technische Sprache verdeckt.

Zuletzt wenden wir uns der Frage zu, ob sichere (starke) Authentifikation statt zu nützen vielleicht schaden kann. Man beachte, dass theoretische Sicherheitsbeweise in abstrakten Modellen durchgeführt werden, während in der Implementierung kleine Fehlerwahrscheinlichkeiten bestehen bleiben. Solange Fehler genug wahrscheinlich sind, werden Systeme so konstruiert, dass sie diese Fehler tolerieren können (Beispiel: kulanter Umgang mit Kreditkartenreklamationen, wobei die Gebühren einen Versicherungsbeitrag enthalten). Wenn Fehler unmöglich erscheinen, obwohl sie faktisch noch immer auftreten, wird es für Betroffene schwieriger, die Fehler korrigieren zu lassen. Auf diese Weise bewirkt höhere Sicherheit eine Verschiebung der Risiken. Weniger Betroffene haben ein höheres Risiko zu tragen. Dies erzielt den paradoxen Effekt, dass in risikofeindlichen Gesellschaften die Suche nach mehr Sicherheit die Häufigkeit von Schadensfällen verringern aber zugleich die Auswirkungen eines Schadensfalls viel unangenehmer machen kann.

Führt starke Authentifikation zu höherer Sicherheit oder zu einem Verschieben der Risiken?

Dieser Beitrag drückt ausschließlich die Meinungen des Autors und nicht die seines Arbeitgebers aus.

Literatur

[Aba98] M. Abadi, On SDSI's linked local name spaces, Journal of Computer Security, vol. 6, Seiten 3-21, 1998.

[Gol00] D. Gollmann, On the Verification of Cryptographic Protocols - A Tale of Two Committees, Electronic Notes in Theoretical Computer Science, Vol.32, Elsevier, 2000, http://www.elsevier.nl/inca/publications/store/5/0/5/6/2/5/.

[HM99] J.Y. Halpern and R. van der Meyden, A logic for SDSI linked local name spaces, in: Proc. 12th IEEE Computer Security Foundations Workshop, Seiten 111-122, 1999.

[IS 7498-2] International Organization for Standardization, Information processing systems - Open Systems Interconnection - Basic Reference Model; Part 2: Security Architecture, February 1989.

[IS 9798-1] International Organization for Standardization, Information technology - Security techniques - Entity authentication mechanisms; Part 1: General model, 2. Ed., September 1991.

[JL00] G. Jones und M. Levi, The value of identity and the need for authenticity, Foresight report Crime 2000.

[LABW92] B. Lampson, M. Abadi, M. Burrows und E. Wobber, Authentication in Distributed Systems: Theory and Practice, ACM Transactions on Computer Systems, vol. 10, Nr. 4, Seiten 265-310, November 1992.

[RL96] R. Rivest und B. Lampson, SDSI - a Simple Distributed Security Infrastructure, 1996, http://theory.lcs.mit.edu/~cis/sdsi.html.

[Ros96] A. W. Roscoe, Intensional Specifications of Security Protocols, in: Proc. 9th IEEE Computer Security Foundations Workshop, Seiten 28-38, 1996.

[Sch00] B. Schneier, Secrets and Lies, John Wiley & Sons, 2000.

9 Sicherheit im E-Commerce = Rechtssicherheit

Gerald Spindler

9.1 Einleitung

Der Handel über das neue Medium (E-Commerce) und damit die New Economy befinden sich derzeit an einem entscheidenden Wendepunkt. Dies lässt sich nicht nur an der Börsenrealität und der eingetretenen Ernüchterung nach dem Gold-Rush der Gründerjahre ablesen, sondern auch an den Umsatz- und Gewinnzahlen der verschiedenen Internet-Handelsunternehmen, die jedenfalls noch nicht den Prognosen der Analysten entsprechen. Ob die aus dem Boden geschossenen vielfältigen Internet-Handelsplattformen sowohl für den B2B-Verkehr als auch für den Handel mit dem Verbraucher (B2C) tatsächlich den Erwartungen gerecht werden, bleibt abzuwarten.

Eine der wesentlichen Voraussetzungen dafür, dass der Internet-Handel tatsächlich die Hoffnungen erfüllt, die in ihn gesetzt werden, besteht in der Schaffung sicherer Rahmenbedingungen. Denn ohne die nötige (Rechts-) Sicherheit können sich nur solche Handelsformen entfalten, die vergleichbar einem Wochenmarkt nur Geschäfte abwickeln, die zum einen unmittelbar und sofort gegen Bezahlung ausgetauscht werden, und die zum anderen Waren betreffen, deren Güte und Qualität der Handelspartner selbst unmittelbar in Augenschein nehmen kann. Wie zu zeigen sein wird, erfordern alle Arten von Geschäften, die den ganz überwiegenden Teil des modernen Wirtschaftsverkehrs ausmachen, sichere Rahmenbedingungen, sei es durch abstrakte Rechtsregeln oder bestimmte Formen der Generierung von Vertrauen (Zertifikate, Gütesiegel, Testate), die letztlich aber wiederum durch (rechtliche) Sanktionen flankiert werden müssen. Hierzu ist zunächst ein Blick auf die grundlegenden Paradigmen des elektronischen Handelsverkehrs zu werfen, insbesondere in ihrem Verhältnis zu der alten Frage, ob Recht und Sicherheit überhaupt im Internet benötigt werden (1.2., 1.3.).

9.2 Grundlegende Risiken im E-Commerce

Das Internet zeichnet sich durch verschiedene Aspekte aus, die sowohl bilaterale Beziehungen zwischen Handelspartnern als auch die generelle Sicherheit des Internet-Datenverkehrs tangieren:

1. Anonymität der Teilnehmer.
2. Flüchtigkeit und Manipulierbarkeit der Information bzw. Daten.
3. Keine Unterscheidbarkeit von Original und Kopie.
4. Globalität des Netzes.
5. Grundsätzliche Offenheit des Netzes für Jedermann.

Anonymität

Die Anonymität im Netz ist eines der bekanntesten Phänomene, die es den Teilnehmern erlaubt, quasi ihre rechtliche und soziale Identität beim Access Provider abzugeben und sich völlig neue Verhaltensmuster zuzulegen.[1] Die damit eintretende Freiheit hat als Kehrseite die Ungewissheit von Handelspartnern über die tatsächliche Identität, Seriosität und Bonität ihres Kontrahenten zur Folge. Solange den Partnern unklar bleibt, an wen sie sich im Streitfall wenden können bzw. wen sie überhaupt zur Rechenschaft ziehen könnten, werden nur solche Transaktionsformen durchgeführt, die einen sofortigen Austausch der Ware über das Netz gegen Bezahlung möglich machen. Da es selbst an der Zahlung per elektronischem Geld immer noch hapert, ist die unbedingte Aufrechterhaltung der Anonymität im Netz der Tod für jeden elektronischen Handel, wenn die Beteiligten nicht andere Lösungen finden, die aber die Aufdeckung der Anonymität erlauben und damit Sicherheit voraussetzen.

Manipulierbarkeit

Vergleichbare Probleme resultieren aus der Flüchtigkeit der Information und ihrer leichten Manipulierbarkeit. Am deutlichsten wird dies durch die bekannte Charakterisierung des Sicherheitsniveaus einer E-Mail als eine „mit Bleistift geschriebene Postkarte". Weder Absender noch Empfänger der Information können sich sicher sein, dass die verschickte Information tatsächlich nicht verändert oder von anderen gelesen wurde. Im Gegensatz zu dauerhaft verkörperten Informationen kann sich daher im elektronischen Handelsverkehr ein Vertragspartner im Streitfall nur mit erheblichen Mühen auf ausgetauschte Nachrichten berufen. Ökonomisch gesprochen werden die Transaktionskosten aufgrund der Risiken unter

[1] Zu diesem Phänomen s. *Lessig*, Code, 1999, S. 15 ff.

Umständen so hoch, dass bestimmte Handelsgeschäfte unterlassen werden. Auch hier bedarf es daher Lösungen, um das Sicherheitsniveau zu steigern und damit Transaktionskosten zu senken. Einschränkend ist jedoch hinzuzufügen, dass ein absolut hohes Sicherheitsniveau keineswegs für alle Formen von Austauschgeschäften erforderlich ist; das Beispiel der Spot-Market-Geschäfte oder langjährige Geschäftsverbindungen können die Verwendung kostenintensiver Sicherheitslösungen als ineffizient erscheinen lassen, da die Senkung der Transaktionskosten in keinem Verhältnis mehr zum Gewinn, der aus dem erhöhten Sicherheitsniveau resultiert, steht.

Original = Kopie

Ein Problem ganz anderer Natur entsteht aus der beliebigen Vervielfältigung digitaler Informationen, da ohne entsprechende zusätzliche technische Maßnahmen nicht erkannt werden könnte, was Original und was Kopie ist. Hier ist im wesentlichen das Urheberrecht als „Sachenrecht", als Schutz des geistigen Eigentums angesprochen. Es braucht angesichts weit verbreiteter Nachrichten über den Tausch von MP3-Dateien nicht näher dargelegt werden, welches Gefahrenpotential für den Schutz geistigen Eigentums im Netz besteht. Ob allerdings tatsächlich wohlfahrtsökonomisch eine Senkung der Produktion geistigen Eigentums zu befürchten ist, muss hier dahinstehen;[2] es sollte nur soviel angemerkt werden, dass es keineswegs ausgemacht erscheint, dass das höhere Risiko von Raubkopien nicht durch den erleichterten Vertrieb von geistigem Eigentum mehr als ausgeglichen wird. Anders formuliert: Hatten früher Nachwuchs-Gruppen in der Musikszene nur bei entsprechendem Wohlwollen der Plattenindustrie eine Chance, ihre Musik bekannt zu machen, hat sich die Situation in Internet-Zeiten fundamental geändert. Die Produktion an Information wird daher hinsichtlich der Quantität eher tendenziell erhöht; die Schlüsselfrage ist nur, ob auch der Wert der Produktion geistigen Eigentums insgesamt steigt. Daneben entstehen aber auch hier Risiken für den Handel, gerade für den im Internet besonders interessanten Vertrieb von Informationen, wenn das Internet nicht nur als Werbekanal, sondern gleichzeitig als Distributionsmedium genutzt wird. Erwerber von Informationen als digitale Ware werden nur dann bereit sein, einen Preis für diese zu entrichten, wenn sie sie nicht anderweitig kostenlos oder jedenfalls nur gegen geringe Risiken bzw. Nachteile erstehen können. Information wird ab dem Moment wertlos, wo sie nicht mehr exklusiv ist. Daher kann der Produktion von Information hinsichtlich deren Qualität ein „race to the bottom" drohen.

---

2 S. dazu *Cichon*, K&R 1999, 547; *Mönkemöller*, GRUR 2000, 663.

Globalität des Netzes = fehlende Regulierbarkeit

Eine Unsicherheit wiederum anderer Qualität resultiert aus der Globalität und Grenzenlosigkeit des Netzes. Angebote können überall in der Welt ins Netz gestellt und überall abgerufen werden. Die Wege, auf denen eine Information ihren Weg zum Abnehmer findet, sind nicht vorgezeichnet, sondern hängen von den Zufälligkeiten des Routing-Verfahrens ab. Regulierung und rechtliche Normen knüpfen dagegen an Territorien, physischen Aufenthaltsorte oder andere Kriterien aus der realen Welt an, die jedenfalls mit der Ubiquität des Netzes wenig gemein haben. Staaten sind daher nur sehr schwer in der Lage, Inhalte und Angebote im Netz zu regulieren; demgemäß ist der Schutz, den ein Staat bieten kann, recht gering,[3] sofern es sich um eine Information handelt, die ohne großen Aufwand eines realen Back Office bzw. Unternehmens ins Netz gestellt werden kann.

Globalität und Rechtsanwendungsrisiko

Die Globalität des Netzes erzeugt aber noch in einer anderen Hinsicht Unsicherheiten: Da nicht sicher ist, nach welchen Kriterien ein Staat die Regulierungshoheit über Internet-Angebote für sich beansprucht, ist der Anbieter von Informationen unter Umständen mit einer Vielzahl ihm in der Regel völlig unbekannter Rechtsordnungen konfrontiert. Dies kann z.B. dann, wenn Inhalte, die in einem Staat erlaubterweise ins Netz gestellt werden können, in einem anderen aber inkriminiert sind, dazu führen, dass ihr Urheber bei Besuch des Empfangsstaates unvermutet interniert wird.[4] Aber auch im Zivil- und Handelsrecht sind die klassischen Kriterien dem Internet anzupassen, etwa bei Emissionen von Wertpapieren über Internet-Handelsplattformen.[5] Das Risiko der Rechtsanwendung erzeugt daher Unsicherheit in den Beziehungen sowohl von Handelspartnern als auch bei der Generierung von Informationen im Netz.

Offenheit des Systems

Last but not least – und in engem Zusammenhang mit der Anonymität der Internet-Nutzer – steht schließlich die Offenheit des Systems: Da jedermann der Zugang offensteht, erhöht sich die Wahrscheinlichkeit von Angriffen aus dem Netz (Hacking) in vorher nicht gekanntem Ausmaß. Die geringen Kosten, um sich in die „Nähe" eines geschützten Objektes (Unternehmen, Regierungsbehörde etc.) zu begeben und in unerlaubter Weise Informationen zu sam-

---

3 Vgl. *Lessig*, Code, 1999, S. 3 ff.

4 S. dazu den Fall eines Ausländers, der wegen Verbreitens der Auschwitz-Lüge über das Internet durch Einstellen entsprechender Inhalte in seiner Homepage im Ausland, die aber in Deutschland abrufbar sind, in Deutschland verurteilt wurde, dazu Bundesgerichtshof in Strafsachen JZ 2001, erscheint demnächst.

5 Näher dazu *Spindler*, NZG 2000, S.1058 ff.; *Spindler*, Zeitschrift für das gesamte Handels- und Wirtschaftsrecht, (2001), erscheint demnächst.

meln, sind ungleich geringer als in der realen Welt. Ob daher tatsächlich der Aufwand, der an Sicherheit betrieben wird, in der virtuellen Welt in gleicher Relation zum drohenden Verlust steht wie in der realen Welt, muss hier dahingestellt bleiben.

Wie sehen nun die Antworten des Geschäftsverkehrs auf diese Risiken aus, welche Rolle spielen Selbstregulierung und Regulierung durch Recht, wie ist das Verhältnis von Sicherheit und Rechtssicherheit?

9.3 Risiken und (Selbst-)Regulierung

9.3.1 Selbstregulierung in geschlossenen und offenen Systemen

Verschlüsselung und Signatur

Einer der wichtigsten Mechanismen, um die beschriebenen Risiken zu überwinden, insbesondere um das für Verträge und Transaktionen wichtige Vertrauen zu erzeugen, besteht in der Entwicklung und dem Gebrauch von Techniken, die dem Empfänger einer Nachricht sowohl die Identität als auch die Authentizität der Nachricht vermitteln. Damit werden die Risiken der Anonymität und der Manipulierbarkeit von Informationen bewältigt. Diese Techniken sind als verschiedene Formen der Verschlüsselung und digitalen Signierung einer Nachricht inzwischen wohl bekannt und auch im Einsatz. Interessant ist jedoch der durchaus unterschiedliche Gebrauch in der Praxis und die zum Teil sehr lange Dauer bis zur Implementation von Sicherheitsstandards mit hohem Sicherheitsniveau. Ein interessantes Beispiel stellt hier der HBCI-Standard der Online-Banken dar, der – obwohl schon seit für Internet-Verhältnisse relativ langer Zeit in der Diskussion – erst in jüngster Zeit vermehrt Verbreitung gefunden hat. Viele der im Online-Sektor tätigen Banken verwenden aber nach wie vor nur ein System aus PIN- und TAN-Nummern zur Legitimation der Nutzer. All dies deutet zunächst darauf hin, dass an den Märkten entweder kein Bedürfnis für ein hohes Sicherheitsniveau besteht, da die Kunden und Banken im wesentlich höheren Maße als gedacht bereit sein, Risiken in Kauf zu nehmen; oder dass schlicht das Bewusstsein für die Risiken fehlt, wobei allerdings auch die Unsicherheit darüber, wie Gerichte die Risiken bei den neuen Technologien verteilen werden, eine Rolle spielen mag.

Sicherheit und Vertrauen

Damit ist einer der Schlüsselfaktoren für Sicherheit und Selbstregulierung angesprochen: Vieles kann durch Vereinbarung geregelt werden, nicht alles ist aber für jeden verständlich bzw. nicht alle Risiken werden gleich wahrgenommen bzw. bewertet. So spielen

Mythen, Vorstellungen, Gerüchte, simplifizierende Berichte in Boulevardjournals über Risiken im Internet mit Sicherheit eine große Rolle bei der grundsätzlichen Einstellung vieler Endverbraucher, etwa hinsichtlich des Missbrauchs von Kreditkarten oder der Täuschung über Identitäten. Ob tatsächlich ein Endverbraucher einem Angebot den Vorzug geben wird, das mit einem hohen Maß an Sicherheit wirbt und entsprechende Hinweise enthält, lässt sich pauschal schwer beantworten. Dass Sicherheit eine Rolle im Konsumentenverhalten jedenfalls der Deutschen spielt, zeigt in positiver Hinsicht die Entwicklung in der Automobilbranche, die einen wahren Boom hinsichtlich der Serienausstattung mit Sicherheitselementen, wie ABS, Airbags etc. erlebt hat. Andererseits zeigt das bereits erwähnte Online-Banking-Beispiel, dass sich viele Kunden offenbar auch durch kursierende Nachrichten über Gefahren im Online-Banking oder im Internet-Verkehr nicht von der extensiven Nutzung abhalten lassen, sofern hier wesentliche Kostenvorteile (monetär als auch immateriell durch größere Bequemlichkeit) gegenüber der klassischen Bank realisieren lassen.

Sicherheit im B2B-Verkehr

Bei der Analyse des Verhältnisses von Sicherheit, Selbstregulierung und Rechtssicherheit sollte man den B2C-Sektor streng vom B2B-Sektor trennen, ebenso wie geschlossene von offenen Systemen. Im Geschäftsverkehr sind privat getroffene Vereinbarungen, die bestimmten Technologien eine rechtlich relevante Wirkung zuerkennen, schon seit langem verbreitet, etwa in Gestalt der EDI-Vereinbarungen im Interbankenverkehr. Hier bedarf es keiner rechtlichen Regulierung, da es sich um Systeme handelt, die zwar heutzutage nicht mehr nur wenige Teilnehmer wie am Anfang zählen, aber immer noch im Vergleich zum Internet als geschlossen bezeichnet werden können. Dennoch müssen Sicherheitstechnologien zur Bestimmung der Identität und Authentizität von Nachrichten sich nicht von selbst durchsetzen; es kann unter Umständen der rechtlichen Regulierung als eines kick-off bedürfen, um eine Entwicklung anzustoßen, um den Teilnehmern glaubhaft zu vermitteln, dass die Einhaltung der rechtlich vorgesehenen Technologien tatsächlich Risiken im Geschäftsverkehr auszuschließen vermag.

Vertrauen in geschlossenen Systemen, Gütesiegel

Damit ist ein weiterer Faktor angesprochen, der essentiell für die private Überwindung der oben geschilderten Risiken im Internet ist: Vertrauen, insbesondere in geschlossenen Systemen. Dieses Vertrauen betrifft nicht nur die Risiken der Identität und Authentizität von Informationen, sondern auch die Verlässlichkeit des Handelspartners hinsichtlich der fairen Abwicklung einer Transaktion und des After-Sales-Service. Auch wenn man über die Identität eines Partners sicher sein kann, wird man dennoch nicht mit ihm kontrahieren, wenn die Unsicherheit zu groß ist, ob Probleme bei der Abwicklung auftreten. Angesichts der im Vergleich zur realen Welt wesentlich geringeren Chance, staatliche Regulierung effektiv durchzusetzen – wozu auch die Vollstreckung privatrechtlicher Urteile gehört – ist daher die Schaffung von „Ersatzrechtsordnungen", denen sich die Beteiligten eines Systems unterwerfen, umso wichtiger. Solche Ringe, Gilden, Netzwerke, oder wie auch immer sie heißen mögen, bilden schon heute einen wichtigen Baustein der B2B-Internetökonomie. Selbst im B2C-Sektor lassen sich Tendenzen zur Etablierung von Gütesiegeln beobachten. Die Neue Institutionenökonomie hat hier schon frühzeitig interessante Modelle zur Verfügung gestellt, wie derartige Systeme funktionieren können, wenn es an staatlicher Durchsetzungsmacht fehlt (sog. self-enforcing contracts).[6] Denn die Teilnehmer müssen Instrumente schaffen, die in gleicher Weise Sanktionen für andere Partner zur Verfügung stellen, die den gemeinsamen Kodex verletzen. Solche Mechanismen bzw. Sanktionen können in dem Verlust von Reputation und damit dem Ausschluss aus solchen geschlossenen Systemen bestehen, aber auch in dem Verlust von gestellten Bürgschaften oder hinterlegten Kautionen. Damit lassen sich im Ergebnis unabhängig von einer Rechtsordnung effektive Kontrollmechanismen schaffen. Entscheidend und bis heute allerdings nicht geklärt ist die Frage, ab wann die Zahl der Teilnehmer kritisch wird, sowohl „von unten" her in dem Sinne, dass der Anschluss an ein solches System Sinn macht, als auch „von oben" betrachtet in dem Sinne, dass – vergleichbar der sozialen Kontrolle – die Zahl der Teilnehmer zu groß wird, um eine effektive gegenseitige Kontrolle gewährleisten zu können. Kann das System den Teilnehmern glaubhaft signalisieren, dass Verstöße geahndet werden, steigt das Vertrauen in die Abwicklung der Transaktionen. Die Geschlossenheit solcher Systeme, die wiederum Sicherheit bedingt, ist damit ein wichtiger Aspekt, um Transaktionen schnell und effektiv durchführen zu können. Recht ist in diesem Rahmen zweitrangig, da es lediglich ein Reservoir bildet, auf das bei Versagen der Sanktionsmechanismen zurückgegriffen wird. Natürlich ist in der Praxis ein komplexes rechtliches Gebilde in der Regel vorzufinden, das sowohl eine Art Ersatz-Rechtsordnung in Gestalt von Allgemeinen Geschäftsbedingungen als auch Schiedsgerichte als Ersatz für die staatliche Rechtsetzung (als Weiterentwicklung von Alternative Dispute Resolutions) vorsieht. Doch kann all dies nur wirkungsmächtig sein, wenn dahinterstehende wirtschaftliche Sanktionen effektiv sind.

---

6 Grundlegend *Williamson*, Markets and Hierarchies, 1975; ders. The Economic Institutions of Capitalism, 1985.

Problem: Informationsevaluation

Im B2C-Sektor oder in offenen B2B-Systemen sind diese Mechanismen jedoch weit weniger wirksam. Hier kann Vertrauen nur mit Hilfe von Gütesiegeln vertrauenswürdiger Dritter, Testaten oder anderen Mitteln erreicht werden. Denn sonst tritt das aus der Ökonomie bekannte Phänomen des „Market for bitter lemons" ein:[7] Der Marktteilnehmer ist selbst nicht in der Lage, Qualität zu erkennen, so dass er nicht bereit ist, für gute Qualität einen entsprechenden Preis zu zahlen – er kann ja nicht beurteilen, ob ihm nicht doch eine bittere Zitrone angeboten wird. Dieses Problem der Informationsevaluation infolge einer bestehenden Informationsasymmetrie ist auch für die Internet-Ökonomie typisch – noch mehr als in dem von Akerlof berühmten Beispiel des Gebrauchtwagenmarktes, da der Internet-Nutzer die Ware nicht in Augenschein nehmen kann. Daher bedarf es der Zertifizierung, der Aussagen Dritter über die Ware, um Qualität zu signalisieren und damit Vertrauen zu schaffen.

Verbraucherschutz im Internet überflüssig?

Nun steht dem gerade im Internet das häufig in Verbraucherschutzdebatten zu hörende Argument gegenüber, dass das Internet zum ersten Mal in der Geschichte die Möglichkeit eröffnen würde, dass Verbraucher ihre Meinung über Produkte ohne große Kosten miteinander austauschen könnten. Dementsprechend finden sich bei zahllosen Web-Sites Aussagen von Konsumenten über Produkte, Shareware etc.; auch eigene Meinungsseiten zur Verbraucherinformation haben sich etabliert. Die typische Informationsunterlegenheit des Verbrauchers scheint damit endgültig beseitigt zu sein, da er sich kostengünstig eine eigene Meinung anhand der Auffassungen und Urteile anderer Verbraucher über eine Ware bilden sowie selbst seine Meinung kundtun kann. Dennoch wird damit nur eine Seite der Medaille beleuchtet, nämlich diejenige der Informationsdistribution – in der Tat sind hier die Kosten enorm gesunken, so dass ein Kardinalproblem effektiven Verbraucherschutzes, nämlich der Kosten für die Organisation einer Meinung, offenbar gelöst ist. Dafür sind aber andererseits wie in einem System der kommunizierenden Röhren die Kosten der Informationsevaluation in die Höhe geschossen: Die Flut an Informationen macht es ohne zusätzliche Kriterien oder Aussagen Dritter unmöglich, beurteilen zu können, ob eine Information „gut" oder „schlecht" ist. Jeder kennt die Unmengen an Unsinn, die in Newsgroups und E-Mail-Verteilerlisten abgesondert werden, gerade weil es eben nur geringe Kosten verursacht. In der Sprache der Nachrichtentechnik: Das „Rauschen" ist wesentlich größer geworden, die Kosten des „Herausfilterns" der Information

---

7 Grundlegend *Akerlof* (1970), The Market for "Lemons": Quality Uncertainty and the Market Mechanism, Quarterly Journal of Economics, 84, 488.

wesentlich höher. Die „bitteren Zitronen“ bleiben daher nach wie vor „bitter“, da der Verbraucher praktisch keine Chance hat, die Glaubwürdigkeit einer Meinung über ein Produkt auf einer Web-Site oder einer News-Group zu überprüfen. Das „bitter lemon“-Problem taucht in anderer Gestalt wieder auf, da der Konsument nie sicher sein kann, ob die Information, die er geboten bekommt, frei von Manipulationen ist. Somit hat der Verbraucherschutz durch Selbstregulierung in Gestalt des Meinungstauschs weder gewonnen noch verloren.

Ohne Zertifizierung oder Gütesiegel, die glaubhaft die Qualität eines Produktes vermitteln können, ist es gerade im Internet um das nötige Vertrauen in den Vertragspartner und seine Produkte nicht zum Besten bestellt. Dementsprechend lassen sich Tendenzen der Anbieter beobachten, sich bestimmten Systemen anzuschließen, die Verbraucherschutz (neben anderen, noch zu diskutierenden Sicherheiten) glaubwürdig signalisieren sollen.

Verlässlichkeit der Zertifizierer und Gütesiegelsysteme?

Indessen steckt auch hier der Teufel im Detail. Denn die Probleme verlagern sich – vergleichbar den Märkten für Wirtschaftsprüfer oder anderer Gutachter – auf die Sekundärmärkte. Es muss diesen Institutionen, die eine Web-Site als vertrauenswürdig zertifizieren, ihrerseits gelingen, eine entsprechende Reputation aufzubauen. So kann eine Vielzahl von Gütesiegeln, bei denen der Endkunde nicht mehr klar unterscheiden kann, wofür sie stehen und wer sie ausstellt, nicht das nötige Vertrauen in die Zertifizierungsstellen erzeugen. Ebensowenig kann der Endkunde beurteilen, ob die Zertifizierer tatsächlich unabhängig und objektiv vorgehen, was jedoch grundlegende Voraussetzung zur Schaffung von Vertrauen ist. Vielmehr kann der Branche ein einziges schwarzes Schaf schaden, das das Vertrauen in den gesamten Markt der Zertifizierer erschüttert oder sogar entzieht – vergleichbar den Phänomen in der Bank- und Versicherungsbranche, die ebenfalls sehr stark auf Reputation und Vertrauen aufbauen. Daher ist jedenfalls für diejenigen Institutionen, die geeignet sind, ein solches Vertrauen aufzubauen, typisch, dass sie der staatlichen Zulassung und Überwachung unterliegen, wie etwa Wirtschaftsprüfer oder Umweltgutachter. Andere Zertifizierer leiden, wie z.B. Qualitätsmanagement-Auditierungsunternehmen, sehr schnell an dem Ruf, nicht mit der nötigen Unabhängigkeit vorzugehen, so dass ihre Zertifikate mehr oder minder wertlos sind.

All dies lässt sich ohne weiteres auf Selbstregulierungsmechanismen im Internet übertragen, so dass die Sicherheit, die für den Vertragspartner außerhalb von geschlossenen Systemen erzeugt werden soll, praktisch ohne rechtliche Regulierung nicht auskommen kann. Dies gilt auch für privat vereinbarte bzw. angebotene

Verschlüsselungssysteme, die auf der Vertrauenswürdigkeit des Zertifizierers beruhen.

Fazit: Vertragliche (oder sozial wirksame) Vereinbarungen können in geschlossenen Systemen Sicherheitsstandards festlegen und damit die oben beschriebenen Risiken der Anonymität und der Kontrolle über den Handelspartner beseitigen. In offenen Systemen ist dies jedoch ungleich schwieriger, wenn nicht gar unmöglich.

9.3.2 Schutz außerhalb von bi- und multilateralen Beziehungen

Wer sich des elektronischen Handels bedient, möchte in der Regel nicht größere Risiken eingehen, als er sie in der realen Welt vorfinden würde. Andernfalls wird eine Risikoprämie eingerechnet, die je nach Wahrscheinlichkeit und Höhe eines Schadens höher ausfallen kann als die Einsparung von Transaktionskosten, die sich aus der Nutzung des Mediums ergeben.

Schutz der Integritätsinteressen der Internetteilnehmer

Diese banale Erkenntnis aus der Transaktionskostenökonomie beansprucht aber nicht nur für bi- und multilaterale Beziehungen – also den Austausch von Gütern – Geltung, sondern auch für den Schutz der Integrität der Rechtsgüter eines Internet-Teilnehmers. Sowie für den Handel erhebliche Hindernisse in einem realen Marktplatz bestehen, der große Risiken für die Rechtsgüter des Teilnehmers aufweist, etwa Kriminalität, Korruption oder instabile politische Systeme, besteht auch im Internet ein grundlegendes Bedürfnis der Handelsteilnehmer zur Gewährleistung der nötigen Sicherheit für die über das Internet angreifbaren Rechtsgüter. Wie oben aufgezeigt, können dies sowohl Informationen als digitale Ware, das Recht an der eigenen Persönlichkeit (Datenschutz) als auch die Datensicherheit der eigenen Datenverarbeitungssysteme sein. Die Risiken sind indes von unterschiedlicher Qualität – und dementsprechend auch die Möglichkeiten, die nötige Sicherheit zu erzeugen.

Schutz der Information und des geistigen Eigentums

Der Schutz der (exklusiven) Information als solcher lässt sich über technologische Instrumente wohl eher erreichen als über rechtliche Regularien: Denn die Globalität des Internet macht es praktisch unmöglich, auch solcher Täter habhaft zu werden, die in „Rechtsoasen“ ihrem Geschäft nachgehen. Die Alternative, Provider oder die User selbst zur Verantwortung zu ziehen, hätte in beiden Fällen unerwünschte Nebeneffekte zur Folge, zumal die Kosten für den einzelnen Internet-Teilnehmer zur Kontrolle, ob eine Information illegalerweise verbreitet wird, prohibitiv hoch sind; demgemäß würde er bei einer entsprechenden Verantwortlichkeit gänzlich auf die Inanspruchnahme von Angeboten verzichten, so dass das Internet nur noch eine Spielwiese für Hasardeure wäre. Die Diskussion um MP3-Tauschbörsen und die abgestufte Verantwortlichkeit der daran Beteiligten ist ein gutes Beispiel für die im Verhältnis zu technischen Lösungen relative Hilflosigkeit des Rechts, zumal bei entsprechender Untersagung der Tauschbörsen bereits technische Ersatzformen der direkten Verbindung (Gnutella) zwischen den MP3-Tauschwilligen zur Verfügung stehen, die eine Verfolgung noch mehr erschweren würden.

Schutz der Persönlichkeitssphäre (privacy)

Dieser Aspekt der Sicherheit, der völlig unabhängig davon ist, ob der jeweilige Anbieter selbst am Internetverkehr teilnimmt, ist von dem Sicherheitsbedürfnis zu trennen, das mit der Teilnahme am Datenaustausch selbst verknüpft ist: Hier geht es um den Schutz der Integritätsinteressen des Teilnehmenden, so wie er ihn in der realen Welt erwartet. Die Sicherung der Daten gegenüber Ausspähen oder Manipulation Dritter hängt zwar eng mit den Risiken, die auch in bilateralen Beziehungen eine Rolle spielen, zusammen, doch ist sie unabhängig davon, ob überhaupt Austauschbeziehungen zustande kommen: Die Bereitschaft, Informationen ins Netz zu stellen, wird jedenfalls hinsichtlich kostbarer Informationsgüter (was auch z.B. die Erstellung von Web-Designs umfasst) wiederum davon abhängen, wie wirksam die Informationen geschützt werden können. Schließlich ist es müßig zu erwähnen, dass die Sicherung von Netzen gegenüber der Verseuchung mit Viren oder der Einschleusung von Würmern durch Dritte eine essentielle Rahmenbedingung für den freien Austausch von Dateien auf Plattformen darstellt. Je geringer hier die Sicherheit ausfällt, desto geringwertiger wird die getauschte Ware sein, einschließlich ihrer Anwendungen beim Nutzer, der sie nur in Umgebungen einsetzen wird, die ihrerseits keine hohe Sicherheit aufweisen müssen. Auch hier wird sich der Markt auf entsprechende Risiken einstellen, indem er die „bitteren Zitronen“ als die einzigen auswählt, die noch auf dem Markt verbleiben, da sie mit dem Risiko „leben“ können. Wiederum müssen technische Sicherheitslösungen hand in hand mit rechtlichen Ansätzen gehen; beide sind aufeinander angewiesen, da das Recht überhaupt erst eine Handlung zu einer unbefugten macht, sie inkriminiert. Ohne die dazugehörige technische Lösung, etwa des Aufspürens von unbefugten Eindringlingen in ein System, ist jedoch die schönste straf- oder zivilrechtliche Norm mangels Vollzug hinfällig, da völlig unpraktikabel.

Die Rolle des Rechts

Aus rechtlicher Sicht ist der Gesetzgeber daher aufgerufen, Normen in zweierlei Hinsicht zu schaffen: Zum einen Normen, die bestimmte Handlungen deutlich als rechtswidrig erklären, zum anderen Normen, die Anreize für die Erzeugung technischer Lösungen zur Schaffung sicherer Rahmenbedingungen setzen. In strafrechtlicher

Hinsicht hat der Gesetzgeber in den letzten Jahren zumindest in Deutschland ein ganzes Arsenal an Tatbeständen verabschiedet, das den meisten Erscheinungsformen der Computerkriminalität gerecht wird. Normen dagegen, die Anreize zur Schaffung von sicheren Rahmenbedingungen erzeugen, betreffen in erster Linie diejenigen, die die Netze betreiben. Hier sind nach wie vor viele Fragen ungeklärt, die eng mit dem Vertragsrecht der Netzbetreiber verknüpft sind: Haftet etwa ein Netzbetreiber für Verletzungen der (Daten-) Integrität von „gehosteten" Kunden infolge von Attacken Dritter, hat er hohe Anreize, entsprechende Sicherheitsrahmenbedingungen zu schaffen. Gestattet ihm die Rechtsordnung jedoch, sich von seiner Haftung für solche Schäden frei zu zeichnen, verlagert er das Risiko auf den Nutzer, so dass jedenfalls prima vista die Wahrscheinlichkeit, dass sichere Technologien nachgefragt werden, abnimmt. Allerdings muss dies sogleich relativiert werden, da auch Endkunden, sofern sie sich des Risikos bewusst sind, als Nachfrager von (mikro-) technischen Lösungen in Betracht kämen. Eine eindeutige Antwort lässt sich daher nicht geben; es scheint jedoch viel dafür zu sprechen, die Sicherung der Netze in der Sprache der Juristen als eine Kardinalpflicht zu begreifen, von deren Verletzung sich der Netzbetreiber kaum frei zeichnen, allenfalls Haftungshöchstsummen vereinbaren kann.[8]

Schutz gegen Angriffe Dritter

Festzuhalten ist jedenfalls, dass Private nur äußerst bedingt solche Normen ersetzen können: Zwar finden sich bei vielen Providern Festlegungen zum Verhalten in Netzen („Netiquette"), doch können solcherlei Kataloge von „gutem Benimm" natürlich nur im Verhältnis zu den Teilnehmern des Netzes eines Providers selbst rechtliche Wirkung entfalten. Gegenüber unbeteiligten Dritten können solche Codes keinerlei Bedeutung besitzen – hier kann nur der Staat die entsprechenden Signale setzen. Dies gilt in ähnlichem Maße für die angesprochenen Normen zur Risikoverteilung und Setzung von Anreizen zur Schaffung sicherer technologischer Lösungen. Regulierung seitens des Staates ist daher hier unabdingbar.

Dies gilt erst recht für einen Bereich, der bislang ausgespart wurde, aber neben den Unsicherheiten über Identität und Authentizität von Nachrichten sowie der Missbrauchsgefahr (z.B. von Kreditkartendaten) offenbar eine entscheidende Rolle für viele Internet-Teilnehmer bei der Entscheidung spielt, in welchem Maße sie sich im Internet-Verkehr engagieren wollen:

---

8 Ausführlich dazu *Spindler*, in: Spindler (Hrsg.), Vertragsrecht der Internet-Provider, 2000, Teil IV Rn. 64 ff.

9.3.3
Der Schutz der Identität (Datenschutz)

Zu dem Schutz der Integritätsinteressen gehört ein äußerst sensibler Bereich, der gerade durch das Internet besonderen Gefahren ausgesetzt ist: Der Schutz der persönlichen Identität bzw. der persönlichen Daten. Angefangen beim Setzen von Cookies und deren Akzeptanz durch Voreinstellungen in Browsern, von denen der Kunde (zunächst) nichts erfährt, über Programme, die im Hintergrund bei bestehenden Netzverbindungen bestimmte Informationen an Unternehmen liefern über die Erstellung von Bewegungsprofilen und Würmer, die auf Festplatten nach bestimmten Informationen suchen, reicht das Kabinett der möglichen Ausforschung und Sammlung von Daten. Die viel beschworene Gefahr des „gläsernen Menschen" ist jedenfalls für die virtuelle Welt durchaus realistisch. Dabei können Daten nicht nur von den Vertrags- und Handelspartnern ermittelt und ausgewertet werden, sondern auch von Dritten, deren Einschaltung in den Kommunikationsvorgang dem Internet-Nutzer völlig verborgen bleiben kann.

Private Datenschutz-Policies

Da sich diese Gefahren offenbar herumgesprochen haben, reagieren Internet-Teilnehmer in verschiedener Hinsicht: Zum einen finden sich die für die frühere Form der Selbstregulierung im Internet typischen Formen der E-Mail-Attacken und Blockaden der Adressen von Herstellern, denen ein besonders problematisches Verhältnis zum Daten- und Identitätsschutz nachgesagt wird. Reputations- und damit Marktverluste tun dann ein übriges, so dass selbst große Unternehmen gezwungen wurden, in ihren Softwareprodukten entsprechende Datenübermittlungsmechanismen oder Browservoreinstellungen zu ändern, um dem Datenschutz Rechnung zu tragen. Zum anderen ist gerade in den USA, die durch ein im Vergleich zur EU niedriges Datenschutzniveau gekennzeichnet sind, ein Trend zur Vereinbarung oder Signalisierung bestimmter „Privacy Policies" zu verzeichnen, mit denen Unternehmen ihren Kunden glaubhaft machen möchten, dass sie die Daten und die Integrität der Kunden wahren werden. Zwar leiden solche „Privacy Policies" unter ähnlichen Problemen wie die zuvor schon beschriebenen Marktmechanismen, um glaubhaft die Seriosität und Vertrauenswürdigkeit eines Unternehmens zu signalisieren; viel verlagert sich hier auf die Zertifizierer selbst. Doch sollte gerade aus europäischer Sicht nicht von vornherein der Stab über solche privatwirtschaftliche Lösungen gebrochen werden; denn sie haben einen, von legalistischen Lösungen nicht zu erreichenden Vorteil: Je nachdem, wieviel Schutz ein Kunde möchte, kann er den Anbieter (bei funktionierendem Markt!) danach selektieren, welche Form der Privacy Policy er verfolgt. Aus ökonomischer Sicht ergibt sich daher ein optimales Verhältnis zwischen Kosten des Datenschutzes und dem Nutzen, den ein Kunde dem Datenschutz zuordnet. Ein solches – jedenfalls in der Theorie zu erreichendes – optimales Verhältnis von Regelungen zu Bedarf kann ein notwendigerweise recht abstrakt gehaltenes Gesetz nie vorweisen. Zudem ist zu bedenken, dass trotz aller perfektionistisch anmutenden Datenschutzes in Europa und besonders in Deutschland der Vollzug des Datenschutzes gerade im Internet auf einem anderen Blatt steht. Die Durchsetzung der zum Teil antiquierten Regelungen, etwa eines § 9 BDSG, dessen organisatorische Sicherheitslösungen immer noch auf Großrechenzentren, nicht aber auf PC-Anwendungen zugeschnitten sind,[9] ist gerade bei Internet-Unternehmen offenbar problematisch. Hinzu kommt ein für den Laien oftmals kaum zu durchschauendes Durcheinander an verschiedenen Datenschutzregelungen, die beim Datenschutz im Rahmen der Telekommunikation anfangen und über den bereichsspezifischen Teledienste- und Mediendienstedatenschutz beim allgemeinen Datenschutz enden.

Erforderlich: Schutz gegen Dritte

Trotz alledem: Die rechtliche Regulierung des Datenschutzes ist bei allen Defiziten des Vollzugs unabdingbar, wenn man sich vor Augen hält, dass rein bilateral vereinbarte Datenschutz-Policies keinen Schutz gegenüber Dritten und entsprechende Ansprüche gewährleisten. Die unbefugte Verwendung von Daten durch Dritte, z.B. durch Werbeagenturen, die sich in perfider Weise gerade von Robinson-Listen E-Mail-Adressen besorgen, lässt sich gerade nicht durch vereinbarte „Privacy Policies" unterbinden. Dies gilt erst recht für die berichteten kriminellen Aktivitäten des „Identitäts-Diebstahls" durch Einbruch in entsprechende Datenbanken und Verwendung der Identitäten bei anderen Gelegenheiten. Ein gut ausgebauter Datenschutz ist daher als Signal an die Internet-Teilnehmer, dass sie auch außerhalb ihrer eigenen Provider Sicherheit genießen können, Voraussetzung, um jedenfalls für das ganze Netz genügend Vertrauen aufzubauen. Andernfalls ist eine Abschottung und Konzentration auf die eigenen Inseln (Provider) mit entsprechenden Ersatz-Rechtsordnungen zu erwarten.

Wiederum ist aber die beste rechtliche Regulierung – sei es privatautonom oder staatlicherseits – ohne eine entsprechende technologische Absicherung obsolet. Ohne Anreize zum Ausbau von Sicherheitssystemen (s. o.), zur Entwicklung von leistungsfähigen Verschlüsselungstechniken und zu ihrem Einsatz sind die besten Ansprüche oder Vollzugssysteme wenig wert, da sie allein nicht den Schutz zu vermitteln vermögen, den solche Technologien vermit-

---

[9] S. dazu die Kritik von *Ernestus*, RDV 2000, 146 ff.

teln. Auch hier zeigt sich letztlich die Verzahnung von Selbstregulierung, Selbstsetzung von Recht und rechtlicher Regulierung seitens des Staates sowie technologischer Flankierung.

Ein anderes Risiko ist indes kaum durch Technologien zu bewältigen:

9.3.4 Globalität des Netzes

Gerechte Balance

Dem oben beschriebenen Risiko für den Anbieter, mit einer Vielzahl von unbekannten Rechtsordnungen konfrontiert zu werden, steht umgekehrt alternativ dasjenige Risiko des Nutzers entgegen, statt der ihm aus seinem Heimatstaat vertrauten Rechtsumgebung sein Recht in einer ihm fremden Rechtskultur nachsuchen zu müssen. Zwischen beiden Polen einen gerechten Ausgleich zu finden und insgesamt für beide Seiten für Rechtssicherheit zu sorgen, ist Aufgabe des Kollisionsrechts, des Internationalen Privatrechts. Sicherheit durch Technologie lässt sich hier nur mittelbar finden – nämlich in Abhängigkeit von zuvor gefundenen rechtlichen Lösungen.

Privatautonome Regelung

Inwieweit lässt sich dieses Rechtsanwendungsrisiko zunächst privatautonom in den Griff bekommen, so dass (Rechts-)Sicherheit durch die beteiligten Parteien selbst erzeugt werden kann? In Betracht käme zunächst eine Rechtswahl, so dass sich die Internet-Teilnehmer auf eine bestimmte Rechtsordnung einigen, je nachdem, wieviel diese Rechtsordnung an privatautonom gesetzten Rechtsregeln zuließe, käme praktisch auch eine eigene „Internet-Provider"-Rechtsordnung in Betracht. Doch ist jedenfalls aus europäischer und erst recht deutscher Sicht eine solche Welt in den Bereich der Utopie zu verbannen: Denn schon das Verbraucherschutzrecht lässt eine solche Rechtswahl dann scheitern, wenn auch zwingende Vorschriften des europäischen bzw. nationalen Rechts damit ausgehebelt würden (Art. 29 EGBGB bzw. Art. 5 EVÜ). Schon aus diesem Grund kann sich daher ein Anbieter oder ein Provider nie sicher sein, ob die per Rechtswahl bestimmte Rechtsordnung überhaupt zum Zuge käme, und wenn ja, in welchem Maße. Der Traum einer privatautonom gesetzten „Internet-Weltrechtsordnung" je nach Provider ist damit an den Realitäten des Kollisionsrechts schnell zerplatzt. Es bleibt daher nur die Anpassung kollisionsrechtlicher Kriterien auf der staatlicherseits gesetzten Rechtsebene, um eine Balance zwischen den Interessen der Anbieter und derjenigen der Kunden zu erreichen.

Internationale Abkommen

Die ideale Lösung eines internationalen Abkommens, das die Frage der anwendbaren Rechtsordnung regeln würde, ist und bleibt eine Utopie, da letztlich alle Staaten des Globus diesen Vertrag ratifizieren müssten, was praktisch ausgeschlossen ist. Daher bleiben nur solche Lösungen auf völkerrechtlicher Ebene, die möglichst die wichtigsten Staaten einbeziehen, etwa zwischen der EU und den USA und den ostasiatischen Staaten. Selbst dies scheint aber derzeit in weiter Ferne zu liegen. Immerhin kann für die EU konstatiert werden, dass die Übereinkommen von Rom und Lugano derzeit revidiert werden und dabei spezifisch die durch das Internet entstehenden Probleme Berücksichtigung finden. Somit wird wenigstens für den europäischen Raum in kollisionsrechtlicher Hinsicht eine mehr oder weniger einheitliche Lösung geschaffen. Allerdings kann auch auf europäischer Ebene keineswegs von einem in sich konsistenten Konzept gesprochen werden, da die Bemühungen um die Revision der angesprochenen Übereinkommen und deren Überführung in eine europäische Verordnung nicht mit der vor kurzem verabschiedeten E-Commerce-Richtlinie und dem in ihr vorgesehenen Herkunftslandprinzip harmonisieren. Vielmehr tun sich hier zahlreiche Konfliktfelder auf, die den Juristen mit Sicherheit zusätzliche Arbeit verschaffen werden.[10]

Kollisionsrechtliche Kriterien

Es bleibt daher nur die Hoffnung, dass die Gerichte in den einzelnen Staaten zu einer möglichst einheitlichen Lösung kommen werden. Hierfür gibt es einige Anzeichen, aber auch solche dagegen, insbesondere wenn man sich die Tendenz einiger US-amerikanischer Gerichte vor Augen hält, bereits minimale Verbindungen zu ihrem Staat zum Anlass zu nehmen, ihre Zuständigkeit und auch die Geltung der US-amerikanischen Rechtsordnung bzw. derjenigen des jeweiligen Bundesstaates anzunehmen.[11]

Ein Kriterium dürfte die Konzentration auf den Marktort darstellen, verbunden mit der Möglichkeit, in einigen Rechtsbereichen den relevanten Markt durch entsprechende Disclaimer einzugrenzen.[12] In vielen vertragsrechtlichen Bereichen wird dagegen schon die Zulassung einer Rechtswahl helfen (im B2B-Bereich), im B2C-Sektor oft die Konzentration auf den Sitz des Anbieters als relevanten Anknüpfungspunkt, etwa für Dienstleistungen, so dass weitgehend ein Gleich-

---

10 S. erste Einschätzungen zum Verhältnis zum Kollisionsrecht bei *Mankowski*, Zeitschrift für vergleichende Rechtswissenschaft, 101 (2001), erscheint demnächst; *Spindler*, Multimediarecht 2000, Beil. 7, S. 4 ff.

11 Vgl. aus US-amerikanischer Sicht *McCarthy*, Univ.Penn.J.Int. Bus.L. 16 (1995), 527.

12 Eingehend hierzu *Spindler*, ZHR 2001, erscheint demnächst; *Mankowski*, RabelsZ 63 (1999), 203 (248 f.).

lauf zum in der E-Commerce-Richtlinie vorgesehenen Herkunftslandprinzip entstehen kann.[13]

Technologie und Kollisionsrecht

Wie können nun Technologien zur Minimierung dieser Risiken beitragen? Auf den ersten Blick ergeben sich keinerlei Berührungspunkte; doch trügt diese Perspektive. Denn wenn dem Anbieter die Möglichkeit eingeräumt wird, per Disclaimer sein Rechtsanwendungsrisiko zu steuern, setzt dies voraus, dass er verlässliche Möglichkeiten besitzt, seine potentiellen Vertragspartner oder auch jeden Besucher seines Angebotes zu identifizieren. Dabei geht es nicht um die Feststellung, von welchem Ort aus der Teilnehmer das Angebot abruft, da dieser Ort kollisionsrechtlich weitgehend unerheblich ist; vielmehr ist der gewöhnliche Aufenthaltsort des Teilnehmers maßgeblich, der aber weder mit dem Standort des Computers oder Servers des Teilnehmers noch mit dem Ort des Downloads identisch ist.[14] Der Anbieter kann sich daher nur dadurch vor einer Anwendung ihm unbekannter Rechtsordnungen schützen, dass er den Teilnehmer zu einer Selbstauskunft über seinen gewöhnlichen Aufenthaltsort veranlasst, wobei die Identifizierung des Teilnehmers die entscheidende Rolle spielt. Die Technologien der digitalen Signatur und Verschlüsselung sind daher hier wiederum von Bedeutung.

9.4 Recht, Sicherheit und Rechtssicherheit

Die dargelegten, verschiedenen Formen der Bewältigung der Risiken des Geschäftsverkehrs im Internet haben ein komplexes Geflecht aus technischen Sicherheitslösungen, Selbstregulierungsmechanismen und weiterhin erforderlichen rechtlichen Rahmenbedingungen gezeigt. Es wurde deutlich, dass der alte Glauben der Netzgemeinde Anfang bis Mitte der 90er Jahre, dass man selbst schon Lösungen finden könne, ohne den Staat als Leviathan bemühen zu müssen,[15] schnell seine Grenzen gefunden hat.[16] Ohne die Schaffung

---

13 Näher dazu *Spindler*, in: Hohloch (Hrsg.), Recht im Internet, 2001, erscheint demnächst.

14 Statt vieler: *Mankowski*, RabelsZ 63 (1999), 203 (226 ff.); *Dethloff*, JZ 2000, 179 (185).

15 S. etwa die bei *Lessig*, Code, 1999, S. 70 ff. aufgeführten Beispiele virtueller Welten, die sich unversehens mit der Notwendigkeit konfrontiert sahen, eigene Regeln zu entwickeln und die „Anarchie“ damit praktisch zu beenden.

16 S. auch die aus traditioneller juristischer Sicht gerichteten Angriffe gegen eine Selbstregulierung im Netz von *Mankowski* AfP 1999, 138 ff.; abgewogener *Ladeur*, CR 1999, 395.

von Sicherheit und Rechtssicherheit wird das Netz einen „race to the bottom“ im Sinne der Auswahl von „bitter lemons“ erleben. Transaktionen, die unter Einsparung erheblicher Kosten stattfinden könnten, würden wegen der erhöhten Sicherheitskosten unterbleiben. Das Netz erlebt derzeit eine Art Angleichung der virtuellen an die reale Welt, indem die in der realen Welt bestehende Regulierung und die Anforderungen an Sicherheit mit Modifizierungen auf die virtuelle Welt übertragen werden; anders formuliert bemächtigt sich das „alte Recht“ der neuen Welt, die nicht mehr als abgekoppelt, sondern nur als Fortsetzung der Old Economy unter anderen Bedingungen erscheint.

Nachteile des Internet > Vorteile des Internet?

Allerdings kann (und wird auch von Verfechtern des freien Netzes[17]) bezweifelt werden, ob der Nutzen des Netzes, bestimmte Transaktionen erheblich zu erleichtern, nicht vollständig durch die Nachteile, die durch die Einführung von Sicherheit und Rechtssicherheit entstehen, ausgeglichen wird. Denn durch die Identifizierung entfällt die Anonymität, die gerade die freie Meinungsäußerung begünstigt, da sie frei von sozialen Zwängen oder rechtlichen Schranken erfolgen kann. Die Entledigung der Identität aus der realen Welt und die Schaffung neuer, virtueller Welten könnte als ein Beitrag zur freien Entfaltung der Persönlichkeit verstanden werden. Oft wird daher der Antagonismus von Sicherheit und Freiheit für das Internet herausgestellt; vor allem Autoren aus den USA befürchten, dass die Freiheit der Rede und die im Cyberspace ermöglichten neuen Formen der Meinungsfreiheit durch zuviel Sicherheit, die mit Kontrolle und entsprechenden technischen Mechanismen einhergeht, gefährdet wird.[18]

Absoluter Vorrang der „Free Speech“?

Diese Sichtweise betont jedoch einseitig die Meinungsfreiheit und Freiheit der Person – was aus US-amerikanischer Perspektive und des entsprechend aufgrund des sehr weiten Verständnisses des First Amendments und der äußerst liberalen Einstellung geprägten Vorverständnisses nachvollziehbar erscheint. Dagegen spricht jedoch, dass Freiheit nicht allein im Verhältnis von Bürger zu Staat oder „mächtigen“ Unternehmen gesehen werden kann, sondern auch vor dem Hintergrund der Verletzung der Freiheit anderer Bürger, einschließlich ihrer Rechtsgüter. Freiheit als solche ist eine Leerformel, die gerade erst durch (verfassungsrechtliche) Wertungen ausgefüllt werden muss. Das Netz und sein ursprünglicher, von den Teilnehmern als rechtsfrei verstandener Zustand erinnert an die von den Staatstheoretikern der Aufklärung und des Humanismus angestellten Gedankenexperimente einer anarchischen Welt, aus der je nach Ver-

---

17 Vgl. den Grundtenor der Arbeit von *Lessig*, Code, 1999.

18 S. dazu *Lessig*, Code, 1999, S. 18 ff. und passim.

ständnis sich ein Staat als Leviathan[19] oder eine Art Gesellschaftsvertrag[20] entwickelt. Auch modernere Systemtheorien des freien Diskurses[21] finden quasi erstmalig in der virtuellen Welt die Möglichkeit, ihre Thesen zu verifizieren. Welche Perspektive man indes wählt: Der Blick auf die staatstheoretischen bzw. -philosophischen Ansätze verdeutlicht, dass nicht etwa die Entropie die Entwicklung einer Gesellschaft, auch der virtuellen, beherrscht, indem die Ordnung zugunsten des Chaos abnimmt, sondern umgekehrt die Dichte der Regulierung mit der Zahl der Teilnehmer zunimmt. Die Freiheit der Meinung und der Entfaltung der Persönlichkeit findet eben ihre Grenze an der Freiheit der Andersdenkenden und ihrem Recht auf Wahrung ihrer Integrität. In heutiger verfassungsrechtlicher Doktrin findet dieser ethische/staatstheoretische Grundsatz seinen Ausdruck in der Anerkennung staatlicher Schutzpflichten zugunsten des Bürgers, der von anderen Bürgern in seinem Rechtskreis bedroht wird.[22]

Zuviel Rechtssicherheit?

Ist damit die Vorstellung einer völlig freien Entfaltung in einer „anderen Welt" nicht (mehr) haltbar, stellt sich dennoch die Frage, wieviel an Regulierung und Vorgaben erforderlich ist. Das Beispiel der digitalen Signatur und ihrer praktisch in Deutschland lange Zeit trotz entsprechender rechtlicher Rahmenbedingungen fehlenden Akzeptanz haben Zweifel aufkeimen lassen, ob nicht an den Bedürfnissen der Internet-Teilnehmer vorbei reguliert wird. Hierzu ist bereits oben Stellung bezogen worden; auf einer abstrakteren Ebene kann die Antwort jedoch nur lauten: Es kommt darauf an, ob die Märkte selbst dazu in der Lage sind, verschiedenen Formen von Sicherheit und rechtlicher Regulierung Kosten und Nutzen zuzuordnen. Dann – so lautet die Annahme der Institutionenökonomie – ist der Markt auch in der Lage, den jeweiligen Bedürfnissen dasjenige Niveau an Regulierung zuzuweisen, das effizient ist. Bei Lichte betrachtet, handelt es sich bei der digitalen Signatur auch nicht um ein Marktversagen, sondern um ein solches des Regulierers, der nicht die differenzierte Marktlage beachtet hat. Erforderlich ist daher ein offenes Rechtssystem, das den jeweiligen Marktlösungen gerecht

---

19 *Hobbes*, Leviathan, ore the matter, forme, and power of a common-wealth ecclesiasticall and civill, London 1651.

20 *Rousseau*, Du contract social ou principes du droit politique, Amsterdam 1762.

21 *Habermas*, Faktizität und Geltung, 5. Aufl., Frankfurt am Main 1997.

22 Grundlegend BVerfGE 49, 89 (132, 141) – Kalkar –; BverfGE 53, 30 (57 f) – Mülheim-Kärlich –; BVerfG BVerfGE 56, 54 (73) – Fluglärm –; BVerfGE 66, 39 (61); BVerfGE 77, 120 (214) – Chemie-Waffen –; BVerfGE 77, 381 (402) – Gorleben –; BVerfGE 79, 174 (201 f) – Verkehrslärm –.

werden kann; bezogen auf die Verschlüsselungstechniken lässt sich dies etwa durch verschiedene Formen der Beweiserleichterung in einem Zivilprozess bewerkstelligen.

Gegenbeispiel: Kreditkarten

Das Gegenbeispiel, nämlich die (lange Zeit) bei den Kunden wenig Vertrauen erweckende Zahlungsform über Kreditkarten, ist ein schlagendes Beispiel für die bereits oben angeführte Bedeutung von Vertrauen in bestimmten Branchen: Schon wenige Missbrauchsfälle genügen, um generell eine Art des Bezahlens in Misskredit und damit die meisten Transaktionen unmöglich zu machen – jedenfalls soweit es um grenzüberschreitende Transaktionen geht, da international anerkanntes Zahlungsmittel praktisch nur Kreditkarten sind, da andere Länder nicht über die in Deutschland übliche Zahlungsweise per Banküberweisung oder Lastschrifteinzug verfügen. Die Zahlungsform im Internet zeigt aber gleichzeitig auch, wie wichtig die Flankierung durch Wettbewerbsrecht, notfalls durch Regulierung bestimmter Branchen ist: Denn trotz entsprechender Nachfrage bedurfte es erst des Eingriffs des Gesetzgebers, um das Missbrauchsrisiko von Kreditkarten eindeutig dem Kreditkartenunternehmen als „cheapest cost avoider" aufzubürden. Hätte sich die Kreditwirtschaft oder die Versicherungsbranche dazu durchgerungen, dem Kunden entsprechende Versicherungen anzubieten oder das Missbrauchsrisiko in den AGB nicht auf den Kunden abzuwälzen, wäre von vornherein ein größeres Transaktionsvolumen entstanden.

Technologie, Selbstregulierung und Regulierung

Die eigentliche Frage lautet daher heute nicht mehr danach, ob Recht und Sicherheit überhaupt im Netz erforderlich sind, sondern vielmehr danach, wie das richtige Verhältnis von technischen Lösungen, selbst gesetztem und staatlicherseits erlassenem Recht im Sinne eines optimalen Kosten-Nutzen-Verhältnisses auszugestalten ist. Hält man die Erkenntnisse der Institutionenökonomie für richtig, sollte staatliches Recht nur dort eingreifen, wo wir auf Marktversagen stoßen und externe Effekte nicht von den Marktteilnehmern bewältigt werden können.[23] Staatlicher Schutz durch Rechtssetzung wird daher vor allem dann erforderlich sein, wenn der Selbstschutz der Teilnehmer versagt. Vergleichbar einem System kommunizierender Röhren hängt die Tragweite eines solchen rechtlichen Schutzes von der Entwicklung und dem Preis von technologischen Sicherheitslösungen ab, die ihrerseits wiederum der staatlichen bzw. rechtlichen Anerkennung bedürfen. Wenn etwa einem Teilnehmer kostengünstig eine Verschlüsselungslösung angeboten wird, wird der Staat weitgehend auf komplexe Rechtssetzung verzichten können, da die große Mehrzahl der Fälle durch die technische Lösung

---

23 Statt vieler: *Richter/Furubotn*, Neue Institutionenökonomik, 2. Aufl. 1999.

befriedigend bewältigt werden kann. Für den verbleibenden Rest kann getrost auf die Fähigkeit offener Rechtssysteme vertraut werden, neue Technologien und Probleme mit der Fortentwicklung tradierter rechtlicher Lösungen zu meistern. Andere Wege müssen beschritten werden, wenn von Einzelentscheidungen durch Gerichte fatale Signalwirkungen für den Verkehr im Netz ausgehen könnten; insbesondere bei Branchen, bei denen Reputation eine essentielle Rolle spielt und negative Entwicklungen in einem kleinen Sektor sich schnell auf die ganze Branche auswirken können, wie etwa bei Banken oder Versicherungen, ist daher Vorsicht und Regulierung angebracht.[24] Flankiert (und verzahnt) werden muss der rechtliche Rahmen durch Anreize zur Entwicklung entsprechender Technologien, auch durch die Bereitstellung von Schutzinstrumenten wie Patente oder Urheberrechte. Indes sind die weiteren Einzelheiten noch weitgehend unklar, etwa das Verhältnis zur Open-Source-Bewegung und der Beherrschung des „Code“,[25] zumal es bislang noch weitgehend an einem theoretischen Gerüst fehlt,[26] um das Verhältnis von Technologie, Selbstregulierung und Regulierung genauer zu bestimmen.

9.5 Schluss

Das Fazit, das gezogen werden kann, lautet daher einerseits ernüchternd, andererseits hoffnungsvoll: Die Zeiten, in denen das Netz sich selbst, insbesondere der akademischen Community, überlassen werden konnte, sind spätestens seit der Explosion der Teilnehmerzahl und dem Einzug der kommerziellen Nutzung vorbei. Dennoch geben die zahlreichen Ansätze, das bestehende Recht mit Modifizierungen auf das Netz anzuwenden und damit die Chancen, die das Netz bietet, zu nutzen, ohne den Schutz der Teilnehmer zu vernachlässigen, zur Hoffnung Anlass, dass die aufgezeigten grundlegenden Risiken effizient bewältigt werden können. Die Entwicklung eines theoretischen Gerüstes, dessen Elemente hier nur angedeutet werden konn-

---

24 Zum Verhältnis von Regulierung und Selbstregulierung bei Banken und Versicherungen s. *Hoeren*, Selbstregulierung im Banken- und Versicherungsrecht, 1995.

25 Zur zentralen Bedeutung der Beherrschung des „Code“ als Architektur des Netzes *Lessig*, Code, 1999, S. 18 ff.

26 Ansätze bei *Perrit*, Multimediarecht 2000, Beil.7, S. 1ff.; zu den grundlegenden Problemen des Informationsrechts *Hoeren* NJW 1998, 2849; *Druey*, Infomation als Gegenstand des Rechts: Entwurf einer Grundlegung, 1995.

ten, mag dazu beitragen, dass die Rechtssetzung und Regulierung mehr als der bisherige tit-for-tat Prozess der Gesetzgebung, die versucht, möglichst rasch auf neue Phänomene zu reagieren, ohne dass sich ein einheitliches Konzept zeigen würde, auf ein breites und tragfähiges Fundament gestellt werden kann.

Literatur

Akerlof, The Market for "Lemons": Quality Uncertainty and the Market Mechanism, in: Quarterly Journal of Economics, 84 (1970), S. 488.

Cichon, Musikpiraterie im Internet, in: Kommunikation und Recht (K&R) 1999, S. 547ff.

Dethloff, Europäisches Kollisionsrecht des unlauteren Wettbewerbs, in: JZ 2000, S. 179ff.

Druey, Jean Nicolas, Infomation als Gegenstand des Rechts: Entwurf einer Grundlegung, Zürich 1995.

Ernestus, Bedarf die Anlage zu § 9 BDSG einer Modernisierung?, in: Recht der Datenverarbeitung (RDV) 2000, S. 146ff.

Habermas, Jürgen, Faktizität und Geltung: Beiträge zur Diskurstheorie des Rechts und des demokratischen Rechtsstaats, 5. Auflage, Frankfurt am Main 1997.

Hobbes, Thomas, Leviathan, ore the matter, forme, and power of a commonwealth ecclesiasticall and civill, London, 1651.

Hoeren, Thomas, Selbstregulierung im Banken- und Versicherungsrecht, Karlsruhe 1995.

Hoeren, Internet und Recht – Neue Paradigmen des Informationsrechts, in: Neue juristische Wochenschrift 1998, S. 2849ff.

Ladeur, Rechtliche Regulierung von Informationstechnologien und Standardsetzung, in: CR 1999, S. 395ff.

Lessig, Lawrence, Code and other Law of Cyberspace, New York 1999.

McCarthy, Networking in Cyber Space, Electronic Defamation and the Potential for International Forum Shopping, in: University of Pennsylvania Journal of International Business Law 16 (1995), S. 527ff.

Mankowski, Das Herkunftslandprinzip als Internationales Privatrecht der E-Commerce-Richtlinie, in: Zeitschrift für vergleichende Rechtswissenschaft, Bd. 101 (2001), erscheint demnächst.

Mankowski, Internet und Internationales Privatrecht, in: Rabels Zeitschrift 63 (1999), S. 203ff.

Mankowski, Wider ein transnationales Cyberlaw, in: Archiv für Presserecht 1999, S. 138ff.

Mönkemöller, Moderne Freibeuter unter uns? – Internet, MP3 und CD-R als GAU für die Musikbranche, in: Gewerblicher Rechtsschutz und Urheberrecht (GRUR) 2000, S. 663 ff.

Perrit, Hybrid International Institutions for Regulating Electronic Commerce and Political Discourse on the Internet, in: Multimediarecht (Zeitschrift), 2000, Beilage zu Heft 7, S. 1 ff.

Posner, Richard A., The Economic Analysis of Law, Boston 1973.

Richter, Rudolf/ Furubotn, Eirik G, Neue Institutionenökonomik, 2. Auflage, Tübingen 1999.

Rousseau, Jean-Jaques, Du contract social ou principes du droit politique, Amsterdam 1762.

Spindler, Gerald, Vertragsrecht der Internet-Provider, Köln 2000.

Spindler, Gerald, E-Commerce in Europa. Die E-Commerce-Richtlinie in ihrer endgültigen Fassung, in: Multimediarecht (Zeitschrift), 2000, Beilage zu Heft 7, S. 4 ff.

Spindler, Gerald, Emissionen im Internet: Kapitalmarktrecht und Kollisionsrecht, in: Neue Zeitschrift für Gesellschaftsrecht (NZG) 2000, S. 1058 ff.

Spindler, Gerald, Internet und Kapitalmarktrecht, in: Zeitschrift für das gesamte Handels- und Wirtschaftsrecht 2001, erscheint demnächst.

Spindler, Gerald, Grenzüberschreitende elektronische Rechtsgeschäfte, in: Hohloch, Gerhard (Hrsg.), Recht im Internet, Baden-Baden 2001, erscheint demnächst.

Williamson, Oliver, Markets and Hierarchies. Analysis and Antitrust Implications, New York 1975.

Williamson, Oliver, The Economic Institutions of Capitalism, New York 1985 (deutsch: Die ökonomischen Institutionen des Kapitalismus, Tübingen 1990).

10 A Concept of Net-Community Security Based on a 3D Net-Space Model

Masanori Kataoka

10.1 Introduction

Networks support modern civilization and are also fostering new civilizations. In particular, the Internet enables connections among people from every region of the world and is forming various net communities. A special feature of net communities is that, via information, they enhance communication among individuals, build relationships, and incorporate these into the community.

net communities

Unlike previous communities without networks, a net community does not depend on space or time (does not depend on location, distance, etc.) and does not depend on direct, face-to-face communication. So a special feature is that information is exchanged with great ease and at very high speed. Further, many previous communities were rigid and became somewhat closed organizations. Net communities, however, tend to be open, flexible, and dynamic.

open, flexible, and dynamic

This document provides a conceptual foundation for net communities, and presents a 3-dimensional (3D) network spatial (net-space) model which supports that activity. The axes of the model are as follows:

net-space model

1. Platform (horizontal axis): This is the foundation constituted from the resources shared in common by the net community: such as networks, computers, and information processing systems. By this meaning, this axis can be called the *shared axis*. In addition to the hardware environment (for example, the network and computers), the platform also includes elements such as the software operating system and Web system, the mail system, and the chat system. Also, items such as the language and symbols used in information exchange (for example, in email) can be viewed as shared resources of a net community.

horizontal axis

vertical axis
2. Value chain (vertical axis): This is the structure that supplies and circulates the value (products, parts, software, services, etc.) that a community creates. This circulation of value might be internal to the community, or might be external to the community and form a value chain among communities.

time axis
3. Life-cycle (time axis): This is the temporal transition of a net community. This is the process of birth of the net community, and growth during periods of stability and instability. The life-cycle includes, for example, the lifetime services for the community members.

We will now discuss the characteristics of net communities using the spatial model formed from the axes of the above 3D model: platform (horizontal axis), value chain (vertical axis), and life-cycle (time axis). In particular, we will consider *security*, which provides stability to a net community and enables it to continue.

10.2 Net Communities and Security

10.2.1 Overview of *BA*

knowledge-creation place

A net community is formed from interactions among individuals connected by networking and can be considered a type of knowledge-creation *place*, or *BA*, that generates new knowledge. *BA* is a Japanese word that denotes a place or field of human activities. Because *BA* is a place associated with human activities, it has a slightly different meaning from the English word "place" or "field". In this context, *BA* is an abstract layer of human activities in a community. A net community *BA* has the following characteristics:

relationships
1. A *BA* is the total of relationships based on interactions among individuals. Also, the *BA* restricts an individual, but individuals have effects (reflections) that are reflected in the *BA*.

self-development
2. A *BA*, mainly via the carrying of information, enables self-development by forming connections with individuals, and incorporating individuals.

centripetal power
3. A *BA* also has a centripetal power: drawing towards the center. This centripetal power is an instance of *BA* relationships, and is creative power, communication power, information power, knowledge power, product power, etc. A *BA* is not uniform: its

multiplicity and non-uniformity provide differences among individuals, and are the source of a *BA*'s dynamic energy.

4. A *BA* has a spirit that limits an individual, or a will (intentionality), and acts as an organizer of itself.

intentionality

5. A *BA* creates information and can always send information.

information

10.2.2 Immunization Work of a *BA*

immunization work

In the above, we introduced the concept of *BA* as a base of knowledge creativity of a net community. A *BA* is the totality of interactions arising from a community of individuals. Based on these interactions, a *BA* is multi-layered with layers that form and maintain a net community. These layers include such elements as self-organizing power, directionality and intentionality of community activities, trust and reliability among individuals, and a sense of the value of its own products, etc. The act of resistance to threats against all the different powers that help to maintain a *BA* is called the *immunization work* of a *BA*.

against threats from the outside

This immunization work of a *BA* includes work that shuts out threats from the outside: work that resembles the resistance to invasion from the outside, which resembles the resistance to virus invasion in living organisms. This immunization work of a *BA*, however, also includes work that, in the range permitted by the restrictions of a *BA*, incorporates interactions that guide away threats to the *BA*, self-restoration work, and work to change the form of the *BA*.

self-organizing power

Much of the immunization work of a *BA* is brought forth by self-development as a link of self-organizing power, and occurs together with the development of knowledge creation of a *BA*, but it also includes coding as planned rules.

dynamic permissions

A *BA* has dynamic permissions that encompass various opinions and activities, new connections, and new members. But, to counter threats to that base, a *BA* also performs immunization work as security.

10.3 The 3-Dimensional Model and Security

functions of the 3D model

In the above, we said that the special feature of immunization work could be attached to security of a net community, through the concept of *BA*. The immunization work of a *BA* is located at an abstract level called *BA*, but we will analyze the actual concrete activities of this immunization work as functions of the 3D model which is the foundation of a net community.

To specify the special features of the relationships among the 3D model and security, we will work out the correspondences among the following:

- Platform: Code as programs;
- Value chain: Symbols as value indicators;
- Life-cycle: Recordings as the history of temporal transitions.

10.3.1 Code-Based Security

authentication

With regards to security for information systems, various types of authentication technologies have been developed and incorporated into systems: such as firewalls to prevent entry to and destruction in a system, and software that protects against destruction of programs or data by viruses.

software methods

In this way, threats to information systems are mainly based on software methods. And preventive measures are also mainly software programs that instantiate high-level algorithms such as encryption. Thus this is called *code-based security*.

These kinds of security technology and measures have already been spoken about and are well-known. The types of security that we divided into three concepts (code-, symbol-, and recording-based security) are closely inter-related. A community currency issued based on the trust within a *BA* receives the support of the security installed as the code within the *BA*, also carries the role of security as a symbol, and the recording of currency exchange and totalling etc. All these are handled safely by the information system. In this way, the three categories of security complement each other, and security methods become a much wider item, and achieve a strength based on the totality.

10.3.2 Symbol-Based Security

A value chain is a structure for circulating value produced by communities. This value can include hardware products, software or services. To authenticate a brand that becomes synonymous with the name of a value, to authenticate currencies based on reliability and trust, and to authenticate individuals, various measures have been adopted (western countries have adopted signatures, Japan uses *HANKO* which are registered stamps, and everyone uses usage licenses) which from the wider sense of the meaning can be considered to carry out the role of security. This security is called *symböl-based security*.

HANKO

By establishing a brand name that is attached to an object, it becomes difficult for others to imitate that object, and thereby ensures an independent value and special features. For mutual interchange of value in the form of services produced by communities, local currencies can be issued for use within a community. This enables the value of services to be accumulated, which makes it possible to use such services whenever necessary. This currency can preserve community stability. Also, in the Linux community known for open source software, system reliability and dynamism is ensured by unified management of versions and Linux licenses.

brand name

10.3.3 Recording-Based Security

Accompanying the temporal development of a net community, immunization work also develops and is strengthened. This also depends on the essence of the entity called *BA*. This sort of development is recorded and passed on as the life-cycle culture and history of that community. Also the community activity processes and the details of information exchange, etc., are recorded as transaction data. In addition to documents, these recordings are also preserved as graphics or sounds, and are one way of expressing the identity of a net community. As such, such recordings constitute one type of security.

history

10.4 Conclusion

We captured the foundation of net communities using a 3D net-space model formed from three axes: platform (horizontal axis), value chain (virtual axis), and life-cycle (time axis). We then theorized about immunization work as security of a net community. We then characterized the following as methods for achieving that immunization work: code as security for a platform, symbols as security for a value chain, and recording as security for a life-cycle. This kind of methodology will be useful when thinking in broad terms about security for net communities.

To preserve activity and self-development, a net community must have a flexible structure that enables input of outside information, together with various connections based on open networking. To support this flexible structure while maintaining a community's capacity for self-organization, security is extremely important.

Water and security are free

In traditional Japanese communities, there was a culture expressed by "water and security are free". In the good old days, communities were small and spatially limited, and the symbols that indicated membership were easy to understand. People were able to achieve security without being aware of security. In the future, if net communities prosper, this sort of traditional culture must change form, even for Japan.

Security is not an absolute but, to strengthen security against new threats, it will be effective to pursue integrated security based on the three concepts described above.

11 Datenschutz und IT-Sicherheit – zwei Seiten derselben Medaille

Jörg Tauss
Johannes Kollbeck
Nermin Fazlic

11.1 Herausforderungen für den Datenschutz

Doppelte Herausforderung

Die Herausbildung einer globalen Informations- und Wissensgesellschaft stellt für die Verwirklichung des Rechtes auf informationelle und kommunikative Selbstbestimmung eine doppelte Herausforderung dar. Zum ersten geraten Fragen der Datensicherheit und des Datenschutzes um so stärker in den Blick, je tiefer sämtliche Lebensbereiche durch die neuen Informations- und Kommunikationstechnologien durchdrungen und in zunehmendem Maße sensible Daten und vertrauliche Inhalte aus allen Bereichen in IuK-Netzwerke eingespeist und übermittelt werden.

Profilbildung und Data-Mining

Mit der Bedeutung elektronischer Informations- und Kommunikationsinfrastrukturen für die individuelle Lebens- und Berufswelt, aber auch für gesellschaftliche und wirtschaftliche Organisationen und deren Kommunikation wächst zugleich das Bewusstsein um die neuen Gefahren, die mit den spezifischen Merkmalen elektronischer Datenverarbeitung in globalen Netzwerken einher gehen. Unaufhörlich entstehen bei der komplexen digitalen Signalübermittlung und -verarbeitung Datenspuren, deren Verknüpfung ebenso vielfältige wie neuartige Möglichkeiten der unbefugten Kenntnisnahme, Überwachung und Verarbeitung personenbezogener Daten eröffnen, genannt seien hier lediglich Profilbildung oder Data-Mining. Das zunehmende Aufkommen personenbezogener Daten, die Dezentralisierung der Datenerhebung und die Dezentralisierung der Datenverarbeitung in komplexen Netzwerken macht allein die Feststellung sämtlicher potentiell sensibler Verarbeitungsprozesse unmöglich, von einer wirkungsvollen Aufsicht oder Kontrolle ganz zu schweigen (vgl. Enquete-Kommission 1998 und DuD 5/2000).

Integrität und Authentizität

Aufgrund der digitalen Universalsprache ist die Integrität und Authentizität der elektronischen Kommunikation nicht ohne aufwendige Maßnahmen sicherzustellen, da sie die nicht nachvollziehbare Manipulation von Informationen und vertraulichen Inhalten ermöglicht. Zudem entstehen hinsichtlich der physikalischen Integrität der Daten und der rein technischen Verfügbarkeit von Infrastrukturen aufgrund der Komplexität der Technologie und der integrierten Netzwerke neue Risiken, die zunehmend an Bedeutung gewinnen (Stichwort „Kritische Infrastrukturen"). Nicht nur, dass der Schutz der Privatsphäre und die Vertraulichkeit und Integrität sämtlicher Kommunikation zunehmend an Bedeutung gewinnen, darüber hinaus wird Datensicherheit zu einem integralen Baustein in einem ganzheitlichen, auf Mehrseitiger Sicherheit basierenden Datenschutzkonzept (Müller/Pfitzmann 1997: 11f.; Ulrich 1999: 14).[1]

Globalisierte IuK-Netzwerke

Zum zweiten setzt die im wörtlichen Sinne globale Dimension der IuK-Netzwerke nationalen oder regionalen Regelungen enge Grenzen. Insbesondere die Reichweite des klassischen Ansatzes eines normenorientierten Datenschutzes, dessen Rechtsgeltung öffentlich kontrolliert und gewährleistet wird, endet im Gegensatz zu den Datenströmen spätestens an den jeweiligen Landesgrenzen. Die mit der Umsetzung der Datenschutzrichtlinie erfolgte Harmonisierung des europäischen Datenschutzrechtes, mit der weit über die bisherigen Regelungen hinaus ein einheitlicher Rechtsrahmen sichergestellt werden soll, vermag diesen Missstand lediglich zu lindern, beseitigen kann sie ihn nicht (vgl. Simitis 1998: 183f.; DuD 8/2000). Denn in globalen Zusammenhängen sind selbst regional einheitliche Regelungen letztlich partikulare Regime-Inseln, deren begrenzte Ausdehnung zugleich mit der Reichweite einer legitimierten – dennoch mehr oder weniger effektiven – Rechtsdurchsetzung zusammenfällt. Internationale oder gar globale Vereinbarungen und Verträge sind jedoch aufgrund der divergierenden Datenschutztraditionen und Rechtsphilosophien nur schwer zu erzielen, wie nicht zuletzt die Verhandlungen zu den „Safe-Harbour-Principles" zwischen den USA und der EU zeigten.[2] Zudem bleibt zumindest zu fragen, ob multilaterale Abkommen ein akzeptables Schutzniveau zu erzielen vermögen und flexibel an die Dynamik der technischen Entwicklung anzupassen sind. Dies gilt um so mehr in Anbetracht der notgedrun-

---

1 Vgl. Enquete-Kommission 1998 und DuD 5/2000. Zur mehrseitigen Sicherheit vgl. Müller/Pfitzmann 1997: 11f.

2 Die Prinzipien dieses „sicheren Hafens" für den transatlantischen Austausch sensibler Daten sind auf dem DuD-Datenschutzserver abrufbar (www.dud.de, Link Datenschutzrecht, Internationales Recht), siehe auch http://www.datenschutzberlin.de/ doc/eu/index.htm#save_harbour.

gen vorherrschenden Praxis, in derartigen Verhandlungen lediglich den „kleinsten gemeinsamen Nenner" bestimmen und festschreiben zu können.

11.2 Der Neue Datenschutz

Diese Situation verändert die Rahmenbedingungen für einen angemessenen und effektiven Datenschutz. Zum klassischen Schutz der individuellen Privatsphäre im Sinne der Verwirklichung der informationellen Selbstbestimmung tritt untrennbar sowohl die notwendige Berücksichtigung der kommunikativen Autonomie aller an der elektronischen Kommunikation Beteiligten als auch die notwendige Gewährleistung einer hinreichenden technischen Datensicherheit als Grundvoraussetzung hinzu, als conditio sine qua non (Tauss/Özdemir 2000: 143; Ulrich 1999: 14; DuD 5/2000).

Schutzziele und IT-Sicherheit

Nicht nur die nachhaltige Zweckbindung für die Erhebung und Verarbeitung personenbezogener Daten und die Vertraulichkeit individueller Kommunikation gilt es sicherzustellen, auch die sichere und vertrauliche Kommunikation von Unternehmen, Organisationen und Verwaltungsbehörden sowie die Sicherheit ihrer sensiblen gespeicherten Daten sind in einem ganzheitlichen Datenschutzkonzept zu berücksichtigen. Die erfolgreiche Erfüllung aller Aufgaben hängt dabei zunehmend von der Realisierung der vier wichtigsten informationstechnischen Schutzziele Vertraulichkeit, Integrität, Verfügbarkeit und Zurechenbarkeit ab, d.h. der technologisch auszuschließenden unbefugten Kenntnisnahme Dritter sowie unbefugter Veränderung der Daten, der bedarfsnahen Zugänglichkeit relevanter Informationen und der im – autorisierten – Bedarfsfall möglichen Identifikation der kommunizierenden Nutzer (vgl. Rannenberg/Pfitzmann/Müller 1997: 22f.).[3] Gerade die erfolgreiche Bearbeitung dieser komplexen Aufgabenstellung wird durch die vereinfachte, dezentrale und globale Vernetzung der Datenverarbeitungsprozesse strukturell erschwert.

---

3 Das Vierte Schutzziel der Zurechenbarkeit von Netzaktivitäten steht selbstverständlich in einem Spannungsverhältnis zu dem datenschutzrechtlichen Grundsatz, insbesondere auch eine anonyme Nutzung der IuK-Netzwerke zu ermöglichen (vgl Roßnagel/Scholz 2000: 721f.). Hier bietet die Pseudonymisierung der Nutzung für bestimmte Transaktionsklassen einen möglichen Kompromiss, vermag allerdings nicht die Spannung aufzuheben (a.a.O.).

Vertrauen und Akzeptanz

Zeitgleich lokalisieren zahlreiche Studien und Prognosen mit dem notwendigen Vertrauen und mit der hinreichenden Akzeptanz bei den potentiellen Nutzern die entscheidenden kritischen Variablen für die künftige gesellschaftliche Bedeutung der neuen IuK-Möglichkeiten, gerade in den Bereichen e-Government, e-Democracy oder auch e-Commerce (vgl. Booz Allen Hamilton 2000). Die gesellschaftspolitisch prekäre digitale Spaltung der Gesellschaft in Nutzer und Nichtnutzer und die spürbare Zurückhaltung der Nutzer, auch komplexe und hochsensible Transaktionen im Netz durchzuführen, ist (auch) eine Folge des Misstrauens in die Sicherheit und Vertraulichkeit der neuen IuK-Möglichkeiten. Erst wenn die Bürgerinnen und Bürger, die Unternehmen und auch die Verwaltungsbehörden davon überzeugt sind, dass ihre sensiblen Daten und ihre vertrauliche Kommunikation zuverlässig, unverändert und innerhalb ihrer Kontrollparameter übermittelt oder verarbeitet werden, erst dann werden sich die fraglos bestehenden Informations-, Transparenz-, Rationalisierungs- und Interaktionspotentiale der neuen IuK-Möglichkeiten realisieren lassen.

Staatliches Kompetenzdilemma

Die einzelstaatliche rechtliche Normierung von Datenschutzzielen und nachholende Kontrolle und Durchsetzung ihrer Geltung stößt auf sich allein gestellt in komplexen heterogenen und globalen Netzen an ihre Grenzen. Ebenso zeigt das amerikanische Beispiel deutlich, dass eine völlig auf sich gestellte Selbstregulierung, insbesondere der privaten datenverarbeitenden Stellen, nicht in hinreichendem Maße Vertrauen und eine hohe gesellschaftliche Akzeptanz zu erzeugen vermag. Insbesondere die sicherheitstechnischen Anforderungen sind mit diesen klassischen Instrumenten nicht nachhaltig erfüllbar, obgleich der Staat auch hinsichtlich der IT-Infrastruktur weiterhin der Hauptadressat für umfassende Schutz-, Daseinsfürsorge- und Gewährleistungspflichten ist. Der Begriff des Kompetenzdilemmas illustriert dieses zeitliche Zusammenfallen des tatsächlichen nationalstaatlichen Kompetenzverlustes mit gesteigerten gesellschaftlichen Erwartungen und Anforderungen an seine Funktionserfüllung. Wenn die Politik die informationelle und kommunikative Selbstbestimmung nicht mehr autark, durchgreifend, vollständig und nachhaltig gewährleisten kann, dann muss sie die Art und Weise ihrer Regulierung ändern und kontextsteuernd andere bzw. komplementäre Instrumente und Strukturen entweder einrichten oder Anreize zu ihrer Bildung schaffen.

Kontextsteuerung

Der Staat ist daher aus seiner allgemeinen Schutz- und Gewährleistungsverpflichtung keineswegs zu entlassen. Vielmehr ist – analog zu anderen Politikfeldern – auch auf dem zunehmend akuten Gebiet des Datenschutzes von der partikularen und ineffektiven Detailregulierung mit großer Tiefe umzustellen auf die Schaffung viabler Rahmenbedingungen für einen effektiven Selbstschutz der individuellen Nutzer und einen marktregulierten Wettbewerb um das höchste systemische und/oder technische Datenschutzniveau. Gemeinsam mit der international harmonisierten Normierung von Datenschutzzielen bilden diese Aspekte eines „Neuen Datenschutzes" (vgl. Tauss/Özdemir 2000: 143f.; DuD 5/2000) komplementäre Antwortstrategien auf die zwei Herausforderungen der neuen Rahmenbedingungen, der Dezentralisierung und Verknüpfung der Erhebung, der Speicherung, der Übermittlung und der Verarbeitung sensibler Daten und der länderübergreifenden, sprich globalen Dimension der Netzwerke. Der individuelle Selbstdatenschutz, der Systemdatenschutz und der technisch implementierte Datenschutz bedingen sich gegenseitig und ergänzen das bestehende normative Instrumentarium auf Selbstregulierung abhebender Mechanismen. Sie besitzen dabei unserer Meinung nach das größte Potential, einen nachhaltigen und effektiven Datenschutz mit einer hinreichenden Datensicherheit zu verbinden.

11.3 Datenschutz durch Technik

Privacy-Enhancing Technology

Dieser Neue Datenschutz folgt daher nur folgerichtig dem Prinzip „Datenschutz durch Technik" und nutzt sogenannte „privacy-enhancing technologies" (PET), d.h. Produkte, Protokolle, Instrumente, Strategien und auch Infrastrukturen, die den Anforderungen an Vertraulichkeit und Integrität der Kommunikation genügen und/oder individuelle und systemische Schutzoptionen erweitern (DuD 5/2000; Ulrich 1999: 20f.). Dieselben Technologien, die die dargestellten neuen Risiken und Gefahren erzeugen, bieten grundsätzlich zugleich auch die größten Chancen für die Verwirklichung der informationellen Selbstbestimmung und für die Gewährleistung hinreichender Vertraulichkeit und Integrität jeder elektronischen Kommunikation. In Zukunft werden derartige Technologien vermehrt als wirkungsvolle Instrumente im Dienste eines effektiven und modernen Datenschutzes in integrierte Konzepte einfließen müssen. Die zweite Stufe der Modernisierung des Bundesdatenschutzgesetzes wird dies nicht nur berücksichtigen, sondern den Aspekten Selbstdatenschutz, Systemdatenschutz und datenschutzfreundliche Technikgestaltung ein besonderes Gewicht verleihen.

Selbstdatenschutz

Die abnehmende Kompetenz des Staates zum Schutz der Vertraulichkeit und Integrität der Kommunikation kann teilweise durch einen eigenverantwortlichen Selbstschutz der Nutzer kompensiert werden. Die Anwendung starker kryptographischer Verfahren, beispielsweise zur Verschlüsselung sensibler Inhalte, verhindert effektiv den Zugriff Dritter auf die geschützte Kommunikation und auf sensible gespeicherte Daten und macht die Integrität und Authentizität übermittelter Inhalte nachprüfbar. Die zunehmende Verwendung von Steganographie, mit deren Hilfe sensible Daten in unscheinbaren Hülldaten wie Bildern, Musikstücken oder einfach in Datenrauschen versteckt werden, verhindert darüber hinaus sogar, dass Dritte überhaupt Kenntnis von der stattfindenden Kommunikation erlangen (Huhn/Pfitzmann 1998: 438ff.). Auch die Verwendung von Anonymisierungs- und Pseudonymisierungsdiensten und Lösungen, beispielsweise „Remailer" oder „Identity Protectors", folgt dem Prinzip, die gewachsenen Gefahren in Netzwerken mit technischen Lösungsansätzen zu minimieren und zu kompensieren.

Systemdatenschutz

Komplementär zur wachsenden Bedeutung des Selbstdatenschutzes treten Maßnahmen hinzu, die bereits in der Gestaltung und technischen Realisierung der Systemstrukturen die Grundsätze der Datenvermeidung und Datensparsamkeit aufnehmen und auch Funktionalitäten für die anonyme oder pseudonyme Nutzungsmöglichkeiten aufweisen oder entsprechende Optionen bei Endgeräten, Übertragungswegen und Softwareprogrammen unterstützen. Bei jedem anfallenden systemischen Einzelprozess ist zu prüfen, inwieweit die Funktionalität des IT-Systems tatsächlich der Identität des Nutzers bedarf und inwieweit anonyme und pseudonyme Ausgestaltung denkbar ist (Büllesbach/Garstka 1997: 383f.). Prinzipiell ist sowohl bei der Autorisierung zur Systemnutzung (etwa Providervertrag), der Identifikation und Authentifikation (Benutzername und Passwort), der Zugriffskontrolle (Abgleich Berechtigungsprofil mit der gewünschten Aktion), der Protokollierung oder der Rechnungsstellung ebenfalls eine pseudonymisierte Nachweisführung denkbar, bei allen anderen Prozessen sogar eine anonyme Verarbeitung (vgl. Ulrich 1999: 19f.). Gerade der Systemdatenschutz bleibt auf eine an Kompatibilität und Interoperabilität ausgerichtete Entwicklung und Gestaltung technischer Produkte angewiesen, weil erst das funktionale Gesamtsystem die Schutzwirkung zu entfalten vermag. Für die Förderung einer solchen datenschutzfreundlichen Technikgestaltung können die enormen wirtschaftlichen Potentiale der zunehmenden privaten, öffentlichen und kommerziellen Nachfrage nach sicheren Datenschutzsystemen und höherer Datensicherheit – wobei beide Komponenten nur noch analytisch getrennt werden können – einen erheblichen Anreiz darstellen. Ein neuer Datenschutz sollte sich die fraglos hohe Leistungsfähigkeit der Marktmechanismen für die Durchsetzung seiner Schutzziele nutzbar machen (Ulrich 1999: 9f.). Der Nachfrageüberhang macht aus datenschutzfreundlichen und sicherheitsorientierten Konzepten bei der Entwicklung und Vermarktung entsprechender Produkte reale Wettbewerbsvorteile, die zugleich die Marktchancen und die Effektivität des Datenschutzes erhöhen sowie das Vertrauen und die Akzeptanz in die IuK-Technologien steigern.

Datenschutzfreundliche Technikgestaltung

Diese enormen Potentiale einer datenschutzfreundlichen und sicherheitsorientierten Technikgestaltung sind bisher nur in Ansätzen berücksichtigt worden. Der Grund liegt zum Teil darin, dass sie anstelle der reinen Selbstverpflichtung, der teuren technischen Nachrüstung und zunehmend ineffektiven, nachholenden Sanktionierung auf vorbeugende und integrierte Konzepte aufbauen. Diese gehen allerdings mit hohen Koordinationserfordernissen einher, doch genau hier liegt die zentrale Verantwortung künftiger politischer Gestaltung: Durch adäquate rechtliche, forschungs- und wirtschaftspolitische Rahmenbedingungen sind an dieser Schnittstelle gezielt Reibungsverluste zu minimieren und Anreize für eine bereits in der Planungsphase an den Anforderungen eines modernen Datenschutzes und einer hohen Datensicherheit orientierte Produktentwicklung zu schaffen (Roßnagel 1997: 361f.). Dies reduziert nicht nur die Kosten im Vergleich zu einer end-of-pipe-Strategie und nachgeschalteten Kontrollinfrastruktur, sondern bietet zugleich die Möglichkeit, die grundlegenden Prinzipien der Datenvermeidung und der Datensparsamkeit frühzeitig in die Produktlösungen zu implementieren. So kann beispielsweise eine systemische Anonymisierung oder Pseudonymisierung der Kommunikation und eine technisch abgesicherte Zweckbindung die unbefugte Erhebung, Speicherung und Verarbeitung personenbezogener Daten deutlich erschweren (Roßnagel/Scholz 2000: 721f.). Am Ende dieser Strategien steht eine Hard- und Software sowie auch die Übermittlungswege einschließende Sicherheitsinfrastruktur, in die bereits zentrale Datenschutzprinzipien technisch implementiert sind – Datenschutz wird integraler Bestandteil des technischen Systems.

Das Vertrauen der Nutzer in sichere technische Infrastrukturen und Produkte– insbesondere deren Bedienungsfreundlichkeit – ist eine wichtige Voraussetzung für die Teilnahme an sensiblen, komplexen und rechtswirksamen Transaktionen in IuK-Netzwerken. Zusammengefasst tritt an die Stelle der rechtsnormativen end-of-pipe-Strategie zunehmend ein vorbeugender integrierter Ansatz, der rechtliche, technische sowie politische Aspekte berücksichtigt. Ein solcher Ansatz führt den teilnehmerautonomen, systemischen sowie technischen Datenschutz mit der klassischen normativen Kontextsteuerung und der Selbstregulierung zusammen.

11.4 Integrierte Sicherheitsinfrastrukturen

Technik als sozialer Prozess

Eine rein technische Lösung der Herausforderungen der Informations- und Wissensgesellschaft an Datenschutz und Datensicherheit verkennt den gesellschaftlichen Kontext jeder Technikevolution. So wie die datenschutzfreundliche Technikgestaltung nicht ohne konsistente politische und rechtliche Rahmenvorgaben auskommt, so sind einige Schutzziele elektronischer Kommunikation nicht ohne die Einbeziehung einer administrativen Infrastruktur nachhaltig zu bewerkstelligen. Daher gehört zu einer integrierten Sicherheitsinfrastruktur notwendig eine administrative Komponente, die einen verlässlichen Ordnungsrahmen bildet (Tauss/Özdemir 2000: 143f.). Ihre Aufgaben und Leistungen sollen hier nur an zwei Beispielen kurz angeführt werden: Am hierarchischen Vertrauensmodell und am Datenschutz-Audit.

Digitale Signaturen

Die zunehmende wirtschaftliche und gesellschaftliche Bedeutung der neuen IuK-Netzwerke verlangt nach Lösungen für einen sicheren und rechtswirksamen elektronischen Rechts- und Geschäftsverkehr. Digitale Signaturen bieten hier die Möglichkeit, unabhängig von der geographischen Distanz und zeitflexibel rechtswirksame Verträge abzuschließen und Verwaltungsvorgänge durchzuführen, beispielsweise Produkte zu erwerben, Dienstleistungen abzurufen und Steuererklärungen abzugeben bzw. andere Verwaltungsvorgänge abzuwickeln. Die Richtlinie der EU, die Deutschland Anfang 2001 als eines der ersten Länder umgesetzt hat, führt zu einem zumindest europaweit einheitlichen Ordnungs- und Rechtsrahmen für die Zertifizierungsdiensteanbieter digitaler Signaturen.[4] Die qualifizierte Signatur nach dem novellierten Signaturgesetz soll die sichere Identifikation des signierenden Kommunikationspartners leisten und soll die Prüfung der Integrität und Authentizität des signierten Dokuments erlauben. Im Detail verbürgt eine qualifizierte Signatur genau genommen aber lediglich, dass die Daten weder beschädigt noch willentlich manipuliert worden sind. Die sichere Identifikation des

---

4 Die Umsetzung der Richtlinie war – und ist es noch – begleitet von kontroversen Diskussionen bezüglich der Sicherheit der vorgesehenen abgestuften Signaturen. Insbesondere das Verbot einer Vorabprüfung und Zwangszulassung auch der Zertifizierungsdiensteanbieter, die qualifizierte Zertifikate anbieten, sowie die rechtsdogmatisch und verbraucherrechtlich voreilige Beweiserleichterung für die qualifizierte Signatur nach SigG, sind Gegenstand der Diskussion (vgl. DuD 2/2000 und insbesondere 2/2001).

Signierenden beruht bei der asymmetrischen Public-Key-Verschlüsselung auf der Vermutung, dass der im Schlüsselregister der betreffenden Zertifizierungsstelle zugängliche öffentliche Schlüssel tatsächlich von der signierenden Person stammt. Genau diese Vermutung wird durch die Zertifizierungsinstanz rechtswirksam beglaubigt, d.h. sie haftet für fehlerhafte Auskünfte, nachlässige Schlüsselverwaltung usw.[5] Erst die teilnehmerautonom generierten Schlüssel (Integrität und Authentizität), das Schlüsselregister und die Beglaubigung der Identität bilden eine vollständige Sicherheitsinfrastruktur, die letztlich auf dem hierarchischen Vertrauensmodell beruht. Da am Ende der von den Zertifizierungsdiensten ausgehenden Haftungskette die Wurzelzertifizierungsinstanz steht, wird dieses Modell letztlich öffentlich gewährleistet (vgl. Huhn/Pfitzmann 1997: 438f.; DuD 2/2001).

Datenschutz-Audit

Der bereits erwähnte marktvermittelte Wettbewerb um die besten datenfreundlichen und sicherheitsorientierten Techniken und Produkte bedarf der vereinfachten, geradezu „sinnlichen" Wahrnehmbarkeit der Leistungsunterschiede der konkurrierenden Lösungen. Insbesondere die Endkunden sind auf leicht verständliche und auch

---

5 Auf biometrischen Daten beruhende Identifikationssysteme könnten zwar prinzipiell ebenfalls eine eindeutige, rein technisch umgesetzte Zuordnung von Netzaktivitäten zu individuellen Nutzern leisten. Doch besitzen sie zumindest zwei schwerwiegende Nachteile: Erstens können sie dieses allein in Bezug zu natürlichen Personen leisten, juristische bleiben weiterhin auf die komplexe Sicherheitsinfrastruktur der digitalen Signatur angewiesen. Zweitens bestehen aus datenschutzrechtlicher Sicht erhebliche Bedenken gegen einen vermehrten und tiefen Einsatz von biometrischen Identifikationssystemen, da man sich (vielleicht mit Ausnahme des DNA-Musters, vgl. DuD 1/2001) kaum personenbezogenere Daten vorstellen kann. Anders als bei der pseudonymen Nutzung fallen hier bei jedem einzelnen Verifikationsprozess hochsensible Datenspuren an, die sich eindeutig auf körperliche Merkmale eines Menschen beziehen und eine Überwachung und Profilbildung sogar noch erleichtern. Zudem sind die biometrischen Vergleichsdatenbanken in den Systemen ein besonders attraktives Ziel für Angriffe von Außen oder für die illegale Weitergabe durch Mitarbeiter (vgl. DuD 3/1999). Nur am Rande erwähnt werden soll das bisher sehr hohe Misstrauen der Nutzer und Endverbraucher hinsichtlich biometrischer Systeme, auch diese werden ohne eine öffentlich oder halbstaatlich verbürgte Vertrauenswürdigkeit keine hinreichende gesellschaftliche Akzeptanz finden.

für Laien eindeutige Symbole angewiesen, die eine überprüfte Sicherheit, Vertrauenswürdigkeit und Integrität der entsprechenden Produkte dokumentieren. Dem Modell des Auditierung, d.h. die Zertifizierung von Produkten, Verfahren und ganzen Organisationen nach transparenten Bewertungskriterien durch fachkompetente und vor allem unabhängige Institutionen, wird diesbezüglich das größte Potential zugebilligt (Roßnagel 1997; Ulrich 1999: 27ff.). Auch hier zeigt die Erfahrung, dass Zertifizierungen im Rahmen eines rein selbstregulativen und daher zumeist brancheninternen Audits kaum außenwirksam sind, hingegen aber Qualitäts- und Gütesiegel übergeordneter, unabhängiger und/oder halbstaatlicher Institutionen durchaus Resonanz erzeugen können. Auch hier können öffentliche und/oder völlig unabhängige Prüfinstanzen und Auditierungsstellen offensichtlich einen erheblichen Vertrauensvorschuss gegenüber intransparenten Branchenlösungen oder für Laien nicht nachvollziehbaren einzelnen Expertenvoten erzielen. Insbesondere im Bereich des Datenschutzes scheint gerade die besondere datenschutzrechtliche Tradition Europas prädestiniert dafür zu sein, einem entsprechenden öffentlich beglaubigten Qualitätssiegel ein über Europa – oder besser über den Atlantik – hinaus wahrnehmbares Image und den entsprechenden Produkten einen wirksamen Wettbewerbsvorteil zu verleihen.

11.5 Fazit

Integrierte Sicherheitsinfrastruktur

Die zunehmende globale Vernetzung heterogener Informations- und Kommunikationsnetzwerke und die wachsende gesellschaftliche Bedeutung der neuen IuK-Möglichkeiten stellen das traditionelle normativ geprägte Datenschutzkonzept vor enorme Herausforderungen. Hier bietet die verstärkte Nutzung der Möglichkeiten eines „Datenschutzes durch Technik“ die Chance, der Verwirklichung des informationellen und kommunikativen Selbstbestimmungsrechts deutlich näher zu kommen. Mithilfe der Förderung und Anreizbildung für Selbstschutz, Systemdatenschutz und datenschutzfreundliche Technikgestaltung und der Einbindung von Schutzmaßnahmen gegen informationstechnische Sicherheitsrisiken entsteht eine breitere Sicherheitsinfrastruktur, deren Realisierung allerdings weiterhin auf viable rechtliche und politische Rahmenbedingungen angewiesen bleibt. Erst die öffentlich-administrative Komponente vervollständigt daher die integrierte Sicherheitsinfrastruktur, auf die der Datenschutz und die Datensicherheit zunehmend angewiesen ist. Der neue, komplexe Datenschutz hat alle Chancen, das Bestimmungsdickicht der gegenwärtigen Rechtssituation entscheidend zu lichten und mit der Transparenz und Effektivität seiner neuen Instrumente die Akzeptanz der und das Vertrauen in die neuen IuK-Technologien zu erhöhen.

Literatur

Booz, Allen & Hamilton (2000): Digital Spaltung. Studie für die Initiative D 21. Berlin 2000.

Büllesbach, Alfred / Garstka, Hansjürgen (1997): Systemdatenschutz und persönliche Verantwortung. In: Müller, Günter / Pfitzmann, Andreas (Hrsg.): Mehrseitige Sicherheit in der Kommunikationstechnik. Bonn u.a. 1997: 383-398.

DuD, Themenhefte der Fachzeitschrift Datenschutz und Datensicherheit:
DuD 2/2000: Signaturgesetz in der Praxis.
DuD 5/2000: Neues Datenschutzrecht.
DuD 6/2000: Angewandte Biometrie.
DuD 7/2000: Standards der Datensicherheit.
DuD 8/2000: Datenschutz international.
DuD 1/2001: Genetische Selbstbestimmung.
DuD 2/2001: Recht und Praxis digitaler Signaturen.

Enquete-Kommission (1998): „Zukunft der Medien in Wirtschaft und Gesellschaft – Deutschlands Weg in die Informationsgesellschaft". Vierter Zwischenbericht: Sicherheit und Schutz im Netz. BT-Drs. 13/11002, Bonn 1998.

Huhn, Michaela / Pfitzmann, Andreas (1998): Verschlüsselungstechniken für das Netz. In: Leggewie, Claus / Maar, Christa (Hrsg.): Internet und Politik. Köln 1998: 438-455.

Müller, Günter / Pfitzmann, Andreas (1997): Mehrseitige Kommunikation – Vertrauen in Technik durch Technik. In: Müller, Günter / Pfitzmann, Andreas (Hrsg.): Mehrseitige Sicherheit in der Kommunikationstechnik. Bonn u.a. 1997: 11-19.

Rannenberg, Kai / Pfitzmann, Andreas / Müller, Günter (1997): Sicherheit, insbesondere mehrseitige Sicherheit. In: Müller, Günter / Pfitzmann, Andreas (Hrsg.): Mehrseitige Sicherheit in der Kommunikationstechnik. Bonn u.a. 1997: 21-30.

Roßnagel, Alexander (1997): Rechtliche Regelungen als Voraussetzung für Technikgestaltung. In: Müller, Günter / Pfitzmann, Andreas (Hrsg.): Mehrseitige Sicherheit in der Kommunikationstechnik. Bonn u.a. 1997: 361-382.

Roßnagel, Alexander (1997): Datenschutz-Audit. In: Datenschutz und Datensicherheit, DuD 9/1997.

Roßnagel, Alexander / Scholz, Philip (2000): Datenschutz durch Anonymität und Pseudonymität. In: MMR 12/2000: 721-731.

Simitis, Spiros (1998): Das Netzwerk der Netzwerke: Ein Markt jenseits aller Kontrollen? In: Leggewie, Claus / Maar, Christa (Hrsg.): Internet und Politik. Köln 1998: 183-193.

Tauss, Jörg / Özdemir, Cem (2000): Umfassende Modernisierung des Datenschutzrechtes in zwei Stufen. In: Recht der Datenverarbeitung, RDV 4/2000: 143-146.

Ulrich, Otto (1999): „Protection Profiles" – ein industriepolitischer Ansatz zur Förderung des „neuen Datenschutzes". In: Europäische Akademie, Graue Reihe Bd. 17. Bonn 1999.

Autorenverzeichnis

Institut für Informatik und Gesellschaft
Universität Freiburg

Prof. Dr. Günter Müller
mueller@iig.uni-freiburg.de

Dr. Martin Reichenbach
marei@iig.uni-freiburg.de

Dr. Holger Eggs
eggs@iig.uni-freiburg.de

Daniela Gerd tom Markotten
dany@iig.uni-freiburg.de

Uwe Jendricke
ujendric@iig.uni-freiburg.de

ETH Zürich

Prof. Dr. Friedemann Mattern
mattern@inf.ethz.ch

Marc Langheinrich
langhein@inf.ethz.ch

Technische Universität Darmstadt

Prof. Dr. Johannes Buchmann
buchmann@cdc.informatik.tu-darmstadt.de

Technische Universität Ilmenau

Prof. Dr. Rüdiger Grimm
ruediger.grimm@tu-ilmenau.de

Universität des Saarlandes und DFKI

Prof. Dr. Jörg Siekmann
siekmann@dfki.de

Klaus P. Jantke
jantke@dfki.de

Werner Stephan
stephan@dfki.de

Roland Vogt
Roland.Vogt@dfki.de

Microsoft Research Ltd.

Prof. Dr. Dieter Gollmann
diego@microsoft.com

Universität Göttingen

Prof. Dr. Gerald Spindler
gspindl@gwdg.de

Hitachi netBusiness, Ltd., Tokyo

Masanori Kataoka
m-kataoka@hi-nb.com

Deutscher Bundestag

Jörg Tauss, MdB
joerg@tauss.de

Johannes Kollbeck
kollbeck@spdfraktion.de

Nermin Fazlic
fazlic@spdfraktion.de

Index

A

B

C

D

E

F

G

H

I

K

M

N

O

P

Q

R

S

T

U

V

W

Z

Druck (Computer to Film): Saladruck, Berlin
Verarbeitung: H. Stürtz AG, Würzburg